法 新时代提高全民族
法治素养系列读物

新时代公民法治素养

XINSHIDAI GONGMIN FAZHI SUYANG

江必新◎主编

人民出版社

策划编辑：王青林
责任编辑：李媛媛
装帧设计：林芝玉
责任校对：夏玉婵

图书在版编目（CIP）数据

新时代公民法治素养／江必新 主编．—北京：人民出版社，2019.5

ISBN 978－7－01－019303－8

I. ①新… II. ①江… III. ①法制教育－研究－中国 IV. ① D920.4

中国版本图书馆 CIP 数据核字（2018）第 084997 号

新时代公民法治素养
XINSHIDAI GONGMIN FAZHI SUYANG

江必新 主编

人民出版社 出版发行

（100706 北京市东城区隆福寺街 99 号）

北京新华印刷有限公司印刷 新华书店经销

2019 年 5 月第 1 版 2019 年 5 月北京第 1 次印刷

开本：710 毫米 ×1000 毫米 1/16 印张：22.75

字数：320 千字

ISBN 978－7－01－019303－8 定价：69.00 元

邮购地址 100706 北京市东城区隆福寺街 99 号

人民东方图书销售中心 电话（010）65250042 65289539

编写人员名单

主　编：江必新

撰稿人（按姓氏笔画排序）：

王红霞　　王　芳　　方颉琳　　龙兴盛　　兰燕卓　　刘　伟

刘润发　　杨省庭　　李　洋　　李春燕　　谷国艳　　冷必元

张　雨　　张　越　　张微林　　陈无风　　陈文中　　陈梦群

陈斯彬　　邵长茂　　郑礼华　　贺译葶　　郭超群　　蒋清华

廖希飞　　颜克云　　戴建华　　鞠成伟

编写说明

习近平总书记在中国共产党第十九次全国代表大会上的报告中指出，要"提高全民族法治素养和道德素质"。"加大全民普法力度，建设社会主义法治文化，树立宪法法律至上、法律面前人人平等的法治理念。各级党组织和全体党员要带头尊法学法守法用法，任何组织和个人都不得有超越宪法法律的特权，绝不允许以言代法、以权压法、逐利违法、徇私枉法。"

我国正在中华民族复兴的伟大征程上砥砺前行。一个现代化强国，必然是以法治为基石的国家。培养全体国民的法治素养，既是一项国家战略和国家行动，也是一次民族精神的再造和国民境界的提升。

为更好地贯彻党的十九大关于法治建设的精神，助力广大读者法治素养的养成和提高，我们邀请有关专家编写"新时代提高全民族法治素养系列读物"。丛书以习近平新时代中国特色社会主义思想为指导，以全面推进依法治国和法治中国建设总目标为主旨和主线，深刻把握法治素养养成的重点难点，创新法治宣传教育方式方法；传播法治知识，阐释法治精神；把法治宣传教育全面拓展到立法、执法、司法、守法全过程，把领导干部带头学法、模范守法作为树立法治意识的关键；引导全民自觉守法、遇事找法、解决问题靠法，促使全体人民都成为社会主义法治的忠实崇尚者、自觉遵守者、坚定捍卫者。

本套丛书根据法治建设和法治素养养成的规律和特点，分为《新时代公民法治素养》、《新时代公务人员法治素养》、《新时代领导干部法治素养》、《新时代企业经营管理人员法治素养》、《新时代青少年法治素养》五本，比较全面、准确地反映了党的十八大、十九大以来社会主义法治理念、法治思维、法治精神、法治体系、法治文化、法治方式、法治能力的最新成果，涵盖了社会主义法治对不同社会群体的最新要求。在内容上，力求权威性、基础性和无争议性，与党中央精神保持高度一致；在语言上，力求通俗易懂，便于读者学习和应用；在形式上，力求丰富多彩，通过案例、典故、谚语等多种形式表达法治之真、弘扬法治之善，彰显法治之美；在效果上，力求春风化雨，让法治的精神直达人的灵魂深处，使人守法迁善而不自知，是广大党员干部、学校师生、社会各界提高法治素养的重要辅导材料。

希望广大读者通过本套丛书更好地学习领会党的十九大和习近平新时代中国特色社会主义思想的重大意义、科学内涵、精神实质和实践要求，不断提高法治素养，把思想和行动进一步统一到习近平新时代中国特色社会主义思想上来，把智慧和力量进一步凝聚到全面依法治国各项任务上来，紧密团结在以习近平同志为核心的党中央周围，解放思想，改革开放，凝聚力量，攻坚克难，为加快建设社会主义法治国家，实现"两个一百年"奋斗目标、实现中华民族伟大复兴的中国梦作出新的更大贡献。

需要特别说明的是，本丛书的编写得到了司法部的大力支持，司法部法制司和法制宣传司组织力量对书稿进行了审读并提出修改意见，在此深表谢意！

编　者

2018 年 2 月

新时代全民普法工作的根本遵循（代序）

张 军*

党的十九大通过的党章修正案把习近平新时代中国特色社会主义思想确立为我们党的行动指南，实现了党的指导思想的又一次与时俱进。当前和今后一个时期，全国普法战线的首要政治任务就是认真学习贯彻落实党的十九大精神，切实学懂弄通做实党的十九大精神，自觉把习近平新时代中国特色社会主义思想作为普法工作的思想旗帜、理论指引和根本遵循，真正以此武装头脑、指导实践、推动工作，切实加大全民普法力度，实现新时代全民普法的新发展。

加大全民普法力度的新时代意义

1986 年，我们党决定在全体公民中开展普及法律知识宣传教育，目前正在实施第七个五年普法规划。党的十八大以来，以习近平同志为核心的党中央高度重视全民普法工作，强调坚持把全民普法和守法作为依法治

---

* 作者为中共十九届中央委员，最高人民检察院党组书记、检察长，首席大检察官。该文原载于《学习时报》2017 年 12 月 1 日。

国的长期基础性工作，把全民守法与科学立法、严格执法、公正司法一起作为全面依法治国的新十六字方针。党的十九大指出："加大全民普法力度，建设社会主义法治文化，树立宪法法律至上、法律面前人人平等的法治理念。"为什么党的十九大要强调加大全民普法力度？新时代全民普法有哪些特别意义？我们需要从以下几个方面加以理解把握。

适应新时代我国社会主要矛盾变化的客观需要。党的十九大坚持以人民为中心的发展思想，站在我国发展新的历史方位，根据我国经济社会发生深刻变化的客观实际，对我国社会主要矛盾重大变化予以揭示，作出新的表述。从社会生产方面看，"落后的社会生产"已经转化为"不平衡不充分的发展"；从社会需求方面看，"人民日益增长的物质文化需要"已经转化为"人民日益增长的美好生活需要"。我国社会主要矛盾的变化是关系全局的历史性变化，对包括全民普法在内的党和国家的各项工作提出了许多新的更高要求。必须加大全民普法力度，以满足人民群众日益增长的多层次、多领域、个性化、体现公平正义价值的公共法律服务的需求，促进满足人民群众日益增长的对民主、法治、公平、正义、安全、环境等方面的新要求；有力推动全社会运用法治思维和法治方式处理、化解在解决我国社会主要矛盾过程中遇到的许多新情况、新问题，切实增强人民群众共享全面依法治国的获得感、幸福感、安全感。

深化依法治国实践的必然要求。从我国的法治建设进程看，随着中国特色社会主义法律体系的基本建成，有法可依的问题已经基本解决，法律如何得到普遍遵守已经成为我国法治建设的重要问题。毫无疑问，全民普法与法律实施具有完全正相关关系，全民普法力度越大，全民法治意识就越强，法律就越能得到尊崇和遵守。全面依法治国的爬坡过坎，迫切需要全民普法转型升级，加大全民普法力度。要通过实行"谁执法谁普法"，落实"七五"普法各项措施，使法治成为人们的思维方式、工作方式和生活习惯，以破解"孝公难题"，促进全民守法与科学立法、严格执法、公正司法的协调发展，为全面依法治国奠定坚实基础。

增强中国特色社会主义法治道路自信的重要体现。中国特色社会主义法治道路特在何处？特就特在党的领导，特就特在全民普法。我们党领导人民开展全民普法，把法律交给人民，使法律为人民所用，是人类法治发展史上的一大创举。全世界没有完全相同的法治建设模式，不能定于一尊，不能生搬硬套。在我们这个人治传统深厚的国家，运用国家力量开展全民普法，在短短几十年的时间里，取得了西方国家几百年才能取得的成绩，充分体现了我们党的组织力和动员力，彰显了中国特色社会主义的制度优势，也得到越来越多国家的赞誉。全民普法不仅是依法治国的一项重要措施，也已经成为依法治国的一条成功经验。加大全民普法力度，有助于增强走中国特色社会主义法治道路的自觉性和坚定性，进而增强道路自信、理论自信、制度自信、文化自信，有助于在全球依法治理体系改革和建设中，提供中国智慧和中国方案。

新时代全民普法的新使命

新时代是中华民族实现伟大复兴的时代。要推动实现国家治理体系和治理能力现代化，必须不断创新发展全民普法，担当起新时代赋予的新使命。

推动全民族法治素养的提高。党的十九大要求，"提高全民族法治素养和道德素质"。只有不断养成和提高全民族法治素养，把法治基因融入民族血脉，造就具有法治素养的现代公民，法治中国这座大厦才能建立在广泛、深厚、可靠的群众基础之上。提高全民族法治素养核心在于培育全社会法治信仰。法治信仰是人们对法治发自内心的认可、崇尚、遵守和服从。大量的法治实践证明，只有内心尊崇法治、信仰法治，才能行为遵守法律、维护法律。新时代全民普法就要更加注重从宣传法律知识转变成同时弘扬社会主义法治精神，培育社会主义法治信仰，引导公民自觉尊法学法守法用法。尤其要牢固树立宪法法律至上的法治理念，任何组织和个人都必须尊重宪法法律权威，都必须在宪法法律范围内活动，做到在法治之下，而不是在法治之外，更不是在法治之上想问题、作决策、办事情；牢固树立法律面前人人平等的法治理念，任何组织或者个人都不得有超越宪法和法律的特权，都必须依照宪法法律平等地行使权力或权利，平等地履行职责或义务，一切违法行为都要依法受到追究。

推动各级党组织和全体党员带头尊法学法守法用法。党的十九大强调"各级党组织和全体党员要带头尊法学法守法用法"。新时代越是强调坚持党领导一切，就越要求把党章关于"党必须在宪法和法律的范围内活动"的规定落到实处，就越要求全体党员在工作生活中做到模范遵守党章党规党纪和国家的法律法规。推动各级党组织和全体党员带头尊法学法守法用法，不能停留在一般号召上，需要有相应的制度安排，已有的制度需要很好地执行，并需要不断进行制度创新和实践创新，强化刚性约束。要结合"两学一做"学习教育常态化制度化，加强党内法规学习宣传，突出学习新修改的党章，推动依法治国和依规治党的有机统一。严格落实党委（党组）中心组学法制度，提倡一把手带头讲法治课，推广政府常务会议前集体学法等做法。加强法治培训，把宪法法律列为各级党校、行政学院、干部学院、社会主义学院和其他相关培训机构的培训必修课。健全法律顾问制度，公职律师、公司律师制度，切实落实重大决策合法性审查机制，不经合法性审查程序，不得作出决策。

推动社会主义法治文化建设。党的十九大报告专门强调"建设社会主义法治文化"，足见其重要性。社会主义法治文化作为中国特色社会主义文化的重要组成部分，作为法治中国的精神构成要素，日益成为深化依法治国实践的一项重要任务。新时代全民普法不能停留在敲锣打鼓、热热闹闹上，更需要润物无声、立心铸魂，发挥文化的价值引领和精神熏陶作用，用法治文化的力量滋养民族法治素质。

加强社会主义法治文化建设，就要以马克思主义为指导，坚守中华文化立场，立足当代中国法治建设现实，坚持不忘本来、吸收外来、面向未来，坚持创造性转化、创新性发展。就要坚持依法治国和以德治国相结合，把社会主义核心价值观融入法治文化建设各方面，转化为人们的情感认同和行为习惯，实现法安天下、德润人心。就要把法治文化建设纳入现代公共文化服务体系，把法治元素纳入城乡建设规划设计，加强法治文化阵地建设，深入开展群众性法治文化活动，打造法治文化精品力作。还要充分用好文化传播的手段，创新对外法治宣传的平台和渠道，努力讲好中国法治故事，树立中国法治形象。

推动新时代全民普法实现新发展

实行"谁执法谁普法"，是新时代全民普法的重要顶层设计和制度创新。新时代全民普法要有新作为、实现新发展，就要牢牢抓住"谁执法谁普法"这个"牛鼻子"，以问题为导向，推动中办、国办印发的《关于实行国家机关"谁执法谁普法"普法责任制的意见》落到实处。

变普法与执法"两张皮"为普法与执法的有机融合，增强普法实效。执法过程中的普法是最有效、最具针对性的普法。实行"谁执法谁普法"，意味着普法的理念和方式的根本转变，就是要把执法的过程变成普法的过程，哪个机关、哪个工作人员执法，就由哪个机关、哪个工作人员普法，在哪里执法就在哪里普法，使单纯、静态普法变成综合、动态普法，使宣传书写着的法变成说明解释执行中的法。把普法融入执法的全过程、各环节，要求执法机关、执法人员不仅要在每一起案件中实现公平正义，而且要让人民群众在每一起案件中感受到公平正义；不仅严格执法，还要让人民群众知道为什么这样执法，达到办理一案、教育一片的效果，实现政治效果、法律效果和社会效果的有机统一。要大力开展以案释法，推动建立法官、检察官、行政执法人员、律师等以案释法制度，充分利用案例释法说理、解疑释惑，开展生动直观的法治宣传教育。推行说理性执法，把普法融入案件受理、调查取证、案件审理、告知听证、处罚决定和处罚执行等执法活动全过程，加强各类执法文书的说理性。针对网络热点问题和事件，组织执法司法人员和专家学者进行权威的法律解读，正确引导法治舆论。庭审是最生动的法治课，领导干部旁听庭审是最好的调研形式之一。推动落实行政机关负责人出庭应诉的有关法律规定，组织开展领导干部旁听庭审活动，形成常态化、制度化。

变普法主管部门"独唱"为各部门"大合唱"，形成大普法格局。实行"谁执法谁普法"，意味着国家机关既是国家法律的制定和执行主体，也是普法释法的责任主体。没有执法权但承担管理和服务职能的部门行业也担负着普法释法的职责，"谁主管谁普法"、"谁服务谁普法"成为"谁执法谁普法"的必然延伸。这将使普法工作由普法主管部门一家的"独唱"，变成各部门行业的"大合唱"，由过去的"小马拉大车"变成"群马拉大车"，由最适合的人干最适合的事，从而形成齐抓共管的"大普法"格局。实行"谁执法谁普法"，就要充分发挥普法责任制部际联席会议的作用，健全组织协调机制，发挥成员单位带头作用。注重总结交流、推广典型经验，建立"谁执法谁普法"示范点，促进形成在执法全过程普法、全员普法的新局面。建立普法信息化大平台，使各地各有关部门的普法工作在网上实时更新，做到可视化、可量化、可考核评估，使全国普法工作形成有机整体，产生集约效应。

变普法"软任务"为"硬指标"，以普法责任制的落实推动普法各项措施的落实。实现新时代全民普法的新发展，关键是落实国家机关的普法主体责任，解决干与不干一个样、干好干坏一个样的问题。实行"谁执法谁普法"，就要配套实行普法责任清单制度，进一步明确本部门、本系统需要解读释明的法律法规规章目录和重要举措，为落实普法责任提供基本遵循。推动各责任主体制定年度普法工作计划，实行年度工作报告制度，统一向社会公开，便于社会监督。建立法治宣传教育考核评估体系，加强"谁执法谁普法"考核工作，探索开展第三方评估，推动把普法工作情况纳入各地各部门工作目标考核和领导干部政绩考核，纳入精神文明创建内容，加强考核结果的运用。

目　录
Contents

第一章　法的概念、作用、制定和实施

一、法的概念

法律是什么？我们没有必要给出一个死板的答案。正如卡夫卡在《法的门前》所述，我们每个人都曾在法的门前驻足窥探，但并无收获。基于朴素的观念，我们可以认为法律是正义，法律是规则，法律神圣而庄严等。不同的人有着不同的解读，如同一千个人眼中就有一千个哈姆雷特。人们对这一看似简单问题的追问，最早可以追溯到古希腊、先秦时期甚至是更早，历经数千年，至今仍是争论不已、众说纷纭。

（一）理论上的四种法律观

1.超验的法律观

超验的法律观看重的是法律的正义性。认为永恒性、普遍性、绝对性是衡量法律的基本标尺。西塞罗曾经说过："法律乃是自然中固有的最高理性，它允许做应该做的事情，禁止相反的行为。当这种理性确立于人的心智并得到实现，便是法律。""法律是根据最古老的、一切事物的始源自然表述的对正义和非正义的区分，人类法律受自然指导，惩罚邪恶者，保障和维护高尚者。"自然法学派是超验法学的代表。对价值的不懈追求构成了自然法学说的核心。自然法学派从人类乃至整个世界事物的本性的角度来思考法律现象，努力探索法律的客观基础或人性基础，试图在实在法之外建构一个具有决定意义的高级法。

中国古代的自然法思想从其产生之初，在内容和形式上就沿着与西方文明截然不同的道路发展。"礼本于天"，中国的自然法强调人与自然秩序的合一，强调以家庭、家族为根基的伦理道德。中国古代法律追求的是法律与道德的合一，是人与社会、人与自然的和谐统一，这与西方自然法理念迥异。

自然法学派持一种二元论法律观，在这种法律观中，法律被分成两种：自然的和实在的。该学派认为除了人定法即实在法之外，还存在着一种超乎实在法之上的法律。这种法律观的基本观点是：真正有意义的法律是一种超验或抽象的正义准则，是一种超越人类制定的规则之上的更高的法律体系。这种形而上的法律或者是神造的，或者源于一种抽象的人性，或者是从某个概念或原则演绎出来的。换言之，这种法律观的逻辑起点是神的意志、抽象的人性、契约、绝对精神或永恒原则等因素中的一个或几个。同时因为这种法律渊源于上帝、自然或理性，因此也是善的、正确的和正义的。它有着不同的名称：自然正义或自然法、"高级法"、"神法"、"理性法"等。因此，自然法把合乎正义的、合乎道德的、合乎理性的，甚至合乎上帝的法才视为法，而一切与自然法相违背的法都不是法，即"恶法非法"。

【延伸阅读】

中国古代也存在自然法思想

相比较西方的自然法思想，中国古代确实并没有明确提出自然法这一概念，但却不可以就此断定中国古代没有自然法思想。我们通过观察西方自然法思想的渊源及其主张，不难得出这样的结论：自然法思想的产生建立在一些现实存在的、某些情况下会相互对立的关系之上，比如实在法与永恒正义的冲突、法律与道德的冲突、王权与正义的冲突等。当现实的法与普遍的道德和正义发生冲突时，这样的关系该由谁调整，自然法学派认为应当由更高位阶的法律，即"法上之法"——自然法来调节。同样的两难困境，同样的社会关系也发生在中国，对于相应的社会关系的调节，中国古代各派哲学均给予解释，尤其是儒家思想更是被人们在解决各种矛盾冲突时奉为圭臬。对照一下西方自然法的定义——自然法即道德法，是普遍而永恒的道德原则，而对于这一普遍的、永恒的、高于世俗权力和法律的原则的探索，也一直是中国古代儒家、道家等思想流派关注的重点。按照这个标准来衡量，儒家、道家等法律原则也是自然法，在儒家学者看来，这些道德原则具有永恒和普遍性，因此，中国古代存在自然法思想。

正如梁治平所说："《法学阶梯》所代表的制度，并不比《唐律》所代表的更'好'，在美好与丑恶、光明与黑暗这类意义上，没有权利观念的制度并不正好就是讲求权利的制度的反面。中国文化绝非西方文化的某个初级阶段，中国古代的法律也并非残缺不全的制度，而自有其统一性和完整性。"

因此，一方面，在某种程度上，自然法是实在法的校正工具，表明了自然法致力于探寻"正确之法"的努力；另一方面，自然法的各种基础的或最高的价值也构成了实在法权威的基础，也回应了法律为何要被人们遵守的难题。法律应被遵守是因为法律首先是一系列人类的价值，并有助于实现这些价值，实现这些价值也就实现了人类自身。

2. 历史法学派的法律观

历史法学派看重的是法律的历史性和民族性，主张运用历史的观点和方法来看待法律问题、阐释法律现象。在他们看来，法律是历史发展过程的产物，具有民族性的特质和文化的个性。任何法律现象的产生、发展都是在历史过程当中进行的，有其深层的历史根源，只有对法律进行历史考察，才是合乎科学的方法，才能把握法律的本质。

在历史法学派的视野下，法律的形成是一个民族历史发展长期积累的结果，而不是立法的产物；任何一个民族都有它自己的历史，也都有它自己的法律文化和法律传统。因而，一个国家要想制定出适合本民族发展的法律典籍，就必须立足自身，深入研究本民族的文化特征，从中发现适合本民族的法律和规则，而不能照搬其他国家的现成的法律制度。因而，历史法学派的代表人物萨维尼认为：历史法学派始于这样一个假设，实在的法律源自一个民族的全部过去，源自一个民族及其历史的本质最深处。因此，历史法学派重视习惯法，强调法律来源于民族生活；凸显民族意识，认为法律是民族精神的体现；强调历史连续性，用历史法则代替自然法则。

历史法学派以法律的历史观为核心，认为任何法律现象的产生和发展都有其历史根源，任何法律都是在历史的时空中进行的，都有自己发展的独有历史。法律作为调整人们行为的一般规则，从其产生之始就与特定地域和民族密切相关，也正是民族历史所凝聚而成的特定民族成员的内在信念和外在行为方式，决定了法律规则的意义和形式。正如萨维尼指出的："法律如同语言、行为方式和基本社会组织体制一样，为一定民族所特有并且秉持自身确定的特性，而且凡此现象并非各自孤立存在，作为一个独特的民族所特有的、根本的和不可分割的禀赋和取向，展现出一幅特立独行的景貌。"

3.实证分析法学派的法律观

实证分析法学派看重的是法律的权威性，它试图摆脱自然法学的二元法律观，把法律限定为国家权威制定的实在法。基于国家权力以明文的方式制定的法律，才是"严格意义上"的法律，才具有法律上的约束力。法律是一种强制性秩序，支持可强制执行的请求、施加可强制执行的义务，是法律的本质特征。如奥斯丁就认为，法律是主权者的命令。自然法、习惯法等应排除在法的渊源之外。

法律实证主义追求的是实在法的确定性，看重的是确定性所带来的可遵循、可预期、可操作性，警惕的是自然法思想可能带来的随意性、不可预期性。可能付出的代价是僵化、滞后、不灵活，甚至是实质正义的丢失。法律实证主义反对形而上学的思辨方式和寻求法律终极价值的价值分析方法，而把法律视为一个独立的、自治的、实在的系统。强调法律的确定性、一致性、等级性和封闭性。法外无法。法律实证主义的极端是"国法中心主义"，只承认国家制定的法是法律，把习惯法、社会规则等排除在法律范围之外。

【延伸阅读】

中国法家的法律观

法家是中国历史上提倡以法制为核心思想的重要学派，以富国强兵为己任，认为法律是为实现治国目的而服务的。其法律思想基本可以归属于实证法学派。法家把"法"作为规范社会的统一标准，认为"尺寸也，绳墨也，规矩也，衡石也，斗斛也，角量也，谓之法"。

法家的法律思想有以下四个特质：一是强调法律来源于权力，必须公布。如韩非强调："法者，宪令著于官府，刑罚必于民心，赏存乎慎法，而罚加乎奸令者也。"二是强调要严格依法办事，维护法的权威性。主张"任法而治",排除一切人为的因素,以免"人存政举,人亡政息"。正所谓"法明,则内无变乱之患"。三是强调法无等级、公平执法。"君臣上下贵贱皆从法","法不阿贵,绳不挠曲"。法一旦颁布生效,就必须"官不私亲,法不遗爱",君臣要"任法去私"。四是强调法律统一并保持稳定,即:"壹法"、"一尊"。强调"法莫如一而固","朝令夕改"只会是亡国之道。

实证分析法学派承认道德的不可知论,主张法律与道德的分离,认为"恶法亦法",强调"形式正义"取代"实质正义",以"合法性"诠释"正当性",将价值考虑排除在法理学研究范围之外,做到"价值无涉"、"价值中立"。为了解决人类特定情况下的道德—法律难题,法律实证主义借助"分离命题"(法律不代表或不能等同于道德正义,恶法亦法),而剥离开法律的有效性与遵守法律的义务,使得恶法可以"正当地"不被遵守。这既解决了难题,又维护了法律的尊严,保证了法律的权威和法律秩序的稳定性。因之,法律实证主义在实践上具有更稳健、妥切、现实的品格。

4.社会法学派的法律观

社会法学派强调法律的实效性、有效性,站在法律之外用外在视角来审视法律。它把法律视为一种社会现象,致力于文本规范与社会事实的互动研究;强调现实生活中各种影响法律运行的因素,将法律规范放在现实社会关系中考量,注重法律的实行、功能和效果。如埃利希认为:"社会规范不过是人类团体中的秩序","法不是一系列法条,而是社会秩序"。

社会法学派强调规范与事实、效力与实效、纸面上的法律与行动中的法律的区分。在他们眼中,真正的法律不是纸面上的规则,而是实际上被人们遵守的规则,是展现在人们的现实行为之中的活生生的秩序。纸面上的规则只是影响人们包括法官等法律职业者行为的一个因素,甚至是不太重要的一个因素。而法律规则的制定、解释和实施过程都被看作是人类有目的的社会行动。法律既是一种静态的官方文件体系，同时又必须在社会中予以实施，由此造成法律问题的分析，既可以从规范的层面来进行，也可以从社会的角度来进行的交叉现象。价值分析方法和实证分析方法二者都是根据某种预先建构的标准（道德或逻辑）来评价法律规则的正确性或有效性的，而社会分析方法则是实证性的，它关注法律规则在人类的社会生活中实际发生作用的方式。

【经典赏析】

瞿同祖的《中国法律与中国社会》

瞿同祖早年毕业于燕京大学，并曾任美国哥伦比亚大学、哈佛大学等世界著名高校的研究员、教授，学贯中西、博通古今，是我国近现代著名法律思想家。他对儒家思想与中国法律发展关系的阐述，至今仍有借鉴意义。

在代表作《中国法律与中国社会》中，瞿同祖指出，法律与社会有着密不可分的依存关系，它维护了当时社会的制度、道德和伦理等价值观念，也反映了一定时期的社会结构。中国古代法律的主要特征表现在家族主义和阶级概念上，这二者也是中国古代法律所要维护的社会制度和社会秩序的支柱。该书依据大量个案和判例，分析了中国古代法律在社会上的实施情况及其对人民生活的影响，揭示了中国古代法律的基本精神和主要特征，是相关学科研究的重要参考书。

瞿同祖在书中说："礼有如此的社会实践的功能，足以维持儒家所期望的社会秩序，而达到儒家心目中的理想社会，所以儒家极端重视礼，欲以礼为治世的工具。所谓礼治，断不是说仅凭一些抽象的伦理上道德上的原理原则来治世之谓，这是我们所应该注意而深思的。"

社会法学派，将法律作为一种社会现象，重视法律与其他社会因素的相互作用，适应了社会发展的需要，缔造了新的法律精神，大大加深了人们对法律本质的认识。它是深入行动中的法律，对法律的实际运行作了描述，揭示了法律实施过程的复杂性，促使人们更进一步思考如何通过法律实现社会目标，体现了世俗主义的、非道德化的法律观。

纵观不同法学流派对法律的理解，不难发现，法律的内涵远比我们认为的要复杂丰富得多。法律并非只是冰冷又不近人情的款款条文，并非只是高高在上、遥不可及的顶层设计，法律以无情的目光论事，以悲悯的情怀看人。囿于篇幅所限，笔者无法对此四种流派细细展开，唯愿此寥寥千字可拓宽诸位之视野，可加深对法律之认识。

（二）法律的定义

下面让我们结束"形而上"理念性的探讨，回到"形而下"从概念的角度回答"法律是什么"的问题。对此，国内许多法学家给出了自己的答案。

孙国华、朱景文主编的《法理学》一书认为：法是由国家制定或认可并由国家强制力保证其实施的，反映着统治阶级（即掌握国家政权的阶级）意志的规范系统，这一意志的内容是由统治阶级的物质生活条件决定的，它通过规定人们在相互关系中的权利和义务，确认、保护和发展对统治阶级有利的社会关系和社会秩序。[①]

舒国滢主编的《法理学阶梯》一书认为：法是由国家制定、认可并由国家保证实施的规范体系。这种规范体系反映了由社会物质生活条件决定的统治阶层或人民的意志，其目的在于确认、保护和发展统治阶层或人民

---

① 参见孙国华、朱景文主编：《法理学》（第四版），中国人民大学出版社 2015 年版，第一章。

所期望的社会关系和价值目标。[①]

　　张文显主编的《法理学》一书认为：法是由国家制定、认可并依靠国家强制力保证实施的，以权利和义务为调整机制，以人的行为及行为关系为调整对象，反映由特定物质生活条件所决定的统治阶级（在阶级对立社会）或人民（在社会主义社会）的意志，以确认、保护和发展统治阶级（或人民）所期望的社会关系和价值目标为目的的行为规范体系。[②]

　　赵震江、付子堂著的《现代法理学》一书认为：所谓法，就是指归根到底由社会物质生活条件所决定的，反映掌握政权的社会集团的共同意志和根本利益，为了维护社会秩序而由国家制定或认可并由国家强制力保证实施的一种规定权利义务内容的特殊行为规范体系或制度体系。[③]

　　张光杰主编的《法理学导论》一书认为：法律是体现国家意志、具有普遍约束力，为国家强制力保障实施的社会规范，它通过规定权利（权力）与义务的方式来调整一定的社会关系，维护一定的社会秩序。从根本上讲，法律受制于社会的物质生活条件。[④]

　　从上述定义中，我们可以抽象出学者们对法的定义的六点共识：（1）法是由国家制定或认可并由国家强制力保证实施的；（2）法是掌握了国家政权的统治阶级意志的反映；（3）法以权利义务为内容调整一定的社会关系；（4）法是由社会物质生活条件决定的；（5）法的目的是确认、保护和发展统治阶级所期望的社会关系和社会秩序；（6）法是一种行为规范体系。因此我们认为，张文显教授对法的定义与法的概念最为接近，可以作为认识法律的起点。

---

①　参见舒国滢主编：《法理学阶梯》（第二版），清华大学出版社 2012 年版，第二章。

②　参见张文显主编：《法理学》（第四版），高等教育出版社 2012 年版，第四章。

③　参见赵震江、付子堂：《现代法理学》，北京大学出版社 1999 年版，第二章。

④　参见张光杰主编：《法理学导论》（第二版），复旦大学出版社 2015 年版，第一章。

二、法的作用

（一）法的作用释义

"法者，所以兴功惧暴也；律者，所以定分止争也；令者，所以令人知事也"，春秋时期管子的这一认识，把法的基本作用揭示了出来。现代社会，随着社会分工的复杂和纷繁社会系统的形成，需要法律进行调整的社会关系也越来越多，法律承载着的使命也就越来越大，发挥的作用也就越来越强。

在探讨法的作用之前，我们必先厘清其定义，方可有更透彻的理解。法的作用是指法作为一种特殊的社会规范对人们的行为和社会生活所产生的影响和结果，是法的系统内外协调下对人的行为和社会关系的动态作用的过程，是法的系统实现法的价值和目的的手段。需要强调的是，法的作用对象是人们的行为而不包括人们的思想。正如马克思所讲，"对于法律来说，除了我的行为以外，我是根本不存在的"。法律规范的是人们的行为，而不涉及人们内心的思想，诸如中国古代"论心定罪"的观念是与现代法治精神相违背的。

（二）法的作用的分类

法的作用可以分为规范作用和社会作用。这是根据法在社会生活中发挥作用的形式和内容，对法的作用的分类。从法是一种社会规范看，法具有规范作用，规范作用是法作用于社会的特殊形式；从法的本质和目的看，法又具有社会作用，社会作用是法规制和调整社会关系的目的。这种对法的作用的划分使法与其他社会现象相区别，突出了法律调整的特点。

1. 法的规范作用

法的规范作用即法作为一种调整社会关系的手段所具有的特殊作用，它主要包括以下几个方面。

（1）指引作用。法律的指引作用是指法律所具有的、能够为人们提供一种既定的行为模式，从而引导人们在法律范围内活动的作用。指引作用是法律最首要的作用。法律的首要目的并不在于制裁违法行为，而是在于引导人们正确的行为，合法地参与社会生活。

（2）预测作用。法律的预测作用是指法律通过其规定，告知人们某种行为所具有的、为法律所肯定或否定的性质以及它所导致的法律后果，使人们可以预先估计到自己行为的后果，以及他人行为的趋向与后果。

（3）评价作用。法律的评价作用是指法律所具有的、能够评价人们行为的法律意义的作用。法律评价的标准是合法与不合法。行为评价的标准有法律、道德、纪律等，它们是可以同时适用的。但应该注意的是，既不能用法律评价取代道德评价、纪律评价，也不能用道德评价、纪律评价代替法律评价。

（4）强制作用。法律的强制作用是指法律能运用国家强制力制裁违法和犯罪，保障自己得以实施的作用。法律的强制作用是法的其他作用的保障。没有强制作用，法律的指引作用就会降低，预测作用就会被怀疑，评价作用就会在很大程度上失去意义，教育作用的效力也会受到严重影响。

（5）教育作用。法律的教育作用是指法律所具有的、通过其规定和实施而影响人们思想，培养和提高人们法律意识，引导人们依法行为的作用。

2. 法的社会作用

法的社会作用，是从法的本质和目的这一角度出发来分析的，包括政治功能和社会功能。

（1）法的政治功能。法的政治功能即维护一定阶级统治的功能，是国家活动的基本方向在法律上的体现，反映了法存在的基本价值，是法的阶级意志性的集中体现。法的政治功能体现在政治、经济、文化等各方面。

法在政治方面的功能主要表现在：确定一个国家的国体、政体和政党制度；确定中央与地方以及不同国家机关之间的关系；确定公民的法律地位和公民的基本权利、义务等。

法对经济基础有重要的反作用。法要确定和维护基本经济制度，为巩固和发展这种经济基础服务；保护合法财产，调整和解决各种经济纠纷、定分止争，维护社会经济秩序。法既要体现和保障社会生活参与者在一定历史阶段所能有且应有的行为自由，又要维护适应一定生产方式的社会秩序。

法在文化方面的功能具体表现在：确立和维护一定的文化教育制度，规定文教事业发展的基本方向和基本方针；确认基本的价值观念，以国家意志的形式宣告某种社会思想伦理价值观的正当性；培养法律意识和守法观念。

（2）法的社会功能。法的社会功能是指法律作为社会关系调整器对社会所产生的影响。按照马克思主义法学的观点，在阶级对立的社会中，法律的社会作用大体上表现在两个主要方面，即法律维护阶级统治的作用和法律执行社会公共事务的作用。为了维护自己的统治，掌握政权的阶级（统治阶级）利用国家制定和实施法律，使自己在社会生活中的统治地位合法化，使阶级冲突和矛盾保持在统治阶级的根本利益所允许的界限之内，建立有利于统治阶级的社会关系和社会秩序。此外，法律还不可避免地要承担维护个体权利、社会安全，促进社会福利、增进社会团结等社会公共职能。

我国正处在从传统社会向现代社会的转变过程中，法的社会功能的发挥更加重要。法律作为社会关系的调节器，可以发挥有益的作用。比如，法律可以为劳工提供特别的劳动合同保护并规定最低工资标准，从而保障劳动者权益、缓和劳资矛盾；法律还可以为社会弱势群体提供最低社会保障、社会福利，从而缩小贫富差距、维护社会公平；法律可以规定严格的环境保护标准，加强食品、药品监管，从而确保环境安全、食品药品安全。但是我们也应当看到，法律的社会功能也是有限度的。法律作用的发挥不能超越我国经济社会发展阶段，否则会适得其反。

（三）正确认识法的作用

对法律的作用，我们应该给予客观的、辩证的认识。要正确认识法的作用应警惕两种极端倾向：轻视法的作用的倾向和片面夸大法的作用的倾向。

1.轻视法的作用——法律虚无主义

法律虚无主义否定和轻视法的作用，主张绝对的自由，反对任何约束和限制。法律虚无主义思想在我国源远流长。在法律虚无论者的眼里，法律可有可无，无关紧要，认为即使没有法律，社会也能够正常运转。法律虚无主义势必会导致“人治”、“权治”泛滥而“法治”不彰，进而造成社会关系的调整失去可预测性和相对稳定性，失去制度化、法律化的保障，导致权力的任意性，从而容易引发社会混乱，直接影响社会经济、政治和文化发展。

2.夸大法的作用——法律万能主义

与法律虚无主义的贬低法律截然相反，法律万能主义把法律的作用提高到了意识形态的高度，主张法律至高无上的、全能型的、近乎万能的作用。认为法律应当事无巨细地规范社会关系的方方面面，认为法律越多越好，鼓吹法律是解决一切问题的良方。这种极端夸大法律作用的思想，在理论和实践中都是有害的。调整社会关系的法律并非越多越好，在缺乏足够论证的情况下，立法过多、过细反而会制约阻碍社会的发展，扼杀社会的活力，损害法律的权威。另外，社会调整仅有法律调整并不能满足社会的需求。社会的良好运行需要包括法律在内的众多社会规范共同调整，诸如道德伦理规范、习惯规范等。再则，很多社会矛盾的解决并非仅凭法律一途，法律也只能在有限的范围内解决一部分的社会矛盾。以社会贫富分化为例，法律可以通过征税、补贴等手段实现财富的二次分配，缩小贫富差距的鸿沟，但并不能从根源上解决贫富分化的问题。

3. 法的作用的局限性

法律并非百无一用的条条框框，亦非包治社会百病的绝世良方。法律自身有其不可避免的局限性，具体有以下几个方面。

（1）调整范围的有限性。在现代社会中，法律只是众多社会规范中的一种，除此之外还有道德、政策、习惯等。再者，社会关系和社会生活的某些领域或某些方面并不适宜用法律手段进行调整，诸如涉及思想情感领域内的问题。思想情感存在于人们的内心，需要外化为行为才会对社会产生影响，在未外化行为之前，难以用外部力量去控制和规范它。勉强采用法律手段干预、限制或禁止人的某种内心活动，往往是不仅达不到效果甚至适得其反。故此思想情感问题用道德、教育等方式来调整更为合适。

（2）法的稳定性与社会的变动性的矛盾导致法的滞后性。法自诞生之日起就面临着一个难题，即法的确定性与法的灵活性之间的矛盾。法律要涵盖和适应不断变化、千姿百态的社会生活需要保持一定的灵活性，但是抽象、概括的法律并不能总是适应具体、易变的社会生活。人们往往是在总结了社会变化的经验之后，才能制定出相应的法律等行为规范。所以法律往往具有滞后性。另外，片面追求法的灵活性则会导致法律失去确定性和稳定性。朝令夕改的法律会使法的权威性和可预测性大大降低。

（3）法的实现需要相应的社会条件。法的实现需要相应的人员、精神和物质等条件。在这些条件不具备的情况下，法不可能充分发挥作用。就人员条件而言，如果法律专业人员缺乏良好的法律素质和职业道德，法不可能真正得以实现。就精神条件而言，没有良好的法律文化氛围，例如全社会对法的充分信任，法的作用必然受到限制。就物质条件而言，法的实现是有成本的，它需要相应的物质设施，需要相应的经费等。

【经典论述】

管子关于法律作用的名言

管子是中国古代著名的法律思想家。他在《明法解》中说："法者，上之所以一民使下也。"其作用表现在三方面：其一，"兴功惧暴也。"又说："法度者，主之所以制天下而禁奸邪也。"其二，"定分止争"。《禁藏》中说："法者，天下之仪也。所以决疑而明是非也，百姓所县命也。"《明法解》又说："尺寸寻丈者，所以得短长之情也。故以尺寸量短长，则万举而万不失矣。"其结果"公正而无所偏"。其三，"令人知事也。"《形势解》说："以规矩为方圆则成，以尺寸量短长则得，以法数治民则安。"《管子》中具体分析认为法律功用是兴功惧暴，定分止争，令人知事，治国安民。

4. 正确对待法律

站在怀疑主义的立场上，任意夸大法律的缺陷、弊端、局限性，将法律说得　无是处，就有可能倒退到人治主义和无法状态的旧路上去，为反法治主义提供理论根据；而认为法律是解决问题的万能良法，对法律局限性这一客观存在的事实视而不见，略而不谈，甚至将这一理论与反法治主义相联系，就难以发现法律中客观存在的种种不足和问题，也会损害法律的权威，从另一方面影响法律发挥作用。正确的态度是，既要拒斥法律虚无主义，也不迷信法律万能主义，而是客观辩证地看待法律作用，在清醒认识法律局限作用的基础上，尊重法律的权威，在国家和社会公共生活领域坚持法治。

三、法的制定

（一）法的制定概述

1.法的制定的概念

法的制定也称法的创制、法的创立或立法，是指有立法权的国家机关或经授权的国家机关，在法定的职权范围内，依照程序，制定、修改和废止法律和其他规范性法律文件，以及认可法律的一项专门性活动。在法学上，"立法"一词有广义和狭义两种解释。广义的立法是指法定的国家机关制定规范性文件的活动，狭义的立法仅指最高国家权力机关及其常设机关制定法律的活动，此处所讲立法一般指广义的立法。

2.法的制定的特点

立法在本质上是国家将社会的主导意志上升为国家意志的活动，在形式上是有权的国家机关按照法定的程序制定法律及其他规范性法律文件的活动。具有如下特征：

（1）法的制定是国家的一项专有活动，是国家权力的运用；

（2）法的制定既包括有立法权的国家机关进行的法律制定活动，也包括经授权的国家机关进行的法律制定活动；

（3）法的制定既包括法的创制活动，也包括法的修改、废止以及认可活动，是一个完整的法律制定结构；

（4）法律的制定是一种严格依照法定的职权和程序进行的活动。

3.法的制定的意义

立法具有很重要的功能，是国家功能和作用的必要手段和具体体现形式：（1）它是国家意志形成和表达的必要途径和方式；（2）掌握国家政权的阶级必须利用立法手段，来确认那些有利于自己的社会关系和社会秩序；（3）立法者利用立法手段协调社会关系，解决社会矛盾；（4）立法还有指导未来的预测功能；（5）立法是民主制度化、法律化的前提条件，是依法治国、建设法治国家的基础性活动。

（二）立法制度

1. 立法体制

立法体制是一国立法制度最重要的组成部分。立法体制是关于立法权限、立法权运行和立法权载体诸方面的体系和制度所构成的有机整体。立法体制由三要素构成：一是立法权限的体系和制度，包括立法权的归属、立法权的性质、立法权的种类和构成、立法权的范围、立法权的限制、各种立法权之间的关系、立法权在国家权力体系中的地位和作用、立法权与其他国家权力的关系等方面的体系和制度；二是立法权的运行体系和制度，包括立法权的运行原则、运行过程、运行方式等方面的体系和制度；三是立法权的载体体系和制度，包括行使立法权的立法主体或机构的建置、组织原则、活动形式、活动程序等方面的体系和制度。其核心是有关立法权限的体系和制度。

一国采用何种立法体制，在很大程度上取决于该国的国情，要受到该国经济、政治、文化和历史传统等因素的影响。当今世界立法体制，主要有单　的、复合的、制衡的立法体制。

单一立法体制主要是指立法权由一个国家机关行使的立法体制，包括单一的一级立法体制和单一的两级立法体制。单一的一级立法体制，指立法权仅由中央一级的一个政权机关行使。实行这种体制的国家较多。其中有的国家由一个专门的议会行使；有的国家由一个立法为主同时兼有其他功能的机关行使；有的国家由一个兼有立法和行政两方面功能甚至握有一切大权的机关行使；有的国家由一个君主或总督、议员联合组成的议会行使；有的国家元首单独行使。单一的两级立法体制，主要指中央和地方两级立法权各由一个而不是由两个或几个机关行使。

复合立法体制是指立法权由两个或两个以上的国家机关共同行使的立法体制。实行这种体制的国家较少。在这些国家，根据立法归属的具体机关的不同，又有两种区分。有的国家的立法权是由议会和总统（不是议会成员）共同行使，如冰岛、芬兰；有的国家的立法权是由君主和议会共同行使，如比利时、丹麦。这些国家君主不以议会成员身份行使立法权，而是作为行政机构中与议会并列的一个方面在行使立法权。

制衡立法体制则是建立在立法、行政、司法三权既相互独立又相互制约的原则基础上的立法体制。实行这种体制的国家，立法功能原则上属于议会，但行政机关首脑如作为元首的总统，有权对议会的立法活动施加重大影响，甚至直接参与行使立法权。如总统有权批准或颁布法律，有权要求将法律草案提交公民投票，有权要求议会对某项法律重新审议，甚至有权否决议会立法或解散议会。司法机关也对立法起制衡作用，这些国家的宪法法院或高级法院有权宣布议会立法违宪因而无效。单一制的国家如法国等，联邦制国家如美国等，都实行制衡立法体制。

我们国家属于单一制性质的中国特色社会主义立法体制。根据我国宪法规定，我国是一个单一制的、统一的多民族国家，因此我国的立法体制是统一的、一元化的，全国范围内只存在一个统一的立法体系，不存在两个或两个以上的立法体系。比如，关于物权法、婚姻法这种普通性法律必须要通行全国，只有中央有权立法机关才能制定。同时根据宪法规定，我国立法体制分为中央立法和地方立法两个等级。例如，在中央立法之外，各省、自治区、直辖市可以就当地社会管理事项制定地方性法律。如为了保护当地环境，湖南省就制定有《湖南省长株潭城市群生态绿心地区保护条例》。根据宪法规定，不论是中央级立法还是地方级立法，都可以各自分成若干层次和类别。如中央立法可以分为全国人大及其常委会制定的法律、国务院制定的行政法规、国务院各部委制定的部门规章等。

2. 立法程序

立法程序是立法主体在制定、认可、修改、废止法的活动中，所应遵循的法定步骤和方法。

（1）法案的提出。提出法案，就是由有立法提案权的机关、组织和人员，依据法定程序向有权立法的机关提出关于制定、认可、变动规范性法律文件的提议和议事原型的专门活动。

（2）法案的审议。审议法案，就是在由法案到法的阶段，由有权主体对法案运用审议权，决定其是否应列入议事日程、是否需要修改以及对其加以修改的专门活动。

（3）法案的表决和通过。表决法案，是有权的机关和人员对法案表示最终的、具有决定意义的态度。表决的结果直接关系到法案究竟能否成为法律。通过法案，指法案经表决获得法定多数的赞成或同意所形成的一种立法结果。

（4）法的公布。法的公布，是指由有权机关或人员，在特定时间内，采用特定方式，将法公之于众，亦称法的颁布。

3. 立法技术

立法技术，是指在法的创制活动中所应体现和遵循的有关创制知识、经验、规则、方法和操作技巧等的总称。具体地讲，立法技术主要是指法律的内部结构和外部结构的形式、法律的修改和废止的方法、法律的文体、法律的系统化等方面的规则等。立法技术是在立法工作的实践中所形成的规则，它可以使法律的表达形式臻于完善。因此，立法技术对法的创制具有重要的作用和意义，其表现在：立法者可以有效地利用立法技术，在立法过程中明确地表达立法者的意志，保证法律的表达形式同要表达的法律的内容相符合，便于对法律作出统一的解释和适用。立法机关可以利用立法技术，及时制定新的法律，并且及时地进行法律的立、改、废活动。立法机关可以利用立法技术，对已经颁布的法律进行法律汇编，以便更好地对其适用。立法机关还可以利用立法技术，对法律进行法典编纂活动，消除现行法的某些缺陷，并制定内容统一的新法典。立法技术根据不同的标准，大致可以分为以下几类。

（1）根据立法的进程，将立法技术分为立法预测技术、立法规划技术、规范性文件表达技术。首先，制定法律必须了解社会对法律的客观需要以及法律的可行性情况，这就要进行立法预测。立法预测技术就是对法的制定的发展状况、趋势和各方面进行预计、预算的科学方法、手段和规则。其次，为了有效地制定法律，还必须有目的、有计划、有步骤地进行立法规划。立法规划技术就是对经过立法预测的立法项目进行部署、编制、安排的科学方法、手段和规则。再次，还要把规范性文件用文字的形式表现出来。规范性文件表达技术就是对法律规范的结构、概念、文体等进行表述的科学方法、手段和规则。

（2）根据立法技术运用的具体程度，将立法技术分为宏观立法技术和微观立法技术。前者是指法的制定工作的整体技术，如立法预测、立法规范等方面的技术；后者是指运用于制定某一规范性文件的技术，如某一法律条文的语法、措辞等技术。

（3）根据法系可以分为大陆法系立法技术和英美法系立法技术。前者体现的是具有制定法特点的立法技术，后者体现的是具有判例法特点的立法技术。

立法技术是人类在长期的法的创制过程中累积的经验和智慧的结晶，它最主要的作用在于可以使规范性文件的表达形式臻于完善，使其与内容相符合，以便遵守和适用法律。立法技术作为一种技术性规范，本身并无阶级性，我们可以充分吸收，借鉴古今中外一切可以为我所用的立法技术，服务我国的立法工作。

（三）立法的基本原则

1.立法的指导思想和原则的关系

立法的原则，是指立法者在法律的制定过程中应该遵循的基本准则，它是立法的指导思想在法律的制定过程中的具体化、实践化。立法原则是立法主体据以进行立法活动的重要准绳，是立法指导思想在立法实践中的重要体现。立法指导思想是观念化和抽象化的立法原则，立法原则是规范化和具体化的立法指导思想。立法原则应根据立法指导思想等来确定，两者紧密关联。其一，立法指导思想是为立法活动指明方向的理性认识和重要理论根据；立法原则是立法活动据以进行的基本准绳。其二，立法指导思想主要作用于立法者的思想，通过立法者的思想来影响立法活动；立法原则主要作用于立法者的立法行为，通常直接对立法活动发挥作用。其三，立法指导思想和立法原则也有抽象和具体的区别。不能把两者等同起来，不能以立法指导思想代替立法原则或是相反。

2.立法的基本原则

立法的合宪性原则。宪法是万法之母，是其他所有法律和法规的直接或间接的立法基础。背离宪法原则，立法必然紊乱。合宪性原则是指立法必须符合宪法的精神和规定，包括立法主体（或权限）的合宪性、内容（或依据）的合宪性和程序的合宪性等。立法主体的合宪性，是指在所有法律的制定过程中，立法主体都必须有宪法或宪法性法律赋予的立法权力，或经过特别授权，且其制定的内容必须在该授权范围内，不能越权制定法律。凡没有法定职权或未经授权制定法律，均属无效。内容的合宪性，是指制定出来的法律，内容要符合宪法原则、宪法精神和宪法具体规定，不得同宪法原则、宪法精神、宪法规定相违背、相冲突、相抵触。程序的合宪性，是指所有法律的制定过程都要依照法定程序进行。

立法的法治原则。立法的法治原则主要包含三方面的内容和要求：其一，一切立法权的存在和行使都应有法的根据；立法活动的各个环节都依法运行；立法主体进行活动，其行为应以法为规范，行使法定职权，履行法定职责。其二，规范立法制度和立法活动的法，应充分反映人民的意愿，有利于立法发展，有利于社会进步，有利于保障公民的各种基本权利。其三，关于立法方面的法，在立法活动中具有最高地位和权威，获得普遍服从，任何立法主体违反了它都要受到应有的追究。

立法的科学性原则。立法的科学性原则也就是立法的科学化和现代化原则。坚持立法的科学性原则，要求法律制定必须根据社会经济、政治和文化发展的客观需要，从实际出发，反映和尊重客观规律，总结借鉴与科学预见相结合，克服立法中主观随意性和盲目性。遵循立法的科学性原则，利于在立法中避免或减少错误和失误，降低立法成本，提高立法效益。立法遵循科学原则，首先，需要实现立法观念的科学化。要把立法当作科学看待，以科学的立法观念影响立法，消除似是而非、贻误立法的所谓新潮观念和过时观念。其次，需要从制度上解决问题。要建立科学的立法权限划分、立法主体设置和立法运行体制。整个立法制度应当合乎社会和立法发展规律，合乎国情和民情，合适、合理、完善。立法主体应当由高素质的立法者组成。最后，需要解决方法、策略和其他技术问题。从方法说，立法要坚持从实际出发和注重理论指导相结合，客观条件和主观条件相结合。从策略说，要正确处理立法的超前、滞后和同步的关系；要按照客观规律的要求来确定立法指标。从其他要求说，要注意各种法之间的纵向、横向关系的协调一致，法的内部结构的协调一致；要注意立法的可行性，所立之法要能为人接受，宽严适度易于为人遵守；还要特别注意避免和消除立法中的混乱等弊病。

立法的民主性原则。在现代社会，立法中的民主性原则主要包括三个方面：其一，立法主体具有广泛性。人民是立法的主人，立法权在根本上属于人民，由人民行使。立法主体呈多元化，建立中央和地方、权力机关和政府机关合理的立法权限划分体制和监督体制。其二，立法内容具有民主性。立法内容的民主性是指立法必须从最大多数人的最根本利益出发，以维护人民的利益为宗旨，注意确认和保障人民的权利，而不是以少数人的意志为依归。其三，立法活动过程和立法程序具有民主性，在立法过程中贯彻群众路线，立法过程公开，使人民能够通过必要的途径有效地参与立法，有效地在立法过程中表达自己的意愿。

【相关链接】

中国民法典的编纂

我国曾于 1954 年、1962 年、1979 年三次启动民法典制定工作，但由于当时条件还不成熟，最终搁置。自 1986 年制定《民法通则》以来，尽管合同法、物权法、侵权责任法等具有支架性的民事法律已经制定出来了，但由于长期缺乏具有统率性的民法总则，我国民法体系化程度依旧不高。如何编纂一部立足中国实际、体现新的时代特征的民法典，已经成为时代的关切。2014 年，中共十八届四中全会提出编纂民法典。民法典起草工作再次提上日程。

为落实中央重大决策部署，全国人大常委会法工委正式启动了民法典编纂工作，决定首先起草《民法总则》。2015 年 4 月 20 日，中国法学会民法典编纂项目领导小组组织撰写的《中华人民共和国民法典·民法总则专家建议稿》正式向全社会征求意见。2017 年 3 月 15 日，十二届全国人大五次会议表决通过了《中华人民共和国民法总则》，国家主席习近平签署第 66 号主席令予以公布。《民法总则》自 2017 年 10 月 1 日起施行。

《民法总则》是民法典的开篇之作，在民法典中起统领性作用。下一步将编纂民法典各分编，然后提请全国人大常委会审议，经全国人大常委会分阶段审议后，再将民法典各分编一并提请全国人民代表大会会议审议通过，从而形成统一的民法典。

四、法的实施

（一）法的实施概述

1. 法的实施的概念

法的实施是指法在社会生活中被人们实际遵行。法是一种社会规范，法在制定出来后实施前，只是一种书本上的法律，处在应然状态。法的实施是一个动态的过程，是使法律从书本上的法律变成行动中的法律，使法从抽象的行为模式转变成为人们的具体行为，从应然的状态进到实然的状态，由可能性转变为现实性。

2. 法的实施的意义

（1）法律实施是实现法的目的的重要方式。法律实施与法律创制是对应的。法律创制是从社会关系上升为法，把具体的社会要求转变为抽象的、一般的法律规范的过程；而法律实施则相反，它是法律规范中的立法意图转化为现实关系，是从抽象到具体的过程。法律本身反映了统治者或立法者通过法律调整社会关系的愿望与方法，反映了立法者的价值追求。法律实施是实现立法者的立法目的的前提和条件，是实现法的价值的必由之路。

（2）法律实施是发挥法的作用的主要途径。法的作用及其社会效应是通过法律实施取得的。法律的尊严、权威及作用的发挥是在实施过程中和取得有效的结果上体现出来的。再好的法律得不到贯彻实行，也只是一纸空文。尽管写在纸上的法律条文，通过确定人们的权利与义务起到了一定的导向作用，告诉人们在社会生活中应该做什么，怎样去做，禁止做什么，如果做了要承担什么样的法律后果等，借以规范人们的行动。但当法律实施不力或遭受践踏的时候，这种作用便会极大地被削弱和贬低，在人们的心理上产生法律无用的负面影响，损害法律的尊严和权威性。如果法律的作用未得到有效的发挥，除立法因素外，就应该在法律实施过程中寻找原因。

（3）法的实施是建立法治国家的必要条件。法治国家的要义在于法律的权威高于个人权威，依法而治。因此，遵守规范制度而且是严格遵守规范制度，乃是法治建设的一个前提条件。

3. 法的实施的形式

法的实施的具体形式是多样的，依据不同的标准和角度对其进行分类。按照法作用于社会关系的具体化程度，可以分为通过具体法律关系和不通过具体法律关系的法的实施；按照法律调整方式的不同，可以将法的实施分为权利的享用、义务的履行和禁令的遵守；以法律规范是否需要国家机关的干预才能实施为标准，法的实施可以分为法的遵守、法的执行、法的适用和法律监督，这也是法的实施的基本形式。

（二）法的遵守

1. 法的遵守的概念和意义

法的遵守，简称守法，是指国家机关、社会组织和公民个人依照法律的规定，行使权利（权力）和履行义务（职责）的活动。法的遵守一般不需要国家强制力的介入，既包括被动的守法，也包括根据授权性或任意性规定的主动守法。权利的享用、义务的履行、禁令的遵守都是守法的具体形式。

法的遵守具有十分重要的意义。首先，认真遵守法律是公民实现自己的根本利益的必然要求。在我国，法律是全体人民的共同意志和根本利益的体现。只有严格遵守法律，才能使体现在法律中的人民的根本利益得到实现。其次，认真遵守法律，是建设社会主义法治国家的必要条件。要把我国建设成法治国家，不仅普通公民要守法，党的各级领导干部和国家公职人员更要严格守法，依法办事。握有公共权力的国家工作人员若不守法，会极大地破坏法律的权威，动摇人们对法治的信念；如果他们严格依法办事，就会带动普通公民认真守法，在全社会形成守法、用法、护法、崇尚法治的新风尚。最后，守法的状况能够反映一个国家社会主体的法律意识和道德水准，也能体现法律与社会的适应程度，以及法律的有效性等。守法是法律实施最符合效益的途径。守法的程度越高，法律实施的程度与效果越好。

2. 守法的主体和范围

在我国，守法主体包括：一切国家机关、武装力量、政党、社会团体、企业事业组织，我国公民，在我国领域内的外国组织、外国人和无国籍人。

守法的范围则包括规范性法律文件和非规范性法律文件。规范性法律文件主要是以规范化的成文形式表现出来的各种法的形式的总称，包括宪法、法律、法规和规章等。非规范性法律文件是指没有普遍约束力，仅针对个别人、具体事所作的有约束力的法律文件。通常指国家机关在适用法的过程中发布的具有法律效力的个别文件，如民事判决书、民事裁定书、刑事判决书、委任状、逮捕证、营业执照、结婚证等。

3. 守法的内容

法的遵守是守法主体依法进行活动的具体形态。守法意味着应依法办事，但切勿把守法理解为单纯的履行义务。它包括依法行使权利、权力和依法履行义务、职责两个方面。既要履行法定的义务或职责，又要依照法定的内容与程序去取得权利和行使权利或职权。

依法行使权利和权力。法的核心内容是对公民权利的设定，保障公民权利是法治的基本要求。虽然对公民来讲，在一般情况下，"法无禁止即可为"，但公民也要采用合法的方式，按照法定程序行使自由权利。具体要求是，在自由和权利的行使及行为的选择时，不得以非法手段谋取不正当利益，不得损害国家的、社会的、集体的利益和其他公民的合法的自由和权利。为确保法秩序得以顺利施行，法律设定了国家机关的权力。国家机关要采取合法的方式，按照法定的程序行使权力，"法无授权不可为"。

依法履行义务和职责。公民的权利和义务是统一的，密不可分、相互依存，没有无义务的权利。所以，必须依法、自觉地履行法定义务。基本要求是，凡法律所鼓励的应积极去做，法律所要求的必须去做，法律所禁止的坚决不做。国家机关的权力和职责是紧密相关、一体两面的。国家机关必须依法、合理地履行法定职责，积极维护公共利益。

4. 守法的条件

法的遵守是受到一些基本条件的影响和制约的。这些基本条件大致可以分为主观条件和客观条件两类。

主观条件。法的遵守受制于守法主体的文化修养、法律意识和道德水平。如果公民的文化水平高、法律意识强、道德品质好，则守法就相对容易成为其一种内在的心理品质和稳定的行为习惯。因此，要培养公民健全的守法意识和良好的守法习惯，必须积极抓好教育科学文化建设，扎实推进思想道德教育和法制宣传教育。

客观条件。正所谓"衣食足而知荣辱"，法的遵守受制于社会的物质经济基础和政治文明水平，受制于国家的法制环境和司法制度系统。要培养公民健全的守法意识和良好的守法习惯，必须大力发展社会主义市场经济，必须切实加强社会主义法制建设，大力推进司法体制改革，建设社会主义政治文明。

5. 守法的依据和理由

(1) 守法是法的要求。人们之所以守法是因为法要求这样，守法是法所规定的义务，换言之，守法是法律主体的法律义务。法一旦公布，法律主体就必须遵守，否则就要承担相应的法律责任。

（2）守法是出于利益的考虑。利益是人们行动最为主要和直接的动力，同时也是人们所追求的目标。法律是由一定的物质生产方式所产生的利益和需要的表现。守法即意味着特定利益的满足。

（3）守法是出于惧怕法律的制裁。法由国家强制力保障实施，制裁是强制力的具体实现。任何违反法律的行为都会受到法律的制裁。因此，惧怕法律的制裁也就成为人们守法的原因之一。

（4）守法是出于社会的压力。社会由无数互相连锁的行为模式组成，不遵守某些行为方式，会使依赖它们的其他人失望，这种内在的依赖关系产生了使人们守法的内在压力。

（5）守法是出于心理上的惯性。如果一项法律符合人们的习惯，那么它就可能得到良好的遵守，因为人天生就具有模仿的习惯，这其中也包括对守法行为的模仿。

（6）守法是道德的要求。法律是最低限度的道德，强调守法的道德义务的存在，是对人们的道德要求。

（三）法的执行

1. 法的执行的概念

法的执行，简称执法，有广义和狭义之分。广义的执法是指一切执行法律、适用法律的活动，包括国家行政机关、司法机关和法律授权、委托的组织及其公职人员，依照法定职权和程序，贯彻实施法律的活动。狭义的执法是指国家行政机关和法律授权、委托的组织及其公职人员在行使行政管理权的过程中，依照法定职权和程序，贯彻实施法律的活动。本书采用狭义的执法概念。

2. 执法的特征

执法具有国家强制性和权威性。现代社会大量社会活动及社会秩序的维护，都离不开行政执法，而执法的本质就是行政机关以国家的名义依据法律对社会进行管理。行政执法权是一种重要的权力，它以国家强制力为后盾，并天然具有国家赋予的权威。国家强制性和权威性是执法活动得以进行的保障。

执法的主体具有多样性。在我国，执法的主体可分为两类：一类是中央和地方各级人民政府及其组成部门；一类是获得法律授权和行政委托的社会组织。

执法具有主动性和单方性。执法既是行政机关进行社会管理的权力，也是它对社会和民众承担的义务、职责。因此，行政机关在进行社会管理时，应当以积极的行动主动执行法律、履行职责。行政执法应依法进行，即使在未取得行政相对人同意或认可的情况下，行政活动也可进行，但因执法不当或滥用职权造成损害时，行政机关要因此承担责任。

执法权的行使具有优益性。行政权是执法权，代表公共利益。在行政权行使过程中，权力主体享有特定的优益权，具体体现为职务上的行政优先权和物质上的行政受益权。职务上的优先权包括三方面内容：首先，行政行为推定有效；其次，行政的实施能获得社会协助；最后，在紧急情况下，可以先行处置，不受法定程序制约，如即时强制、先行扣留等。物质上的行政受益权体现为国家向行政机关或组织提供经费、办公条件以及交通工具等。

3. 我国执法的类别

（1）行政机关的执法。行政机关的执法是我国执法体系中最为重要的部分。根据我国宪法和法律的规定，它包括政府的执法和政府工作部门的执法。政府的执法包括中央政府的执法和地方政府的执法。政府工作部门是各级政府的下属机构，在法律的框架内，这些政府工作部门在自己的职权范围内也具有一定的执法权。

（2）法律授权的社会组织的执法。根据法律的具体授权而行使特定行政功能的社会组织，可以在一定范围内执行法律。法律授权的社会组织的执法具有以下特点：首先，执法的内容不得超出法律授权的范围；其次，法律授权的社会组织必须是非国家机关组织；最后，经法律授权的社会组织，只有在对法律授权的事项进行执法时，方才享有国家权力和承担法律责任，且必须以社会组织自己的名义进行执法。

（3）行政委托的社会组织的执法。行政委托是指行政机关把一定的事务委托另一个机关或者其他组织办理的行为。行政委托的社会组织的执法有以下要求：首先，受委托组织必须以委托机关名义进行执法；其次，受委托组织的执法后果由委托机关承担。

4.执法的原则

执法的原则是指国家行政机关及其工作人员在执法活动中应遵循的一定准则和要求，主要有以下几个：（1）合法原则。依法行政原则是指行政机关的一切执法活动必须以法律为依据，严格执行法定权限、法定程序，越权无效。（2）合理原则。执法合理原则是指行政机关的执法活动应当客观、适度，在法律规定的范围内，体现公平正义的要求。（3）效率原则。执法效率原则是指行政机关在保障合法、合理执法的前提下，要求各类执法机关和执法人员必须准确、高效执法，以尽可能低的成本取得最大的收益。

（四）法的适用

1.法的适用概述

法的适用，又称司法，通常是指国家司法机关依据法定职权和法定程序，具体应用法律处理案件的专门活动。

法的适用具有以下特征：（1）司法是由特定的国家机关及其公职人员，依据法定职权实施法律的专门活动，具有专属性。（2）司法是司法机关以国家强制力为后盾实施法律的活动，具有国家强制性和权威性。（3）司法是司法机关依照法定程序、运用法律处理案件的活动，具有严格的程序性。（4）司法是司法机关运用法律处理案件的专门活动，它需要专业的判断，这就要求司法人员必须具有精深的法律专业知识和丰富的经验，司法具有很强的专业性。

在我国法的适用的基本要求是正确、合法、及时，三者是不可分割的统一整体，缺一不可。首先，各级司法机关在适用法律时，对案件事实的确认要准确，证据要确凿。在此前提下依据法律准确地作出公正判决。其次，各级司法机关审理案件时要合乎法律规定，依法司法，做到主体合法、权限合法、程序合法。最后，各级司法机关审理案件时要提高工作效率，保证办案质量，及时办案，及时结案。

2. 我国的司法体系

司法体系是指由国家宪法所规定的享有国家司法权依法处理案件的专门组织机构即司法主体所构成的体系。在当代中国，狭义的司法主体有人民法院和人民检察院，它们构成了我国的司法体系。

人民法院是我国司法主体的一大主要系统，由最高人民法院、地方各级人民法院、专门人民法院组成，它们代表国家行使审判权。最高人民法院是国家最高审判机关。地方各级人民法院包括基层人民法院、中级人民法院和高级人民法院。专门人民法院是我国法院系统的组成部分。目前我国现有的专门人民法院有军事法院、海事法院等。

人民检察院是我国司法主体的另一大主要系统，由最高人民检察院、地方人民检察院、专门检察院组成，它们代表国家行使检察权和法律监督权。最高人民检察院是国家最高检察机关，统一领导全国的检察工作。地方各级人民检察院包括县、县级市、自治县和市辖区人民检察院，自治州和省辖市人民检察院，省、自治区、直辖市人民检察院。专门人民检察院包括军事检察院等。

3. 司法的原则

（1）合法原则。在我国，这条原则具体体现为"以事实为根据，以法律为准绳"的原则。以事实为根据，是指司法机关处理案件时，只能以被合法证据证明了的事实和依法推定的事实作为适用法律的依据。以法律为准绳，就是指司法机关在司法时，要严格按照法律规定办事，把法律作为处理案件的唯一标准和尺度。

（2）平等原则。正如法谚所说，"法律不一定能使人人平等，但是在法律面前人人是平等的"。在我国，司法平等原则是宪法中规定的"公民在法律面前一律平等原则"在司法过程中的具体体现。首先，任何公民都必须平等地遵守我国的法律，平等地享有法定权利和承担法定义务，不允许任何人有超越法律之上的特权；其次，任何公民的合法权益，都平等地受到法律的保护，他人不得侵犯；最后，任何公民的违法犯罪行为，都应平等地依法受到法律的制裁和追究。

（3）依法独立行使司法权原则。依法独立行使司法权原则，是指司法机关在办案过程中，依照法律规定独立行使司法权。我国的宪法、有关组织法和诉讼法中明确规定了该项原则。司法独立原则要求国家的司法权只能由国家的司法机关独立行使，其他任何组织和个人都无权行使此项权力；要求司法机关行使司法权只服从法律，不受其他行政机关、社会团体和个人的干涉。

（4）司法公正原则。司法公正原则是指司法机关及其司法人员在司法活动的过程和结果中应坚持和体现公平正义的原则。司法公正是社会正义的重要组成部分，它包括实体公正和程序公正。其中实体公正主要是指司法裁判的结果公正，当事人的权益得到了充分的保障，违法犯罪者受到了应有的惩罚和制裁。程序公正主要是指司法过程的公正，司法程序具有正当性，当事人在司法过程中受到公平的对待。司法公正是司法的生命和灵魂，是司法的本质要求和终极价值准则。追求司法公正是司法的永恒主题，也是公民对司法的期望。

（5）司法责任原则。司法责任原则，是指司法机关和司法人员在行使司法权过程中由于侵犯公民、法人和其他社会组织的合法权益，造成严重后果而承担相应责任的一种制度。司法责任原则是权力与责任相统一的法治原则在司法领域的体现。

第二章　法的分类及基本内容

世界的复杂性与多样性，要求科学对研究对象进行分类认识。法律科学也是如此，对法律进行分类研究同样必不可少。掌握不同视角的法律分类，能够使我们更加深刻地理解法律是什么、法律有什么作用，从而更充分地认识相关法律现象。

一、法的分类概述

（一）法的分类的多样性

在"法愈多、令愈繁"的现代社会，有必要对法律进行分类，以便进行清晰地认识和把握。

根据不同的分类标准，法可以有不同的分类。以社会形态为标准，可以对法的历史类型进行划分，具体可以分为奴隶制法、封建制法、资本主义法、社会主义法。以法的渊源（也称"法律渊源"、"法的形式"）为标准进行划分，可分为正式法律渊源和非正式法律渊源。正式法律渊源包括宪法、成文法律、判例法、国际法等；非正式法律渊源包括习惯法、法理、道德、宗教规范等。以分类适用范围为标准，可分为两类：世界普遍共同适用的法律分类和仅适用于部分国家的法律分类。世界普遍共同适用的法律分类（即法的一般分类）又可细分为成文法与不成文法、根本法与普通法、一般法与特别法、实体法与程序法、国内法与国际法；仅适用于部分国家的法律分类（即法的特殊分类）可细分为公法、私法、社会法，普通法与衡平法。

（二）法的分类的意义

1.法的分类具有理论意义

我们出于对法律的分析与研究，便会自觉从庞大复杂的法律体系中，抽取具有共性或者感兴趣的部分进行专门的探讨与研究。例如，将法分为自然法和实在法，我们构建起了价值法学体系，把现实中的法和理想中的法进行了区分，构建起二元对立的法律理论体系。通过这种层层抽丝剥茧，从而搭建起有标准、有层级的法的理论体系，并通过局部研究的方法加深对法、法律现象的研究与理解。

2.法的分类具有实践意义

就个体而言，对法律进行分类，有助于人们更好地认识法律，从而为正确理解法律、遵守法律、运用法律捍卫自身的权利打下良好的基础。例如，在司法实践中，法经过分类，更便于司法操作，使司法活动更高效。通过区分民法与刑法、民事诉讼法和刑事诉讼法，能够方便我们对案件的定性以及处理。

二、法的一般分类

一般而言，法的分类主要有以下几种。

（一）成文法与不成文法

1. 成文法与不成文法的基本概念

成文法与不成文法，是以法律创制方式和表达形式为区分标准对法律进行的分类。成文法亦称制定法，专指国家法定机关创制和公布并以成文的形式出现的规范性法律文件的总称。不成文法泛指由法定的国家机关认可，一般不具有文字形式或虽有文字形式但不具有系统性的法律规范的总称，如习惯法、判例法等。

在人类社会早期，法律主要是以不成文的形式出现的。从不成文法到成文法，是一个逐步进化发展的过程。

在中国古代奴隶社会，法与道德浑然未分，并没有成文法。在奴隶制向封建制转化的过程中，统治阶级为了维护阶级利益，固守"刑不可知则威不可测"的观念与原则，极力反对成文法的公布，害怕一旦公布成文法，将丧失统治权威和司法垄断特权。后来，随着社会经济的发展与进步、政治组织的建立与完善以及法律需求的不断增大，成文法逐渐流行起来。公元前536年，郑国执政子产鉴于当时社会关系的变化和旧礼制的破坏，率先"铸刑书于鼎，以为国之常法"，一般认为这是中国历史上第一次正式公布成文法的活动。

【延伸阅读】

影响深远的"摩西十诫"

在西方，"摩西十诫"（又称"十诫"）作为最有影响力的古老法典，是成文法形成的标志之一。"摩西十诫"传说是神在西奈山的山顶亲自传达给摩西的，是神对以色列人的告诫。这十诫被刻在石碑上，供人遵守。"摩西十诫"作为《圣经》中的基本行为准则，流传了下来，影响深远。它是以色列人一切立法的基础，也是西方文明核心的道德观。

《汉谟拉比法典》则是迄今为止世界上最早的一部完整保存下来的成文法典。该法典是中东地区的古巴比伦国王汉谟拉比（约公元前 1792—前 1750 年在位）颁布的法律汇编，是最具代表性的早期文字法典。该法典因为被刻在黑色玄武岩石柱上，故又名"石柱法"。

在现代国家，成文法占据了支配性地位，但与此同时，不成文法也依然存在并发挥着一定的作用。法律多元，在现代社会仍然存在。由于历史的差异，各国对两者的侧重有所不同。但一直以来，在对法律体系化的追求上，英美法系似乎永远没有大陆法系那么热烈。大陆法系国家的法律体系构成上一般以成文法为主，而英美法系国家的判例法则起着很大作用。

2. 成文法的优劣之处

相较而言，成文法的优点在于，它一般是由专门的立法机关运用专业的立法技术所制定出来的法律，更合乎逻辑，能够使规则内部更加和谐统一。且成文法能够审时度势，根据需要进行法律的制定、修改、废除，可以适应和满足社会发展的需要。同时，成文法经过公布后，能够被大众所知晓，便于理解和适用，易于保障裁判的公正和统一。但是，成文法也有其自身所不能克服的缺点。其一，成文法具有模糊性。这主要是因为法律语言有限的概括性，法律无法以有限的语言去表达和规范复杂多变的社会现象。同时，法律语言的多义性、歧义性，可能导致理解的偏差性，导致成文法具有了模糊性。其二，成文法具有不周延性。所有的客观事物均处在一个不断变化的进程中，由于种种限制，立法者无法全面地认知现有条件下各种错综复杂的情形，更不能对未来一段时期可能出现的新情况作出准确和完整地预测，其所制定的法律规定不可能囊括所有的社会关系，总会留下些许"灰色地带"。其三，成文法具有滞后性。上文提到，法律能够审时度势，灵活地进行立、改、废活动。但是，法律的修改是一项程序性极强的活动，其过程漫长而复杂，即使有敏感的立法者，也无敏捷的立法者。而且，法律作为利益集团斗争、妥协的产物，它的修改必然会受到利益既得者们的掣肘甚至反对。法律不可避免地自带滞后的属性。

3. 不成文法的优劣之处

不成文法通常是在社会生活中潜移默化发展而来的，相较成文法而言，其具有自身的优势。其一，不成文法一般包括判例法、习惯法、法理三种形式，在立法层面更具多元性，且比法律条文更加接近现实，更容易适应社会变化；其二，在司法实践中，遵循先例原则能够及时有效地解决大量的相同或相似的诉讼案件，保持相似案件审判结果的一致性；其三，不成文法更具灵活性，能够因时、因事制宜，以此来克服法律发展滞后的缺陷；其四，在不成文法体系下，法官有充分的自由裁量权，能充分发挥司法的能动性。

不成文法的劣势在于：其一，由于没有系统的法律文件，不成文法国家的法律体系主要由判例法和习惯法构成，内容庞杂，且难以掌握，不仅加大了法官的工作量，也给普通大众认识法律带来困难；其二，不成文法国家的法官具有很大的自由裁量权，法官的司法权能被放大，容易造成自由裁量权的滥用；其三，判例法制度下，法官被认为是正义、公平的使者，其有造法的权能，在更具灵活性的同时，也增加了危及立法权和司法中立性的可能。

(二) 根本法与普通法

1. 根本法与普通法的概念

根本法与普通法的区分，主要是以法律的地位、效力、内容、制定的主体和程序的不同为标准划分的。根本法，即宪法，是指在一个国家中，具有最高的法律地位和效力，制定修改需要特别的程序的法律。普通法是与宪法相对应的概念，此处的普通法不同于中世纪发源于英国的普通法概念，指的是除了宪法以外的法律的总称。这种分类只适用成文法国家，因为在不成文宪法制国家中，具有宪法性内容的法律和普通法律在效力位阶上并无差别。

2.根本法与普通法的区别

根本法与普通法是"母法"与"子法"的关系，在天然上具有紧密联系，但是，两者因位阶的不同也存在着显著区别，主要表现在以下几方面。

（1）法律地位和法律效力不同。在法律地位上，根本法的地位高于普通法，根本法处于法律体系的最顶端，是所有普通法的上位法。

（2）法律内容不同。根本法规定的是一个国家最根本、最核心的问题，是一国在宏观方面的规范设计。如国体、政体、公民的基本权利和义务、国家机构的设置等。普通法一般是微观方面的法律规范，通常只规范调整社会生活领域中某一方面的关系。例如民法是规定平等主体之间的人身关系和财产关系的法律。

（3）制定、修改程序不同。根本法作为一国法律效力最高的法律，作为普通法制定的基础和依据，其制定和修改程序必然要严于普通法。

（4）监督主体不同。对宪法进行监督是维护宪法权威和尊严的一项重要制度，是现代民主政治的重要组成部分。在有些国家，宪法的监督权一般是由特定的司法机构来行使，例如设置专门的宪法委员会、宪法法院作为监督机关。我国实行的是由国家权力机关监督宪法实施的体制，监督宪法实施的权力属于全国人大及其常委会。而普通法的监督权，在监督主体上来说更广一些，除了由立法机关依法享有监督权外，司法机关、行政机关也在一定程度上行使法律监督权。

【相关链接】

作为西方国家根本法典范之一的美国宪法

美国宪法是现代国家根本法的典范之一。美国宪法是指1787年制定并于1789年批准生效的美利坚合众国联邦宪法，也是世界上第一部比较完整的资产阶级成文宪法。该宪法由专门组成的制宪会议制定，它奠定了美国政治制度的法律基础，制定后由国会多次修订，迄今继续生效。1787 年宪法强调在国家权力结构中突出"分权与制衡"的原则，以避免权力过于集中。其内容是：立法、司法与行政权三权分立。分权制衡的核心精神在于权力平衡。其学说来自洛克和孟德斯鸠等人，认为政府结构必须能使各部门之间有适当的控制和平衡，使权力为公众福利和正义目的有效行使其管理职能，同时又保持对权力的有效控制，实现公共权力与公民权利的平衡。

美国宪法是世界历史上最早的成文宪法之一。此后许多国家以美国宪法为典范而制定本国宪法。此外法国大革命的思想也受到了美国宪法的极大影响。第二次世界大战后，美国通过对日本的占领和对制定宪法的指导，对日本国宪法也有非常明显的影响。

（三）一般法与特别法

1. 一般法与特别法的概念界定

根据法律的调整范围的不同，从法的时间效力范围、空间效力范围以及属人效力范围角度可将法分为一般法和特别法。一般法是泛指适用于一国内一般人、一般事，具有普遍约束力的法律规范的总称，例如民法、刑法、经济法等。特别法专指其适用范围限于特定的人、特定的时间、特定的地区或特定的事项的法律。针对特定人的法律如《律师法》、《公务员法》、《警察法》等；针对特定时间的法律如《戒严法》；针对特定地区的法律如《香港特别行政区基本法》、《民族区域自治法》等；针对特定事项的法律如《国籍法》等。

2. 特别法优于一般法原则

"特别法优于一般法"是与上位法优于下位法、后法优于前法相并列的关于法律适用的基本规则之一。根据该规则，当一般法的规定与特别法的规定相冲突时，优先适用特别规定。

3.一般法与特别法的关系类型

纵观我国现行法律法规的规定，一般法与特别法的关系类型有以下四种：（1）同一部门法中一般法与特别法的关系。即在同一法律法规中，针对某一问题既作出了一般规定，又设置了特殊情况下适用的特别规定。例如，我国《刑法》第三百九十七条规定了渎职罪的两个一般罪名——滥用职权罪和玩忽职守罪，第三百九十八条至第四百一十九条则规定了滥用职权罪和玩忽职守罪的三十五个特别罪名。这两者之间实际上就是一般法与特别法的关系。（2）同一立法机关制定的不同法律的一般法与特别法的关系。根据《立法法》第九十二条的规定："同一机关制定的法律、行政法规、地方性法规、自治条例和单行条例、规章，特别规定与一般规定不一致的，适用特别规定；新的规定与旧的规定不一致的，适用新的规定。"即在立法主体同一的前提下，《立法法》明晰了特别法优先原则。（3）上位法和下位法中的一般法与特别法的关系。这种关系类型是指不同位阶的立法机关所制定的一般法与特别法的关系，实际上也就是"上位法优于下位法"原则与"特别法优于一般法"原则的适用问题。（4）下位法变通上位法时的特别法与一般法的关系。该种类型主要是指民族自治地方条例和经济特区法。《立法法》规定了民族自治地方的自治条例和单行条例以及经济特区的法规可以对法律、行政法规作出变通规定，允许自治条例、单行条例以及经济特区的有关规定与法律、行政法规不一致。在这种变通情形下，适用"特别法优于一般法"的规则。

（四）实体法与程序法

1.实体法与程序法的基本概念

按照法律规定的内容不同和价值取向的不同，法律可分为实体法与程序法。一般认为，实体法是规定法律关系主体的实体权利和义务（或者职权、职责）的法律规范的总称，其以实体正义为追求目标，例如民法、刑法、商法等。《牛津法律大辞典》给出的界定是"实体法包括了基本的前提性的权利，如要求义务人履行义务，或免受伤害或干预的自由，还有派生或补救的权利，如请求针对违反义务或未能满足一方当事人原生权利之义务人的救济。它还包括对人或对物的诉讼权利"。程序法一般是保障法律关系主体的权利义务的实现以及规定诉讼过程中带有程序性的法律关系主体权利义务的法律规范的总称，如民事诉讼法、刑事诉讼法、行政诉讼法等。程序法可分为狭义程序法和广义程序法。狭义程序法主要是指诉讼程序法；广义程序法不仅包括诉讼程序法，而且包括立法程序法、行政程序法、法律判决和裁定的执行程序等。由此，诉讼法并不等于程序法，程序法的范畴大于诉讼法。

2. 实体公正与程序公正

实体公正与程序公正都是法律所追求的目标。对于法律公正而言，两者缺一不可。其一，程序公正与实体公正具有内在的一致性。从宏观层面来看，两者的终极目标是一致的，都以追求纠纷的公正解决为目标。同时，程序公正是实现实体公正的有效途径，"程序的公正是正确选择和适用法律，从而也是体现法律正义的根本保障。首先，程序公正可以排除在选择和适用法律过程中的不当偏向。……其次，公正的程序本身就意味着它具有一整套能够保障法律准确适用的措施和手段，并且由此能够形成保障法律准确适用的常规机制"[1]。其二，程序公正能够有效弥补实体规则的不足。当因实体法的空白与漏洞导致不公平时，程序公正将发挥重要作用。应按照正义的要求，遵循正当的程序规则，正确地解释和适用法律，以弥补实体规则的能动不足。其三，程序公正使司法活动更具权威性。司

---

[1] 顾培东：《社会冲突与诉讼机制》，四川人民出版社 1991 年版，第 67 页。

法公正是司法制度的基本立足点，要保障司法公正则必须坚持遵循公正的程序。司法审判只有在既定的程序规则内运行，保持独立性与公正性，才能使当事人信服，产生对司法权威的认同。如果与程序公正背道而驰，将从根本上损害司法权威。

（五）国内法与国际法

1.国内法与国际法的概念与区别

按照法的创制主体和使用主体的不同，法律可分为国内法和国际法。国内法是指由一国特定的法律创制机关创制的并在本国主权范围内适用的法律，例如我国的《民法通则》、《刑法》、《公司法》等。国际法是国际法律关系主体（国家、地区或者国际组织等）参与制定或认可的适用于各个主体之间的法律规范的总称，其形式一般是国际条约和国际协议等，例如《世界版权公约》、《联合国海洋法公约》等。国内法与国际法是两个完全不同的法律体系，彼此之间有着本质的区别，应该辩证地看待国际法与国内法的关系。两者的创制主体、调整的对象、实施方式等都存在本质差异。

2.国内法与国际法的关系

国内法和国际法的关系问题，一直以来都是国际法学界争相探讨且具争议的问题，该问题既是国际法的基本理论问题，又会牵涉实践产生的问题，主要表现在当国际法与国内法发生冲突时，应适用国际法还是适用国内法。对此，在国际法学界有不同理论主张，最典型的就是二元论和一元论。

二元论认为国内法与国际法无论从法律渊源、法律实质还是法律关系，都具有本质差别，国际法不能直接应用于国内，必须通过某种国家行为进行转化或者采纳，使其成为国内法的一部分，才能在国内予以适用。

一元论包括国内法优先说和国际法优先说。国内法优先说认为国际法作为法律与国内法属于同一法律体系，但是，"国际法的根源在于国内法，只是国内法的一个分支，适用于国家的对外关系"。国际法优先说认为国际法与国内法构成一个统一的规范体系，在该体系中，国际法的效力高于国内法。

事实上，应辩证统一地看待国内法与国际法。国际法所调整的国际社会和国内法所调整的国内社会是密切联系的，国内法的制定与修改往往会受到国际立法趋势的影响，因此，国际法在国内具有的法律效力是客观存在的。同时，国际法与国内法在一定条件下是可以转化的。一方面，国际法的某些规定和原则通过国内法予以具体化，转化成了国内法；另一方面，被大多数国家所认可并遵循的某些规则，经反复运用逐渐转化为"国际习惯"，经吸收成为国际法的一部分。在以全球化发展为主基调的今天，国际法与国内法也呈现出不断交融、协调的态势，国际法和国内法的趋同化走势日益显著。

【延伸阅读】

关于国际法是不是法的争论

"国际法是不是法？"是国际法中最核心的问题，因为这个问题的回答又牵涉了对国际法、国际关系乃至国际政治、国家的认识。在这个问题上能够体现出，回答者对法律、政治、社会以及文化等人类文明面临各种问题整体的认识和理解。

反对者认为，国际法并不是法律。首先，国际法不是由高于国家的超主权实体制定的，它本质上是国家间的协议和契约。其次，没有高于国家的强制力主体负责实施国际法，国际法无法得到有效实施。再次，国家常常不服从国际法，强国更是习惯于把国际法当作工具。

支持者认为，国际法是法，或者应该是法。首先，国际法有一个适用的社会空间，即各主权国家基于某些共同利益而进行交往所形成的国际社会。其次，国际社会的成员（主要是国家）在彼此的交往中，已经形成为大家所共同遵守的"行为规则"。再次，国际社会整体同意，认为国际行为规则应由外力加以强制执行。不能以国际法常常被违反来否定国际法的效力。国际法被侵犯的概率并不必然高于国内法。

3.我国关于国内法和国际法的实践

随着国家间关系的日趋密切，国际合作领域的不断扩展，国际法律规范文件的数量不断增加，对于已经签订或加入的国际公约，我国一直是秉承尊重的态度，并采取必要立法措施，予以贯彻和衔接。《中华人民共和国涉外经济合同法》第六条规定："中华人民共和国缔结或者参加的与合同有关的国际条约同中华人民共和国法律有不同规定的，适用该国际条约的规定。但是，中华人民共和国声明保留的条款除外。"由此可以看出，我国在对待相关国际法与国内法的冲突问题上，是建立在尊重国际法的基础上的。

三、法的特殊分类

法的特殊分类是相对于法的一般分类的一种分类方法。法的一般分类是对世界上所有国家的法律都基本适用的一种分类。而法的特殊分类则是仅适用于某一类和某一些国家的法律分类。

（一）公法、私法与社会法

1.公法与私法的历史沿革和基本概念

公法与私法的划分起源于罗马法时期，由古罗马法学家乌尔比安最早提出，这种分类主要存在于大陆法系国家。乌尔比安认为公法是关于罗马国家的法律，私法是关于个人利益的法律。查士丁尼《法学阶梯》第一卷开卷便确认了乌尔比安的这一观点，"法律学习分为两部分，即公法与私法。公法涉及罗马帝国的政体，私法则涉及个人利益"。近代以来，随着资本主义商品经济的发展和近代民主法治国家的建立，罗马法关于公法与私法的划分理论获得了进一步的发展，不仅成为大陆法系国家最重要的法律基础性分类，也成为大陆法系与英美法系相区别的重要特征。20世纪以来，公法与私法的划分及理论面临新的挑战，也呈现出新的趋势。公法与私法之间开始相互渗透，主要表现为"私法公法化"和"公法私法化"，甚至出现介于两者之间的法律——社会法，其既不属于公法，也无法归类于私法。

2. 公法与私法的区别辨析

（1）公法以维护"公益"为主要目的，私法以保护"私益"为侧重。公共利益是共同体之间的最高利益和根本利益，是一种超越私人利益的价值取向。公法便以保护这些"公益"为己任，当各方利益发生冲突时，实施干预和调控，对各种利益进行平衡。私法作为市场经济的基本法，相关法律规范是特定市场经济规则的直接反映，其势必以保护私人利益为其价值取向。

（2）公法调整的是国家或政府与公民或社会之间的关系，其主要目的是通过控制公权力来维护私权利。例如行政法所调整的对象是行政关系和监督行政关系，其重心是控制和规范行政权，保护行政相对人的合法权益。而私法调整的则是私人间的关系，主要为平等主体之间的财产关系和人身关系，其侧重于对私法主体合法权益的保障。

（3）公法的精神是国家干预，私法的精神是意思自治。公法以国家干预为主要精神，主要是为了满足社会秩序的需要，为社会主体提供一个良好、有序的环境。但是，这并不意味着国家可以毫无节制进行干预，公法主体应在法律的框架内实施适度干预。意思自治是指经济生活和家庭生活中的一切民事权利和义务关系的设立、变更和消灭，均取决于当事人自己的意思，原则上国家不作干预。只有在当事人之间发生纠纷不能通过协商解决时，国家才以仲裁者的身份出面予以裁决。私法自治的实质，就是平等的当事人通过协商决定相互间的权利义务关系。

（4）公法以政治国家为作用空间，私法适用于市民社会。公法之所以适用于政治国家的生活领域，是因为其以控制权力为基本原则，调整国家或政府与公民或社会之间的不平等的法律关系，以保护公共利益。而私法以意思自治为基本核心，调整平等的主体之间的人身关系和财产关系，侧重于保障私人权益，与市民社会的特征与需求不谋而合，故私法主要以市民社会为作用空间。

【延伸阅读】

罗马法上公法与私法的划分

公法和私法的划分始于罗马法学家乌尔披亚努斯。他的划分标准是：规定国家公务的为公法，如有关政府的组织、公共财产的管理、宗教的祭仪和官吏选任等法规；规定个人利益的为私法，如调整家庭、婚姻、物权、债权、债务和继承关系等的法规。

公法的规范是强制性的，当事人必须无条件地遵守，正如查士丁尼《学说汇编》中所说："公法的规范不得由个人之间的协议而变更。"而私法规范则是任意性的，可以由当事人的意志而更改，它的原则是"对当事人来说'协议就是法律'"。

罗马法把诉讼法放在私法中，认为民事诉讼是为了私人的利益，有关诉讼程序的规定，属于私法的一部分。同时，它把盗窃、诽谤等看作是侵犯私权的行为，属于私法的对象。

公法与私法的关系，因时代的不同而有变化。随着国家管理职能的健全，一些原属私法的问题，也逐渐纳入公法的范畴；但总的

来说，罗马法的私法比公法发达，特别是长官法产生后，适应商品
经济的发展，建立了一套完善的私法体系。

3.社会法

公法与私法的划分及理论已在大陆法系国家盛行了千年，在肯定该分
类理论的同时，也应看到该种二元分类的局限性。人类社会在进入20世
纪以后，科学技术以及人类文明的进步，在带来政治、经济、文化发展的
同时，也伴随着一系列的社会问题亟待解决，例如劳资关系问题、社会保
障问题、环境保护问题等。遗憾的是，这些问题严重损害着社会公共利
益，但却又无法从已有的公法与私法体系中找到解决问题的答案。在这种
情形下，一种介于公法与私法之间的新的法律类型——社会法，应运而
生，其直接目的在于解决一国的社会问题和社会矛盾。1975年德国将本
国原本零散的有关社会保障的各种法规加以整合，制定了世界上第一部
《社会法典》。

任何法律部门都应有其调整对象，社会法亦然。对社会法而言，其所调
整的关系应具社会性，且在该类社会关系中存在着社会的主要矛盾和问题。

社会法既不同于公法的"公益"性，也不局限于私法的"私益"性，
社会法在运行过程中有其固有的原则：（1）社会本位原则，即社会法应以
社会为本位，树立社会全局观念；（2）保护弱者原则，即社会法的主要目
的是解决主要的社会问题，核心功能就是解决社会弱者的生存和发展问
题；（3）社会保障原则，即实现社会主体间的互帮互助，达到保障弱者、
社会和谐的目的；（4）保障人权原则，即保障社会主体能够有尊严地生存
和发展，人权保障是社会保障的核心。

（二）普通法与衡平法

普通法系（又称英美法系）和民法法系（又称大陆法系）是当今世界

上最主要的两大法系。普通法系溯源于英国中世纪的普通法，大陆法系发端于古罗马法。上文已提到，公法与私法的分类是大陆法系国家独有，而普通法与衡平法的划分是普通法系所特有的。

1. 普通法

此处的普通法是专有名词，专指英国在 11 世纪后由法官通过判决形式逐渐形成的适用于英格兰全境的一种判例法。从 1066 年诺曼底公爵威廉征服英国以后，英国的法律制度随之发生重大变化，公开宣布保留原有的习惯法。亨利一世（1110—1135 年）在位期间，开始派出司法长官去各地巡游，从而初步形成巡回审判制度，该举措直接加速了普通法的产生。亨利二世（1154—1189 年）继承王位以后，进行了重大司法改革，确立了一系列普通法的特有制度，最具代表性的就是巡回审判制度、陪审制度以及令状制度，使得整个英国法得以集中化和统一化。巡回法官通过长期的巡回审判实践，有意识地整合各地的习惯法，并以判例的形式逐步统一，再在以后审理案件时予以运用。至此，英国的普通法正式产生并逐步发展，大约从 13 世纪起就形成了全英国普遍适用的共同的习惯法。普通法是一种判例法，其法律规范和原则都包含在大量的判例之中。

2. 衡平法

衡平法是指英国 14 世纪后对普通法的修正和补充而出现的一种判例法，它是通过人法官智慧的孕育以及审判活动的积累，以衡平法官的"良心"和"正义"为基础发展起来。随着英国的经济迅速发展，普通法逐渐表现出无法满足现实的法律需求、无力应对新问题的窘迫。约自 14 世纪开始，越来越多的人走向直接向国王申诉的救济道路，国王则将此类案件交由大法官处理，大法官根据"公平和正义"的原则来审理案件。1474 年，大法官以自己的名义第一次作出判决，在普通法之外，产生了衡平法。15 世纪末设立衡平法院，专门负责审理衡平案件，衡平法院所作的判决逐步形成了一种与普通法并立的判例法——衡平法。

3.普通法与衡平法的冲突与融合

一直以来，在英国法中，普通法与衡平法是并存的，普通法法院与衡平法法院也是并存的。从衡平法法院设立开始，两种法院各自发展着不同性质的判例法，形成了许多独有的概念、制度和原则，英国法由此得到极大的完善。在司法实践中，由于普通法与衡平法在诉讼程序、救济方式等方面存在差异，但又不是泾渭分明的，时常有重叠交叉的地方，给司法实践带来了极大不便，普通法法院与衡平法法院也经常因此而发生冲突。为解决这两种法律发生冲突时的适用问题，英国在1873—1875年颁布了司法条例（Judicature Acts），确立了衡平法效力优先的原则，实现了普通法与衡平法的融合。19世纪，衡平法法院和普通法法院一起纳入"最高法院"，两者之间的对立与冲突急剧减少。

四、中国特色社会主义法治道路与体系

自鸦片战争后近代中国向现代转型开始，经过170多年的艰辛探索，在走过多次弯路，经历无数次挫折、失败、停滞、倒退之后，我们终于第一次走上了一条稳健可行的法治发展道路。通过总结国内外治国理政经验教训，我们彻底认清了法治的重要性，深刻认识到治国不能靠"人治"、"权治"，只能靠"法治"，靠法治实现国家治理体系和治理能力的现代化。通过对比选择移植西方资本主义法治模式和照搬苏俄（联）社会主义法治模式所遭受的挫折和博采众长、自主发展所取得的成就，我们终于发现，法治的模式并非只有一个，法治发展道路并非只有一条，法治建设并没有标准答案。经历曲折，我们终于摆脱了教条的束缚，理性自觉地选择了自主发展的中国特色社会主义法治道路。经过长期努力，中国特色社会主义进入新时代，这是我国发展新的历史方位。党的十九大报告提出，必须把党的领导贯彻落实到依法治国全过程和各方面，坚定不移走中国特色社会主义法治道路。

　　中国特色社会主义法治理论是中国特色社会主义法治体系的理论指导和学理支撑，是全面推进依法治国的行动指南。我们全面推进依法治国的总目标是建设中国特色社会主义法治体系，建设社会主义法治国家。形成完备的法律规范体系、高效的法治实施体系、严密的法治监督体系、有力的法治保障体系，形成完善的党内法规体系，坚持依法治国、依法执政、依法行政共同推进，坚持法治国家、法治政府、法治社会一体建设，实现科学立法、严格执法、公正司法、全民守法，促进国家治理体系和治理能力现代化。

第三章　法治的含义、价值、内容与要求

在思考什么是法治的时候，我们不妨先思考一下一个家庭如何治理。每个家庭都有自己的事务要处理，要不要买房、要不要买车、要不要让小孩读重点小学等，这就需要决策和执行。这一系列如何完成呢？幸福的家庭家家相似，幸福的道路各有不同。有的家庭是妈妈说了算，有的家庭是爸爸说了算，有的家庭则围着小孩转，还有的家庭父母小孩共同决策民主投票。决策之后，还得由父母小孩中某个人单独操办或者分工协作再落实。如果这个家庭中，成员之间平等，并且决策和执行根据平等协商的规则，比如，有的家庭有家庭公约并严格按照公约执行，那么，他们的治理方式可能就接近法治了。当然，家庭远比国家来得简单，家庭的治理并不需要通过法治的手段，因为家庭规模小，成员之间以亲情为纽带，协作分工不需特别约定。这里只是做个比喻。法治主要是在国家的层面上讲的。

法治，用英文表达是 rule of law，我们可以简单地将之理解为"法律之治"或曰"法的统治"。具体来说，法治是这样一种社会状态，国家依据法律进行治理，国家权力在法律的框架下运行，受到法律的约束，公民权利受到法律的保护。法治是良好的国家治理模式，是人类统治智慧的结晶，是人类社会一种文明的秩序。有法律并不是法治的关键，国家权力受

到法律的约束，在法律的框架下运作更为重要。什么叫作国家权力在法律的框架下运作呢？比如，我们都会同意闯红灯应该受到处罚，无论是法治还是非法治国家都会有相应的规定。在非法治国家，闯红灯的人可能会遭到交警的任意处罚，并且可能因申辩抗议而被交警毒打，无法获得法律的救济。但在法治国家，遇到这种情况公民可以到法院起诉或者通过舆论批评，使交警承担违法的责任。个案责任的追究，最终保证交警在日常的行政中严格遵守法律的权限。

法治思想在西方有比较长的历史。早在古希腊，亚里士多德深刻地洞察了法治的内涵，他这样说："法治包含两种意义：已成立的法律获得普遍的服从，而大家所服从的法律又应该本身是制定得良好的法律。"[①]亚里士多德对法治作出定义：一是，人们普遍服从法律；二是，法律是良法。1618 年，英国国王詹姆斯一世召集普通法院的大法官们来到自己面前，要他们讨论以允许自己来审理案件。在国王的观念里，法官不过是国王的仆人，只要国王愿意，他就可以在威斯敏斯特大厅主持任何法庭的审判，并且对法庭的审判提出质疑。对此，柯克大法官提出了他最为著名的辩驳："诚然，上帝恩赐陛下以丰富的知识和非凡的天资，但是陛下并不精通英格兰的法律，而关于陛下臣民的生命、继承、动产或不动产的案件并非由自然理性而是以人为理性和法律评判予以判定的，法律是一门艺术，一个人要经过长期的学习和实践方能认识它：法律是审判陛下之臣民案件的黄金标准和举措。"最后，柯克大法官重申了那句掷地有声的法治名言："国王虽居于万民之上，却在上帝和法律之下。"[②]

法治建设是当代中国共产党和国家建设的重大任务，党的十八大以后中国进入全面推进依法治国的新时代。中共十八届四中全会作出了《中共

---

① ［古希腊］亚里士多德：《政治学》，吴寿彭译，商务印书馆 1965 年版，第 199 页。
② ［美］罗斯科·庞德：《普通法的精神》，唐前宏等译，商务印书馆 2000 年版，第 42 页。

中央关于全面推进依法治国若干重大问题的决定》，这是党和国家法治建设的里程碑。经过四十年的改革开放，中国已进入一个全新发展阶段，与此相适应，中国共产党提出全面推进依法治国。

中国的法治建设经历了从法制建设到"依法治国"再到"全面推进依法治国"三个基本阶段。

我国的法治建设发达于改革开放，其第一阶段是法制建设。中共十一届三中全会提出加强社会主义法制建设的使命，并由宪法确认。1978年12月，中国共产党第十一届三中全会召开，会议明确指出："宪法规定的公民权利，必须坚决保障，任何人不得侵犯。为了保障人民民主，必须加强社会主义法制，使民主制度化、法律化，使这种制度和法律具有稳定性、连续性和极大的权威，做到有法可依，有法必依，执法必严，违法必究。从现在起，应当把立法工作摆到全国人民代表大会及其常务委员会的重要议程上来。检察机关和司法机关要保持应有的独立性；要忠实于法律和制度，忠实于人民利益，忠实于事实真相；要保证人民在自己的法律面前人人平等，不允许任何人有超于法律之上的特权。"1982年《中华人民共和国宪法》（以下简称"八二宪法"）则代表了这一思路的法制化和宪法化。"八二宪法"对公民的基本权利作了广泛的规定，对国家机关职权的规定更为细致，还特别规定："一切国家机关和武装力量、各政党和各社会团体、各企业事业组织都必须遵守宪法和法律。一切违反宪法和法律的行为，必须予以追究。任何组织或者个人都不得有超越宪法和法律的特权。"这个条款充分表达了法律至上、民主、自由等现代法治理念。"八二宪法"为此后中国法治的发展奠定了宪法基础。

1997年，中国共产党正式提出了"依法治国"的表述。1997年9月，中国共产党第十五次全国代表大会郑重提出"依法治国，建设社会主义法治国家"。1999年3月15日九届人大二次会议通过的宪法修正案，又正式把"中华人民共和国实行依法治国，建设社会主义法治国家"写入了宪法。"依法治国"是法治的中国化表述，表明了我们国家对法治有了比较明确而独特的认识。

党的十八大报告提出"全面推进依法治国"表明我国法治建设进入新阶段。十八届四中全会通过的《中共中央关于全面推进依法治国若干重大问题的决定》直面我国法治建设领域的突出问题，立足我国社会主义法治建设实际，明确提出了全面推进依法治国的指导思想、总目标、基本原则，提出了关于依法治国的一系列新观点、新举措，对科学立法、严格执法、公正司法、全民守法、法治队伍建设、加强和改进党对全面推进依法治国的领导作出了全面部署，有针对性地回应了人民群众的呼声和社会关切。这一报告标志着我国法治建设进入了前所未有的高度、深度和广度，中国法治建设进入新阶段。

一、法治的含义

（一）法治是人治的否定

早在古希腊就有法治还是人治的争论。柏拉图是人治论者，他认为法律远远不如哲学家的智慧，所以国家应该由哲人王通过知识进行统治。而亚里士多德则发现了人性的弱点，据此提出法治比人治更加可靠。亚里士多德说："若要求由法律来统治，即是说要求神祇和理智来统治；若要求由一个个人来统治，便无异于引狼入室。因为人类的情欲如同野兽，虽至大圣大贤也会被强烈的情感引入歧途。唯法律拥有理智而免除情欲。"①

————————
① ［古希腊］亚里士多德：《政治学》，吴寿彭译，商务印书馆 1965 年版，第 199 页。

【延伸阅读】

人治还是法治——柏拉图和亚里士多德之争

柏拉图和亚里士多德是师生关系，但两个人的理论观点却针锋相对。亚里士多德自己说过："吾爱吾师，吾更爱真理。"两个人关于人治和法治的争论，分别体现在各自的著作《理想国》和《政治学》中，是人类社会最早也是最经典的理论争论之一。

	柏拉图	亚里士多德
著作	《理想国》	《政治学》
法制的作用	城邦事务应该纳入法制，公民应守法	城邦事务应该纳入法制，公民应守法
法律的渊源	神秘化：法律来源于理性，理性具有神秘色彩	工具化：法律是人们互不侵犯的保证
法律的价值取向	阶级化：国家有不可通融的三个阶级——治国者阶级、为国者阶级和生产者阶级	平等：国家的阶级以财产划分，但并非固定不变，各阶级都是平等的公民
法律的作用	法律是蹩脚的工具	法律集众人的智慧
最好的统治工具	人治：哲人王的智慧	法治：众人的智慧

在我国，法治思想的产生首先源自我们对人治危害的反省。我国在 20 世纪 50 年代中后期，领导人法治追求松懈，尤其是"文革"十年，奉行彻底的法律虚无主义。在这一时期，宪法被实际废除，法律被破坏，公检法被砸烂，公民权利缺乏基本保障，整个国家法制都遭到毁灭性的破坏，无数公民的人身自由和正当权利受到侵害。"文革"过后，党内以邓小平同志为核心的中央领导集体反思了在"文革"中受迫害的经历，开始对法制和民主的重要性有了比较深刻的认识。"我们这个国家有几千年封建社会的历史，缺乏社会主义的民主和社会主义的法制。现在我们要认真建立社会主义的民主制度和社会主义法制。只有这样，

才能解决问题。"①

　　法治和人治区分的关键是法律规定和个人意志哪个更权威。法律的治理需要人的要素加入，人的治理也要以法律为基本手段，在大部分时候法的治理和人的治理都是紧密联系、互相配合、缺一不可的。所以，法治和人治并不是治理要素的区别，而是治理模式的区别。是法治还是人治，取决于一个社会运行的基本模式和框架是依靠法律还是依靠个人意志。早在20世纪80年代，何华辉等就尖锐地指出："划分法治与人治的最根本标志，应该是法律与个人意志（或者少数执政者的意志）发生冲突的时候，是法律的权威高于个人意志，还是个人意志凌驾于法律之上？凡是法律权威高于任何个人意志的治国方式都是法治，凡是法律权威屈从于个人意志的治国方式都是人治。"②

（二）法治是法制的动态及现代化追求

　　法制从词义上讲仅指法律和制度，用英文表达是 legal system。具体言之，法律既包括以规范性文件形式出现的成文法，如宪法、法律和各种法规，也包括经国家机关认可的不成文法，如习惯法和判例法等。制度指依法建立起来的政治、经济、文化等方面的各种制度。中国古代的典章制度也属于这一类。社会主义法制通常指社会主义国家的法律和制度，或者指社会主义民主的制度化、法律化。社会主义法制是在打碎旧的国家机器、废除旧的法制体系的基础上建立的。我国已经具备初步完善的法制体系。2011年3月10日，全国人民代表大会常务委员会委员长吴邦国同志向十一届全国人民代表大会四次会议作全国人大常委会工作报告时庄严宣布，一个立足中国国情和实际、适应改革开放和社会主义现代化建设需

---

①　《邓小平文选》第二卷，人民出版社1994年版，第348页。
②　何华辉、马克昌、张泉林：《实行法治就要摈弃人治》，载《法治与人治问题讨论集》，社会科学文献出版社2003年版，第47—48页。

要、集中体现党和人民意志的，以宪法为统帅，以宪法相关法、民法商法等多个法律部门的法律为主干，由法律、行政法规、地方性法规与自治条例、单行条例等三个层次的法律规范构成的中国特色社会主义法律体系已经形成。

法治和法制一字之差，但两者既有联系又有区别。法制是法治的前提，完善的社会主义法制为法治奠定了基础。我们国家的法治建设起步晚，无法可依是法治首先碰见的难题。1978年中国共产党十一届三中全会上确定了社会主义法制建设的基本方针，即"四句话、十六个字"——有法可依、有法必依、执法必严、违法必究，其中"有法可依"是第一要件。时至今天，我们已经初步建立中国特色社会主义法律体系。党的十八大报告中进一步提出"科学立法、严格执法、公正司法、全民守法"新的十六字方针。科学的立法仍然对法治起着关键性的作用。这再次表明了法制是法治的基础。

但是我们要警惕将法治和法制混为一谈，以为有了法制就有法治。法治和法制的区别，包括：

第一，法治和法制产生的时间不一样。有国家就有法制，原始社会解体以后，早期国家的统治也需要借助法律制度进行。虽然早期国家的法律制度还比较粗糙，但法律制度是统治的良好工具，也是不可代替的统治工具。

法治的思想虽然源远流长，可以追溯到亚里士多德，但作为一种社会形态则是近代以后的事情。近代以来，随着启蒙思想的影响，自由、民主、平等、人权等观念深入人心，人民对法律制度提出根本性的价值要求，要求以法律来约束国家权力，保护公民权利，这种要求汇集成了法治的潮流。

第二，法治和法制的内涵不同。法制主要指法律制度，世界上和历史上的国家所创制的法律规范，都可以列入法制，这其中有些残酷刑罚、侮辱人性尊严的法律。站在法制的角度看，"恶法亦法"。而现代法治则是反对封建专制，主张个人权利的产物，现代法治中的法律制度并非单纯的统治工具，而有其价值内涵，它主张严格依法办事，主张实行民主政治，反对专制和各种特权，主张法律至上，要求各级国家机关及其工作人员要严格依法行使各种权力，严格依据法律规定办事。

两者内涵差异集中反映在对人治的态度上。法制不反对人治。任何国家都有法制，人治国家也需要法律制度。但人治国家之下的法制无法约束统治阶级，法律并非平等适用，法律的效力屈服于最高统治者的权威，法律制度更多的是对付被统治阶级的武器。而法治是反对人治的产物。法治通过法律制度约束了统治者的任性，在一定程度上保护了被统治者，维护了统治的稳定。当然法治并不排斥人的意志，任何统治都缺少不了人的主观能动性。法治强调的是人的意志，包括人对法制的改变要通过法律的轨道进行，要在民主和法定的程序下展开。

第三，法治和法制的概念性质不一样。法制是静态的概念，仅仅指一国静态的法律制度。而法治则是动态的概念，是包括立法、执法、司法、守法等环节的动态有机联系的整体。党的十八大报告中对法治系统的描述是"科学立法、严格执法、公正司法、全民守法"。

法制和法治概念的区别，告诉我们，从法律规定的内容到现实还有一定距离。法治就是法律权利实现的过程和状态，但这个过程渐进并且可能漫长。

【经典赏析】

法家是立法制而无法治的代表

法家思想	立法制	无法治
法家是中国历史上研究国家治理方式的学派，提出了富国强兵、以法治国的思想。它是诸子百家中的一家。战国时期提倡以法制为核心思想的重要学派。《汉书·艺文志》列为"九流"之一。其思想源头可上溯于春秋时的管仲、子产。战国时李悝、吴起、商鞅、慎到、申不害等人予以大力发展，遂成为一个学派。战国末韩非子对他们的学说加以总结、综合，集法家之大成。法家强调"不别亲疏，不殊贵贱，一断于法"。法家是先秦诸子中对法律最为重视的一派，而且提出了一整套的理论和方法。这为后来建立中央集权的秦朝提供了有效的理论依据，后来的汉朝继承了秦朝的集权体制以及法律体制，这就是我国古代封建社会的政治与法制主体。	**法应公布** 法应该公布使人民知之，而不应保密。韩非子强调："法者，编著之图籍，设之于官府而布之于百姓者也。" **依法办事** 要严格依法办事，维护其权威性。法家坚决反对在"法令"之外讲仁爱、道德，韩非子明确指出："明其法禁，察其谋计。法明，则内无变乱之患，计得，则外无死虏之祸。故存国者，非仁义也。"他认为，"任法而治"要排除一切人为的因素，以免"人存政举，人亡政息"。正所谓"废常上贤则乱，舍法任智则危。故曰：上法而不上贤"。 **执法平等** "法"乃"尺寸也，绳墨也，规矩也，衡石也，斗斛也，角量也，谓之法"。故执法要平等，"官不私亲，法不遗爱"，君臣要"任法去私"。执法务必公平，"君臣上下贵贱皆从法"，"法不阿贵，绳不挠曲"，"刑过不避大臣，赏善不遗匹夫"。 **法要稳定** 法律要保持稳定，"法莫如一而固"，"朝令夕改"只会是亡国之道。	**法自君出** 法家认为"权制独断于君则威"，所以，立法权由君主行使，而非人民，甚至"天下之事无小大皆决于上"。 **执法专断** 法家主张"王子犯法与庶民同罪"，但是它却把君王给漏掉了，如果君王犯法，怎么办？君主既是立法者又是执法者，其本人则凌驾于法之上，超越于法之外。 **重刑主义** 法家主张"禁奸止过莫若重刑"，因为"刑重而必得，则民不敢试，故国无刑民"。之所以采用重刑主义，是因为刑法和法律归根到底是统治臣民的工具。

【相关链接】

行政诉讼的发展形象地说明了从法制到法治这个过程的漫长和不易

有法制不会马上有法治。有了《行政诉讼法》，并不意味着行政法治马上建立，这是一个漫长的过程。20 世纪 90 年代《行政诉讼法》出台后两三年中，全国一年才 2 万多件行政诉讼案件，平均一个法院还不到 10 件。一些基层法院全年没有一起行政诉讼案件，行政庭门可罗雀。有些地方法院让行政庭审理离婚、刑事自诉之类的案件，个别法院干脆把设立不久的行政庭撤销了。从 1998 年起，每年通过行政诉讼途径解决的已有 10 万件左右。这无疑是进步，可以说明行政诉讼在发挥作用。但同时每年因为行政纠纷引发的信访高达 400 万到 600 万件。行政案件在法院受理案件中总的比例不到 2%。这可能说明行政诉讼解决行政争议的功能还有待提高，尤其行政诉讼要为原告所信赖还有一段路要走。

根据何海波在《行政诉讼法》的研究成果显示[1]，行政诉讼作为民告官的制度，原告通过行政诉讼获得胜诉的概率并不高。何海波归纳历年判决结案中原被告胜诉率如下图所示：

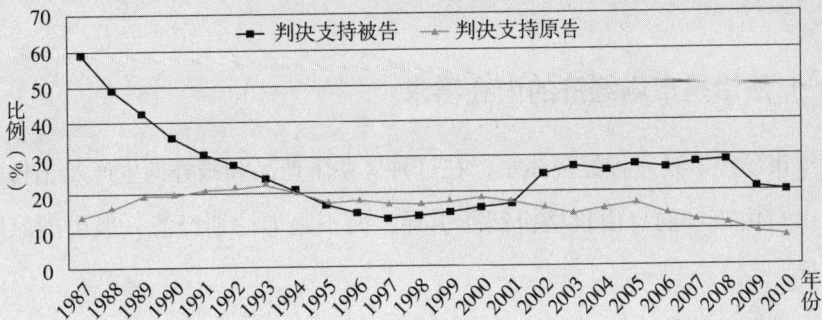

---

[1] 参见何海波：《行政诉讼法》，法律出版社 2016 年版，第 22—25 页。

（三）法治是"法律至上"

我们说了法治不是人治，也不是法制。那么法治到底是什么？

首先，法治所依靠的法律是民主制定的法律。如果法律是君主所制定，那么法律仍然是君主统治的工具。民主制定的法律，是人民意志的体现。人民既是立法者又是守法者，这就是法治的奥秘所在。法律是人民意志的体现，因此具有崇高的地位，高居于其他社会规范之上。

其次，国家和社会在法律的框架下运作。张文显认为，法治社会的基本标志：一是经济、政治和社会生活的基本方面均纳入法律的轨道，接受法律的调控和治理，而法律是建筑在尊重人类的人格、尊严、自由、合理愿望、进取精神和财产权利的基础之上。二是法律具有至高无上的地位和最高权威，国家中的一切权力均源于法律，而且要依法行使。三是公民在法律面前人人平等。四是每个人依法行使自由权利，"法不禁止即自由"。五是公民的人身和财产权利非经正常的法律程序和充足理由不受剥夺，一切非法的侵害都能得到公正、合理、及时的补偿。①

二、法治的价值

（一）法治是市场经济的内在需求

市场经济是一种经济体系，在这种体系下产品和服务的生产及销售完全由自由市场的自由价格机制所引导，而不是像计划经济一般由国家所引导。

市场经济和法治互相促进。马克思认为，"先有交易，后来才由交易

---

① 参见张文显：《中国步入法治社会的必由之路》，《中国社会科学》1989 年第 2 期。

发展为法制。……这种通过交换和在交换中才产生的实际关系，后来获得了契约这样的法的形式"[1]。恩格斯指出："在社会发展的某个很早的阶段，产生了这样一种需要：把每天重复着的产品生产、分配和交换用一个共同规则约束起来，借以使个人服从生产和交换的共同条件。这个规则首先表现为习惯，不久便成了法律。"[2] 在市场交换中，人们把日常形成的规则上升为法律，这是法治的一大动因。而中国作为法治的后发国家，法治则是保护市场经济的有力力量。

1. 法治是市场主体独立地位的保障

市场经济是不同市场主体平等交换的经济形态。市场主体的独立地位是市场经济的前提条件，这需要通过法律保障市场主体的产权和自由的市场行为。法律可以保障市场主体财产权的完整和独立，奠定其参与市场的前提；法律还可以保障市场主体的行为，保证市场主体对其合法拥有的物质财富享有支配、使用和处置的权利，从而促其成为自主经营、自负盈亏的独立市场主体。

2. 法治是市场秩序的保障

市场经济是公平竞争的契约经济。市场经济的精神是自由，法治有效保障了市场主体的自由。同时，法律制度也可以防止破坏市场公平的行为，如欺诈、虚假广告、违约、制假售假、不正当竞争等，以及无序竞争、信用缺失、审批过多、权力寻租、市场混乱等乱象。

我们可以商标制度简单说明法治对市场秩序的保护。比如说，"康师傅"是消费者比较熟悉的方便面品牌。因此，一些不法商家盗用"康师傅"的商标，或者采用"康帅博"之类的混淆行为。如果不法商家得逞，则会降低"康师傅"的可辨识度，"康师傅"就没有动力做好产品打好品牌，市场提供的产品随之降低质量。从中可以看出，《商标法》的制定并

---

[1] 《马克思恩格斯全集》第 19 卷，人民出版社 1963 年版，第 423 页。

[2] 《马克思恩格斯文集》第 3 卷，人民出版社 2009 年版，第 322 页。

严格执行对市场秩序有着必要而积极的作用。

3. 法治是市场秩序失范的可靠防范手段

市场并非万能，市场也存在失灵的时候，这时候就需要国家权力干预，通过政府宏观调控正确引导。但是政府干预经济同时有可能出现政府失灵的情形。政府及其工作人员也可能为了谋取自身利益，对市场经济活动进行不当干预，侵犯企业和个人的权利和利益。这就需要通过法律的手段控制政府权力，包括通过法律的程序形成国家的调控政策，在制定政策的过程中群策群力；在执法的过程中，给国家权力设定实体和程序上的要求，防止其脱轨。

（二）法治是国家长治久安的保障

首先，法治作为一种国家治理的方式，可以防止人治的风险。法律是集众人之智慧，在社会主义国家它表达人民意志，是人民当家作主的载体。法治可以防范人治的风险。中国古代王朝更替频繁、动乱不断，其根在人治。人治社会统治者尤其是最高统治者掌握了国家的一切权力，国家大政方针、个人生杀予夺都由统治者决定。相应的，被统治的臣民也失去了主动性，一切等待统治者决定。这种制度下，统治者很可能被他的非理性所引导走向任性和随意，也可能无法承担工作压力、决策失误等。当国家的命运维系在一个人身上的时候，这时候风险就很大。当这个人犯了错误出现失误，国家和个人都会蒙受巨大的损失。历史上著名的"窑中对"即说明了不能再走人治的老路，要走向人民之治就必须走法治的道路。

【经典赏析】

窑中对

1945 年 7 月，民主人士黄炎培先生在延安窑洞与毛泽东谈话。黄炎培说，中国历代王朝更替频繁，兴—衰—兴—衰的发展周期，有政怠宦成的，有人亡政息的，也有求荣取辱的，但都没能跳出这一周期率。他请教毛泽东有什么方法跳出历史兴替的周期率？毛泽东回答道："我们已经找到新路，我们能跳出这周期率。这条新路，就是民主。只有让人民来监督政府，政府才不敢松懈。只有人人起来负责，才不会人亡政息。"

其次，法治是反腐的制度化道路。腐败是动摇国本的最直接的原因，中国历史上的反腐运动并不少见。明朝初年，反腐运动达到顶峰。明太祖对腐败进行了严厉的打击，例如法律规定凡贪污 60 两银子者一律处死，违者不仅本人处死，而且诛灭全族等。在严厉打击之下，腐败一度绝迹，但旋即死灰复燃，甚至有人说明朝亡于腐败。

封建社会反腐失败的原因是没有触动到腐败的根本，即特权。权力没有受到监督就有腐败的可能。因此，通过法治约束政府权力、约束领导权力才是反腐的长治久安之策。邓小平同志在《在武昌、深圳、珠海、上海等地的谈话要点（一九九二年一月十八日——二月二十一日）》中指出："在整个改革开放过程中都要反对腐败。对干部和共产党员来说，廉政建设要作为大事来抓。还是要靠法制，搞法制靠得住些。"① 习近平总书记在十八届中央纪委第二次全会上指出："要善于用法治思维和法治方式反对腐败，加强反腐败国家立法，加强反腐倡廉党内法规制度建设，让法律制度刚性运行。"反腐败斗争最根本上要走法治反腐的道路。

所谓法治反腐，是指通过制定和实施法律，限制和规范公权力行使的范围、方式、手段、条件与程序，为公权力执掌者创设公开、透明和保障公正、公平的运作机制，以达成使公权力执掌者不能腐败、不敢腐败从而逐步减少和消除腐败的目标。法治反腐是当今世界的主流，凡是为政清廉

---

① 《邓小平文选》第三卷，人民出版社 1993 年版，第 379 页。

的国家和地区，法治水平都是较高的。《联合国反腐败公约》要求："各缔约国均应当根据本国法律制度的基本原则，制定和执行或者坚持有效而协调的反腐败政策，这些政策应当促进社会参与，并体现法治、妥善管理公共事务和公共财产、廉正、透明度和问责制的原则。"

最后，法治使国家权力运作符合人民利益的保障。国家长治久安的根本在于国家的运作始终与人民的利益联系在一起，国家始终为人民着想。国家背离人民利益的行为能够迅速得到纠正。这有赖于一方面人民得以参与到国家意志的执行，另一方面人民可以监督国家机关，防止其背离人民的意志。

当代的民主既有政治民主，又有行政民主。人民在政治上通过人民代表大会制度参与国家的立法决策，我国在人大制度的改革中一直努力增加人民代表大会制度中普通代表的人数，加强代表联系民众的机制，发挥参政党的作用，确保人民群众能够参与到国家立法和决策，维护自身利益。人民群众还可以在行政管理过程中参与、表达和维护自身权利，加强和完善民意调查制度、信息公开制度、听证会制度、协商谈判制度、社区自治制度等都为此创造了条件。

（三）法治保障人的尊严

人治的国家之下，人民没有尊严，人民只是统治者滋养自身的工具。统治者借助法律鞭策驱使人民。在这种情况下，人民的生命财产没有足够的保障，随时可能遭遇不测。

只有法治可以保障人的尊严。人的尊严是康德提出来的命题。康德提出人的尊严的两个方面：其一，人就是目的本身；其二，人不能作为手段。这两个方面意味着，每一个人都是自主、自决的独立个体，都是具体存在并且具有意义的生命。每个人均有权利维护自己的尊严；每一个人在社会中，均有其一定的社会价值，每个人都有权主张自己应受到充分的尊重。

因此，国家不能为了成就特定人的目的，而将他人当成达成目的的手段。

如何保障人不会沦为手段？最核心的是保障公民不可侵犯的权利。人成为手段，似乎是一个不太好懂的话题。其实很简单。比如说，一个小区要在一个草坪上建一个车库，这个草坪恰好属于一个业主的，如果小区可以通过多数决定夺取草坪，强行建车库，则很显然，这位业主就沦为了小区其他业主的工具。现代法律赋予每个人平等而不可侵犯的财产权。在这个案件中，虽然土地属于国家或集体所有，但业主可以主张自己对草坪的土地使用权，土地使用权也属于财产权的一种，同样受到法律保护，不可侵犯。这样法律保护了业主对草坪的权利，当然业主可以就自己的需要来支配和使用草坪。比如，用来建房子或者休闲，无论哪一种用途都会提高其生命的质量。为此，保障公民权利，既可以防止他人干涉，防止人们沦为他人的工具，也可以让个人自己去定义和追求自己生命的价值和目的。

三、法治的内容

（一）执政党守法

当今世界，许多国家实行政党政治。政党在法治的轨道内运作是法治的重要内容。有些国家，国家先于政党，政党依据国家法律成立，依据法律规定的民主程序轮流执政。如果政党脱离法律的轨道，就会失去人民的支持，失去执政机会。这些国家的政党在法治建设中并非绝对不可代替的决定性力量。

中国共产党是中国法治建设的领导力量。中国共产党一手缔造了新中国，也是中国法治的开拓者，中国共产党守法对中国法治建设至关重要。习近平指出，党和法的关系是一个根本问题，处理得好，则法治兴、党兴、国家兴；处理得不好，则法治衰、党衰、国家衰。

在我国，党是法治的领导力量。我国宪法序言详细地说明了党对国家建立的贡献，确立了党的领导地位。党的领导是社会主义法治最有力的保证。中国共产党既是中国法治的建设者，也要率身垂范践行法治。

宪法和法律明确要求党在宪法和法律的框架下运作。我国《宪法》明确规定了党要遵守宪法和法律，《宪法》"序言"规定："本宪法以法律的形式确认了中国各族人民奋斗的成果，规定了国家的根本制度和根本任务，是国家的根本法，具有最高的法律效力。全国各族人民、一切国家机关和武装力量、各政党和各社会团体、各企业事业组织，都必须以宪法为根本的活动准则，并且负有维护宪法尊严、保证宪法实施的职责。"

作为执政党，要通过法治的方式实现党的领导。那种认为党的领导和党的守法相冲突的想法并不正确。党的权力并非法外权力，与法律并不矛盾。执政党要善于将自身的意志上升为法律，并在法律的框架下实现党的领导。说到底就是党要依法执政，这包括：一是党要领导立法，根据党和国家大局、人民群众意愿，立符合党的主张、尊重人民意愿、满足现实需要的良法。二是党要保证执法，建设职能科学、权责法定、执法严明、公开公正、廉洁高效、守法诚信的法治政府。三是党要支持司法，为司法机关依法独立、公正行使职权提供坚实保障，健全监督制约司法活动的制度机制，保证司法权在制度的笼子里规范运行。四是党要带头守法，每个领导干部都必须服从和遵守宪法法律，不能把党的领导作为个人以言代法、以权压法、徇私枉法的挡箭牌，而应做尊法学法守法用法的模范，自觉为全社会作出表率。

社会主义法治还要求加强党内法制建设。党内的法制建设是保证党守法，推动法治建设的内部保证。加强党内法规制度建设，要按照于法周延、于事简便的原则提高制度制定的质量，要立体式、全方位推进制度体系建设，把权力关进制度的笼子里。

（二）人民主权，人民是法治的主体

法治是人民主权的产物。君主专制条件下，法自君出，君王不必受到法律的约束，法律只是君主统治的工具，召之即来挥之即去，君主的命令可以置法律于不顾。法治和君主专制不可兼容。近代以来，人民觉醒，意识到主权在民，希望以法律约束君主和统治者的意志，法治才得以出现。在近代社会，法治是人民巩固和实现自己主权的基本制度条件。但反过来，法治也只有在人民主权的条件下才是真实的。在法治社会，人民既是守法者，又是立法者，是法治的主体。

我国的人民代表大会制度是人民主权最重要的载体。国家主权属于人民所有，这是近代以来的共识。但人民并非单单一个人，如何来行使主权呢？卢梭想到恢复古代的广场政治，即所有的成年公民到广场上共同决定城邦事务。广场政治适合古希腊小城邦，小城邦里成年男子不多，容易议事并达成协议。现代国家的规模已经不可能采用这种模式，因此代议制兴起。人民选举代表，通过代表来管理国家。

资本主义的代议制度带有很强烈的虚伪性，社会主义制度下的人民代表大会制度则是人民意志最忠实的贯彻。人民代表大会制度的基本构成原则是，人民选举代表组成人民代表大会，人民代表大会享有立法权、重大人事任免权、重大事项决定权和监督权，人民政府、人民法院、人民检察院由人民代表大会产生，向人民代表大会负责，受人民代表大会监督。在这一制度中，人民代表大会是国家权力机构，代表人民全体行使上述四大权力，体现人民当家作主，处理国家重大政务、事务。

人民作为法治的主体要求加强人大制度建设，保证法律确实体现人民意识。推进依法治国，法首先应该来自人民的意志，是人民权利和利益的体现，而不是来自某个领导、统治者或者机构、组织的命令。要使人民的意志得到体现，应该加强人大制度建设，保障人民通过立法程序表达自己的意志。首先，应该加强人大工作机制建设，提高人大工作效率，方便人大代表行使权力，更加突出人大代表作用。在立法过程增加透明性、民主性，推动民众参与，推进立法调研工作，使人民意志可以在立法过程中也得到直接的体现。其次，应该加强人大代表选择的民主性。人大代表是人民意志的载体和表达渠道，应该增强人大代表的代表性，密切人大代表和选区选民的联系。再次，要加强人民对人大代表的监督。人大代表要主动接受人民的监督，主动联系选区选民，向选民汇报工作，接受选民的批评和建议。同时也要加强人民监督的权利。

人民主权除了体现在人大制度上，还贯穿到整个国家体制。当代中国除了政治民主，还推行行政民主。人民可以直接参与到行政过程，知悉和参与行政决策；正当程序保证人民参与行政决定过程，在其中保护自己的权利；人民还可以通过舆论监督、行使检举权、行政诉讼行为等，对政府的行政执法行为、司法机关的司法行为加以监督，体现主体地位。除此之外，人民在基层社会组织中直接参与民主协商，参与自治，参与制定市民约定、乡规民约等，也是其主权地位的体现。

（三）保护人权

人权是法治的终极价值目标。归根到底，法治的意义是为了保护人权。法治不是为君主的利益而存在，不是君主统治工具。但法治也不是为法治而法治，不是为限制权力而限制权力。法治的目的是保护人的权利。

人权是作为人应该享有的权利。近代以来，人们逐渐认识到人作为万物之灵，应该享有有尊严的生活，在自由和平等的环境下生存，因此人权的内容包括平等权、财产权、思想和宗教自由等。到了现代社会，人权体系又扩展到经济社会文化权利。

人权的观念是近代法治的驱动力。如果没有人权的需求，就不会产生法治。近代启蒙思想家霍布斯、洛克等人都是首先认识到了人有自然法上的权利，为了保证这种自然法上的权利，人们通过社会契约建立了国家。法治则是随着建立国家而产生的事物，如果没有法治的约束，国家则可能独立于人民，成为压迫人民、侵犯权利的怪物。

人权也是法治最终的评判标准。一个国家可能法制完备精密，但却不能称为法治国家。比如，近代德国的"法治国"对国家秩序的塑造可谓无往而不胜，但最终让纳粹得以上台。第二次世界大战以后，《德国基本法》即把基本权利作为第一章显示其重要性，彰显其对法治的根本意义。该法第一条即规定："一、人之尊严不可侵犯，尊重及保护此项尊严为所有国家机关之义务。二、因此，德意志人民承认不可侵犯与不可让与之人权，为一切人类社会以及世界和平与正义之基础。三、下列基本权利拘束立法、行政及司法而为直接有效之权利。"

对人权的尊重和认识意味着中国法治建设进入新的阶段。2004年，"尊重和保障人权"被写入了中国宪法，这一具有里程碑意义的事件标志着中国的人权保障具有了坚实的宪法基础。中国宪法不仅明确规定了"国家尊重和保障人权"的基本原则，还明确规定了公民的多项基本权利和自由。与此同时，中国的宪法性法律、民商法、行政法、经济法、社会法等法律门类，已从不同角度和层面对公民的政治权利、经济权利、社会权利、文化权利等人权作了具体规定，从法律和制度上切实保证了公民享有广泛普遍的人权和基本自由。

(四) 依法独立行使审判权检察权

依法独立行使审判权检察权是法治的保障。既然涉及法律的各种纠纷最后都要由法院来裁判，所有的权利受侵犯最后都要由法院来救济，那么法院是否公正、独立就很关键了。如果司法不公正，法律明文规定的各种规则和权利都将落空，社会很难进入法治状态。就《中共中央关于全面推进依法治国若干重大问题的决定》起草情况向中共十八届四中全会作说明时，习近平总书记援引了英国哲学家培根的话："一次不公正的审判，其恶果甚至超过十次犯罪。因为犯罪虽是无视法律——好比污染了水流，而不公正的审判则毁坏法律——好比污染了水源。"法院检察院不依法独立行使审判权检察权，司法则很难公正。设想一下，法院及法官审判案件都要听命于其他组织或者领导，这会导致什么结果？导致的结果就是，司法程序是没有用的，只是某个领导独裁的遮羞布。为什么这么说呢？因为最后决定案件结果的领导本身没有经历司法程序，他的决定很可能是任意的或者是出于腐败的目的，在其中司法程序并没有发挥实质作用。

依法独立行使审判权检察权并非最终目标，依法独立行使审判权检察权的目标是保证司法公正，这也要求国家在保证司法人员待遇、设计合理的司法制度的同时，强化司法责任。司法权没有受到约束也会膨胀，反过来影响司法公正。孟德斯鸠说过："一切有权力的人都容易滥用权力，这是万古不易的一条经验。有权力的人使用权力一直到遇有界限的地方才休止。"①

当然，相对司法责任，更为重要的是司法制度应该符合司法规律，激发司法工作者的职业尊荣感和责任感。英国法官丹宁告诫说："如果因为不道德的法官或道德败坏的律师们而得不到公平的执行，就是拥有正义的法律也是没有用的。……一个国家不可能长期容忍不提供公平审判的法律制度。"②以公众认同的司法职业阶层的法律素养、公平意识、社会责任感、道德水准、人格魅力等综合而成的司法信誉，是依法独立行使审判权检察权的重要内容。它是保证司法功能的正常发挥、防止司法在挣脱"纸面上法律"的约束后变成脱缰野马的最后防线，是依法独立行使审判权检察权应有的社会形象。

---

① ［法］孟德斯鸠:《论法的精神》，张雁深译，商务印书馆 2002 年版，第 56 页。
② 杨一平:《司法正义论》，法律出版社 1999 年版，第 148 页。

依法独立行使司法权在西方和三权分立的思想有着直接的联系，而三权分立的思想并不符合中国的实际。虽然如此，权力的制约仍然对我国不无借鉴意义。邓小平同志1980年在《党和国家领导制度的改革》一文中说："权力过分集中，妨碍社会主义民主制度和党的民主集中制的实行，妨碍社会主义建设的发展，妨碍集体智慧的发挥，容易造成个人专断，破坏集体领导，也是在新的条件下产生官僚主义的一个重要原因。"①

【经典赏析】

孟德斯鸠与分权

孟德斯鸠对权力的分立有非常经典的表述：当立法权和行政权集中在同一个人或同一个机关之手，自由便不复存在了；因为人们将要害怕这个国王或议会制定暴虐的法律，并暴虐地执行这些法律。如果司法权不同立法权和行政权分立，自由也就不存在了。如果司法权同立法权合而为一，则将对公民的生命和自由施行专断的权力，因为法官就是立法者。如果司法权同行政权合而为一，法官便将握有压迫者的力量。如果同一个人或是由重要人物、贵族或平民组成的同一个机关行使这三种权力，即制定法律权、执行公共决议权和裁判私人犯罪或争讼权，则一切便都完了。

（五）政府依法行政

依法行政是依法治国基本方略的重要内容，是指行政机关必须根据法律法规的规定设立，并依法取得和行使其行政权力，对其行政行为的后果承担相应的责任的原则。依法行政也是市场经济体制条件下对政府活动的

---

① 《邓小平文选》第二卷，人民出版社1994年版，第321页。

要求，是政治、经济及法治建设本身发展到一定阶段的必然要求。

依法行政是法治的重要条件。当今社会，政府权力庞大，更经常更频繁跟人民接触，也更直接地影响到人民生活的质量。政府是否守法就是法治建设成败的关键。

依法行政除了要求政府行政依据法律之外，还要求政府合理行政、依正当程序行政，政府保持政府信用，不得随意改变政策。所以，判断政府是否依法行政并非简单地对照法律条文。比如说，《中华人民共和国人民警察使用警械和武器条例》第九条规定了十五种警察可以使用武器的情形，但并不是说一旦出现这十五种情形，警察使用武器都是正确的。以其第十项为例，该项规定了"以暴力方法抗拒或者阻碍人民警察依法履行职责或者暴力袭击人民警察，危及人民警察生命安全的"，警察可以使用武器。近年警民冲突的情形并不少见，但绝非警察遇见暴力袭警的情形就可以开枪。如果警察可以采用更轻的手段制服当事人的，就绝对不能开枪。如果当事人能够轻易为警察所控制，那么警察并没有必要开枪。

四、法治的要求

（一）法律具有普遍性

普遍性，即法律所提供的行为标准是按照法律规定所有公民一概适用的，而非针对个人具体规定采取特殊措施。

法治所要求的法律普遍性主要有以下两层意思。

第一，规范的制定要具有普遍性。法律规范要比特定的案件或细节宽泛，能够包罗或涵盖后者；不能一事一法，一事一例。普遍性和特殊性相对，普遍性是指针对不特定的人或事作出规定，特殊性是指针对特定的人或事作出规定。

第二，规范的适用要有一般性，这是指法律规范适用的平等性。比如说"随地吐痰要处罚50元钱"，这一规范意味着任何人随地吐痰都应该处罚50元钱，如果有人随地吐痰没有被处罚就违背了法律的普遍性原则。比如，李四随地吐痰了，但因为李四是领导，没有被处罚50元钱，这就是法律的不平等适用，违背和破坏了法律的普遍性。

【延伸阅读】

法律的普遍性和平等的关系

法律的普遍性和平等原则是交集关系。法律的普遍性要求两点：其一，法律制定具有普遍性；其二，法律适用具有普遍性。平等的要求有两点：其一，立法要平等；其二，适用法律要平等。

普遍性的要求主要从形式着手，平等的要求则常提供实质性的理由。法律适用的普遍性和适用法律平等两者诉求相同，虽然理由不一样。两者都要求同等情况同等对待。普遍性的要求却常止步于此，平等的要求则非如此。"同等情况同等对待"其实是一个省略的语句，还存在一个何谓"同等情况"的前提，即法律规定的情节一样，此时执法者应该平等对待。比如，"随地吐痰要处罚50元钱"，在这个规范中作出50元罚款的情形只有"随地吐痰"，至于违法者的身份、民族、年龄、财富等情况就不是相关因素，不应该干扰执法者的思考和决定。

（二）法律要公布

法律必须公布，让人民知晓，从而自觉守法。如果人们不知晓法律，不小心触犯到法律，会感觉自身动辄得咎，不知所措，因此生活在一种恐怖的气氛之中。

　　法律不能保持秘密，而必须公布，这是因为：

　　第一，法律必须公布，人民才能知晓，才能够指导自身的行为。法律的目的是规范人们的行为，如果人们无法知晓法律，则无从遵从。当然，法律公布了，也不是每个人都会去阅读和熟悉法律，即使如此，公布的意义仍然非常重大，它使法律置于人们可以知晓的范围，人们在需要的时候可以去查阅法律；人们可以根据知晓法律的人的行为相应调整自己的行为。

　　第二，法律的公布可以让人民评价法律。在社会主义国家，法律是人民意志的产物，人民有权利参与法律的制定，当然更有权利评价法律的内容。法律公布可以方便人们了解比较法律是否表达其意志，人们可以评价法律制定的好与坏，并且从守法者角度出发提出法律完善的意见。

【经典赏析】

中国最早的法典公布——子产"铸刑书"

　　《左传·昭公六年》记载，"三月，郑人铸刑书"。公元前536年三月（阴历），郑国执政子产将郑国的法律条文铸在象征诸侯权位的金属鼎上，向全社会公布，史称"铸刑书"。这是中国历史上第一次公布成文法的活动，有利于法律在全社会范围内得到执行。

　　围绕着"铸刑书"，叔向和子产发生了中国法制史上著名的争论。晋国的叔向写信给子产说："先王议事以制，不为刑辟，惧民之有争心也。民知有辟则不忌于上，并有争心以征于书"，"弃礼而征于书，锥刀之末，将尽争之"。叔向反对法律公开的两个理由是：其一，人们知晓法律，会产生唯法律的倾向，看轻礼仪道德。其二，人们熟悉法律，会钻法律的空子；并且人们会根据自己对法律的理解评价官员的审判。这样，社会舆论就会对官员产生一股强大的监督力，从而侵犯了贵族的利益。

（三）法律要具有可预期性

法律要具有可预期性，也就是法不溯及既往，法律规范应该在时间上先于按规则审判的行为。法律的目的是指导人们的行为，没有人能够遵守溯及既往的法律。

不溯及既往也并非绝对，其例外就是刑法上的"从旧兼从轻"原则。从旧原则是不溯及既往原则的体现。"从轻"则是例外，其实践的是"有利于被告人"的原则，也就是在刑法修改以后，遇到新刑法颁布之前的犯罪行为原则上根据旧刑法论处，但如果新刑法的规定更有利于被告人的话，则适用新刑法。具体而言：

首先，当遇到一个人的犯罪是在新刑法颁布以前，此时要考虑的是先适用旧刑法，即行为时的法律规定（从旧）。

其次，如果是适用新的刑法更有利于被告人的话，如不认为是犯罪，或者是新刑法处罚较轻的话，则应该对被告人适用新刑法。

再次，如果是适用旧法更有利于被告人的话，如旧法不认为是犯罪或者是旧法规定的刑罚更轻时，则对被告人适用旧法。

最后，根据每个案件的具体情况，来决定是适用旧法还是新法，即所谓的"从旧兼从轻"原则。

"从旧兼从轻"原则是我国处理各种法律问题的一项基本原则，我国 1997 年刑法规定了该原则。除刑法外，其他法律均应适用这一原则。

（四）法律要明确

法律规范要规定清楚，使人更好认知和理解。如果法律规定模棱两可，会令守法者无所适从，给执法者很多任意的权力，留下腐败的空间。美国法学家富勒认为，立法机关如果制定一个模糊不清、支离破碎的法律也同样会危害法治。[①] 中国古人也认识到这一点,商鞅认为,法律应该是为普通人而不是为了圣贤订立的规则,所以"圣人为法必使之明白易知,愚知偏能知之"。

当然,法律的明确性和法律中的自由裁量权并不矛盾。依《牛津法律大辞典》,所谓自由裁量权,指(法官)酌情作出决定的权力,并且这种决定在当时情况下应是正义、公正、正确和合理的。实际上,自由裁量权包括司法自由裁量权和行政自由裁量权,即法律常常会留下给法官或者执法者选择的空间。比如,《道路交通安全法》第九十一条第一款规定:"饮酒后驾驶机动车的,处暂扣六个月机动车驾驶证,并处一千元以上二千元以下罚款。"该款对酒驾的罚款数额规定了一定范围。

自由裁量权的存在原因是法律的局限。法律是普遍性的规定,无法准确预测到个案的具体情形,势必留下空间让司法者和执法者根据个案的情形,选择最恰当的措施。当然,自由裁量权并非是任意裁量权,司法者和执法者仍然有义务在个案中贯彻法律目的,做到公平公正。

(五) 法律无内在矛盾

法律不能要求人们做 A 又做非 A 的事情。法律的内在矛盾让守法者无所适从。一个人如果经常性地被命令做某事,继而又因此受到惩罚,他对命令的反应无疑不可能是恰当的。如果一个国家据此建立一套法律系统,其最终的结果除了令其国民精神崩溃别无其他可能。

但是由于法律系统庞大,法律规范之间互相抵触的也不少见,这需要一定的法律技术加以弥补。美国法学家富勒举了一个例子,假设一部单一的制定法中存在两个条文:一条要求汽车司机在 1 月 1 日安装新的车牌;另一条规定在 1 月 1 日从事任何劳动都是犯罪。面对这一情况,法院需要

---

① 参见 [美] 富勒:《法律的道德性》,郑戈译,商务印书馆 2005 年版,第 47 页。

找到一个办法来协调这两个互相矛盾的条款。常见的办法是法院先判定在元旦那天安装车牌的人有罪，然后免除他的刑罚。但是更好的办法是将两个法律条款结合起来进行合理解释，或者在元旦工作是犯罪的条款推翻了涉及车牌的条款，因此车主可以合法将安装车牌的时间延后；或者涉及车牌的条款构成了禁止工作条款的例外，车主必须在元旦当天安装车牌，并且不会因此构成犯罪。①

同一法律之间互相矛盾的条款可以通过法律解释予以消解，但在法律体系间不同法律之间的冲突则更常见，也更棘手。对此，需要通过后法优于前法、低位阶的法律服从高位阶的法律、特殊法优于普通法等原理予以解决。

【相关链接】

强制婚检是中国法律冲突的一个典型事例

中国最早关于强制婚检的制度源于《母婴保健法》，该法第十二条规定："男女双方在结婚登记时，应当持有婚前医学检查证明或者医学鉴定证明。"《母婴保健法实施办法》制定于2001年6月20日，第十六条规定："在实行婚前医学检查的地区，婚姻登记机关在办理结婚登记时，应当查验婚前医学检查证明或者母婴保健法第十一条规定的医学鉴定证明。"

但《婚姻法》于2001年4月28日修改，其第七条第二项规定："患有医学上认为不应当结婚的疾病"的，禁止结婚。第十条第三项规定："婚前患有医学上认为不应当结婚的疾病，婚后尚未治愈的"，婚姻无效。《婚姻登记条例》于2003年10月1日实施，第五条规定："办理结婚登记的内地居民应当出具下列证件和证明材料：

---

① 参见〔美〕富勒：《法律的道德性》，郑戈译，商务印书馆2005年版，第83页。

（一）本人的户口簿、身份证；（二）本人无配偶以及与对方当事人没有直系血亲和三代以内旁系血亲关系的签字声明。"

《母婴保健法实施办法》和《婚姻登记条例》均为国务院制定颁布，属行政法规。从上述内容不难看出，《婚姻法》是中国婚姻制度的基本法，也是一般法，但根本没有提到婚前检查的问题。2003 年的《婚姻登记条例》应该说比较正确地把握了《婚姻法》的精神，取消强制婚检，把是否婚检的选择权交给当事人，这是中国法律、法规尊重和保护公民基本人权的具体体现。

（六）法律不作过高要求

法律不能对守法者提出过高的要求，以至人们达不到这种要求。法律的目标应该是建立一个合理稳定的社会秩序，使得生活在其中的人们都能够获益。当法律要求太高，无疑背离了这一目的时，不是给人们带来舒适和益处，而是给人们施加负担甚至折磨。过高的守法成本之下，人们稍不留神就违法了，违法现象多发，也容易得到同情。在这种情况下，法律的权威会受到极大的损害，人们挑战和蔑视法律，政府要为维护法律的尊严付出极高的代价。最终，过分的法律和政府会在人们的鄙视和挑战中瓦解。秦朝的法律和政府就是这种典型，历史学者普遍认为秦朝亡于残酷和暴虐的法律。反对秦朝的第一场农民起义陈胜吴广起义之所以发生，无非是官逼民反，也就是人们达不到法律的要求，转而起来反对政府。秦二世元年（公元前 209 年）秋，秦朝廷征发闾左贫民屯戍渔阳，陈胜、吴广等 900 余名戍卒被征发前往渔阳戍边，途中在蕲县大泽乡（今宿州）为大雨所阻，不能如期到达目的地，过了规定的期限，按照秦朝法律规定是都该杀头的。情急之下，陈胜、吴广领导戍卒杀死押解戍卒的军官，发动兵变。起义军推举陈胜为将军，吴广为都尉，连克大泽乡和蕲县，并在陈县

(今河南淮阳) 建立张楚政权, 各地纷纷响应。

为了使法律保持在公民守法的能力范围之内, 法律一般要求公民在有过错或者错误意图的情况下承担责任。当然这是一般情况, 现实的情况可能会更加复杂。比如精神病人的情形, 近年精神病人伤害他人的事情并不少见, 对此我们当然不可能要求精神病人承担法律责任; 但这不意味着我们不可以对精神病人强制治疗, 以防止其对他人再次造成伤害。

再比如法律上的严格责任, 也可以看作一种例外。在严格责任之下, 当事人之所以承担刑事或者民事责任, 都不需要其主观上有过错。这种安排是立法者出于现实而作出的更为合理的选择。比如, 随着经济的高速发展, 尤其是城市高楼林立, 当高楼中的抛弃物致人损害案件已屡见不鲜。当损害事实发生时, 在查找不到侵害人时, 并非由受害人自负责任, 而是采用严格责任, 由整幢楼居民承担责任。这种选择具有事实的合理性, 如果居民找不出真正的行为人或者拿不出证明自己没有过错的证据即应承担责任, 这一方面起到预防教育作用, 另一方面也利于保护受害人利益。

(七) 法律保持稳定

法律的稳定性, 就是法律在一定时期内保持不变, 不能朝令夕改。法律以及依据法律作出的行为都是对社会关系的一种调整。社会关系的调整兹事体大, 社会关系的变化过快常常令人无所适从。无论执法者或者立法者都应该认识到社会关系的稳定具有重要性的价值, 这种重要性并不亚于合法性的价值。比如, 甲和乙结婚十年, 并育有儿女, 但是甲和乙结婚当时并未达到法定婚龄。这时候摆在执法者面前, 就存在两种答案: 一是否定甲乙婚姻的合法性; 二是肯定甲乙婚姻的合法性。经过比较, 我们更肯定后者, 除了看重当事人的合意之外, 甲乙结婚共同十年所产生的社会关系及其稳定也是非常重要的因素。试想一下, 如果甲乙婚姻是非法婚姻, 甲乙的子女岂非都是非婚生子女, 孩子们要为此背负巨大的社会压力, 甚至自身的认同感都会因此遭受巨大的冲击。

在我国，经历了"文革"的动乱，强调法律的稳定性有重要的现实意义。中共十一届三中全会公报指出："为了保障人民民主，必须加强社会主义法制，使民主制度化、法律化，使这种制度和法律具有稳定性、连续性和极大的权威"。邓小平同志在《解放思想，实事求是，团结一致向前看》中深刻指出："必须使民主制度化、法律化，使这种制度和法律不因领导人的改变而改变，不因领导人的看法和注意力的改变而改变。"[①]这是对我国法制建设经验教训的总结。

当然，法律的稳定性并不排斥法律适当的调整。社会环境在变化，法律要发挥控制和调整社会关系的作用必然也要随之变化。比如，近二十年来我们已经不可避免地进入信息社会，各种信息手段随时窥视着人们的信息安全，对个人信息的保护当然需要更加严密和新颖的法律。所以，法律的稳定性强调的是法律变动应该慎重，而绝不是主张法律一成不变。

---

① 《邓小平文选》第二卷，人民出版社 1994 年版，第 146 页。

第四章　我国法律的总体情况①

　　"小智治事，中智治人，大智立法。"法律是治国之重器，良法是善治之前提。完备的法律体系，不仅是一个国家法律制度成熟的标志，也是依法治国的基本前提。纵观人类发展历史，政治文明不断演进，并始终与一定的国家形态相联系；而法律体系的完备程度，则反映着执政党依法执政的能力和国家政权的生命力。

　　社会万象，纷繁复杂；立法所向，千头万绪。改革开放40年来，在党中央的领导下，经过各方面坚持不懈的共同努力，以宪法为核心，以宪法相关法、民法商法、行政法、经济法、社会法、刑法、诉讼与非诉讼程序法等多个法律部门的法律为主干，由法律、行政法规、地方性法规等多个层次的法律规范构成的中国特色社会主义法律体系已经形成。以宪法为核心的中国特色社会主义法律体系，是中国特色社会主义永葆本色的法制根基，是中国特色社会主义创新实践的法制体现，是中国特色社会主义

---

① 本章内容主要来源于国务院新闻办公室于2011年10月27日发表的《中国特色社会主义法律体系》白皮书、张德江委员长撰写的《完善以宪法为核心的中国特色社会主义法律体系》（《人民日报》2014年10月31日）以及六集政论专题片《法治中国》第二集《大智立法》。

兴旺发达的法制保障。它的形成，保证了国家和社会生活各方面有法可依，是全面落实依法治国基本方略的前提和基础，是我国发展进步的制度保障。

一、我国宪法法律的发展历程

（一）中华人民共和国成立初期的百废待兴

中华人民共和国成立初期，面临着组建和巩固新生政权、恢复和发展国民经济、实现和保障人民当家作主的艰巨任务。根据政权建设的需要，从 1949 年到 1954 年第一届全国人民代表大会召开前，我国颁布实施了具有临时宪法性质的《中国人民政治协商会议共同纲领》，制定了中央人民政府组织法、工会法、婚姻法、土地改革法、人民法院暂行组织条例、最高人民检察署暂行组织条例、惩治反革命条例、妨害国家货币治罪暂行条例、惩治贪污条例、全国人民代表大会和地方各级人民代表大会选举法以及有关地方各级人民政府和司法机关的组织、民族区域自治和公私企业管理、劳动保护等一系列法律、法令，开启了新中国民主法制建设的历史进程。

1954 年，第一届全国人民代表大会第一次会议召开，通过了新中国第一部宪法，确立了人民民主和社会主义原则，确立了人民代表大会的根本政治制度，规定了公民的基本权利和义务，同时制定了全国人民代表大会组织法、国务院组织法、地方各级人民代表大会和地方各级人民委员会组织法、人民法院组织法、人民检察院组织法，确立了国家生活的基本原则。1956 年，中国共产党第八次全国代表大会提出，"国家必须根据需要，逐步地系统地制定完备的法律"。此后至 1966 年"文化大革命"前，我国立法机关共制定法律、法令 130 部。这个时期的民主法制建设，为建设中国特色社会主义法律体系提供了宝贵经验。"文化大革命"期间，我国的民主法制建设遭到严重破坏，立法工作几乎陷于停顿。

（二）改革开放后的开拓创新

1978 年，中国共产党十一届三中全会深刻总结了新中国成立以来正反两方面的经验教训，作出了把党和国家工作重点转移到经济建设上来、实行改革开放的历史性决策，并提出"为了保障人民民主，必须加强社会主义法制，使民主制度化、法律化，使这种制度和法律具有稳定性、连续性和极大的权威，做到有法可依，有法必依，执法必严，违法必究"。这次会议开启了我国改革开放和社会主义民主法制建设的历史新时期。这个时期立法工作的重点是，恢复和重建国家秩序，实行和推进改革开放。1979 年，第五届全国人民代表大会第二次会议通过了修改宪法若干规定的决议，规定县和县以上的地方各级人民代表大会设立常务委员会，将县级人民代表大会代表改为由选民直接选举等，同时制定了全国人民代表大会和地方各级人民代表大会选举法、地方各级人民代表大会和地方各级人民政府组织法、人民法院组织法、人民检察院组织法、刑法、刑事诉讼法、中外合资经营企业法等 7 部法律，拉开了新时期我国大规模立法工作的序幕。

1982 年，为适应国家经济、政治、文化、社会生活等各方面发生的巨大变化，第五届全国人民代表大会第五次会议通过了现行宪法，确立了国家的根本制度、根本任务和国家生活的基本原则，为新时期改革开放和社会主义现代化建设提供了根本保障，标志着我国民主法制建设进入新的历史阶段。随着改革开放的深入推进和经济社会的深刻变化，我国先后于 1988 年、1993 年、1999 年、2004 年和 2018 年对宪法的部分内容进行修改，确认了非公有制经济在国家经济中的重要地位，将"国家实行社会主义市场经济"、"实行依法治国，建设社会主义法治国家"、"国家尊重和保障人权"、"公民的合法的私有财产不受侵犯"以及"中国共产党领导的多党合作和政治协商制度将长期存在和发展"等内容写入宪法，推动了我国经济、政治、文化和社会等各方面的发展和进步。这个时期，适应以经济建设为中心、推进改革开放的需要，制定了民法通则、全民所有制工业企业法、中外合作经营企业法、外资企业法、专利法、商标法、著作权法、经济合同法、企业破产法等法律；贯彻落实"一国两制"方针，制定了香港特别行政区基本法、澳门特别行政区基本法；加强民族团结，发展社会主义民主，维护公民合法权益，制定了民族区域自治法、村民委员会组织法、刑事诉讼法、民事诉讼法、行政诉讼法等法律；保护和改善生活环境与生态环境，制定了环境保护法、水污染防治法、大气污染防治法等法律；促进教育和文化事业发展，制定了义务教育法、文物保护法等法律。这个时期立法工作取得的突出成就，为中国特色社会主义法律体系的形成奠定了重要基础。

1992年，中国共产党第十四次全国代表大会作出了建立社会主义市场经济体制的重大战略决策，明确提出社会主义市场经济体制的建立和完善必须有完备的法制来规范和保障。我国立法机关按照建立社会主义市场经济体制的要求，加快经济立法，在规范市场主体、维护市场秩序、加强宏观调控、促进对外开放等方面，制定了公司法、合伙企业法、商业银行法、乡镇企业法、反不正当竞争法、消费者权益保护法、产品质量法、拍卖法、担保法、海商法、保险法、票据法、城市房地产管理法、广告法、注册会计师法、仲裁法、审计法、预算法、中国人民银行法、对外贸易法、劳动法等法律。为完善刑事法律，修订刑法，形成了一部统一的、比较完备的刑法；修改刑事诉讼法，完善了刑事诉讼程序；为规范和监督权力的行使，制定了行政处罚法、国家赔偿法、法官法、检察官法、律师法等法律；为进一步加强对环境和资源的保护，制定了固体废物污染环境防治法等法律，修改了矿产资源法等法律。

1997 年，随着社会主义市场经济体制的逐步建立、对外开放水平的不断提高、民主法制建设的深入推进和各项事业的全面发展，为把中国特色社会主义事业全面推向 21 世纪，中国共产党第十五次全国代表大会提出了 21 世纪第一个十年国民经济和社会发展的远景目标，确立了"依法治国，建设社会主义法治国家"的基本方略，明确提出到 2010 年形成中国特色社会主义法律体系。按照这一目标要求，为保障和促进社会主义市场经济的发展，适应加入世界贸易组织的需要，我国继续抓紧开展经济领域立法，制定了证券法、合同法、招标投标法、信托法、个人独资企业法、农村土地承包法、政府采购法等法律，修改了对外贸易法、中外合资经营企业法、中外合作经营企业法、外资企业法、专利法、商标法、著作权法等法律；为规范国家立法活动，健全立法制度，制定了立法法，把实践证明行之有效的立法原则、立法体制、立法权限、立法程序以及法律解释、法律适用和备案等制度系统化、法律化；为发展社会主义民主、繁荣社会主义文化、保护生态环境、发展社会事业，制定了行政复议法、高等教育法、职业病防治法等法律，修改了工会法、文物保护法、海洋环境保护法、药品管理法等法律；为保证法律有效实施，全国人大常委会还对刑法、香港特别行政区基本法等法律的有关规定作出法律解释。经过这个阶段的努力，中国特色社会主义法律体系初步形成。

（三）进入 21 世纪的良法善治

进入 21 世纪，根据中国共产党第十六次、第十七次全国代表大会确定的在本世纪头二十年全面建设惠及十几亿人口的更高水平的小康社会这一目标，为了使社会主义民主更加完善，社会主义法制更加完备，依法治国基本方略得到全面落实，更好保障人民权益和社会公平正义，促进社会和谐，我国立法机关进一步加强立法工作，不断提高立法质量。为维护国家主权和领土完整，促进国家和平统一，制定了反分裂国家法；为发展社会主义民主政治，制定了各级人民代表大会常务委员会监督法、行政许可法、行政强制法等法律；为保护公民、法人和其他组织的合法权益，保障和促进社会主义市场经济的健康发展，制定了物权法、侵权责任法、企业破产法、反垄断法、反洗钱法、企业所得税法、车船税法、企业国有资产法、银行业监督管理法等法律；为完善社会保障制度，保障和改善民生，制定了社会保险法、劳动合同法、就业促进法、人民调解法、劳动争议调解仲裁法、食品安全法等法律；为节约资源，保护环境，建设资源节约型、环境友好型社会，制定了可再生能源法、循环经济促进法、环境影响评价法等法律。此外，还制定和修改了一批加强社会管理、维护社会秩序等方面的法律。

与全国人大及其常委会制定各项法律相适应，根据宪法和法律规定的立法权限，国务院、地方人大及其常委会还制定了大量行政法规和地方性法规，为促进我国社会主义民主法制建设，推动中国特色社会主义法律体系形成，发挥了重要作用。

新中国成立以来，特别是改革开放以来，经过长期努力，我国形成了中国特色社会主义法律体系，国家和经济社会生活各个方面总体实现了有法可依，这是一个了不起的重大成就。党的十八大以来，中央高度重视立法工作，视立法为治国之要务、理政之圭臬。截至2017年6月底，第十二届全国人民代表大会及其常委会新制定法律20件，通过修改法律的决定39件，涉及修改法律100件，废止法律1件，作出法律解释9件，有关法律问题的决定34件。2013年以来，国务院共提请全国人大常委会审议法律议案43件，制定修订行政法规43部，根据"放管服"改革要求，先后"一揽子"修订行政法规125部；最高人民法院、最高人民检察院制定出台133项司法实践中急需的司法解释；有立法权的地方人大及其常委会制定地方性法规4000余件。立法呈现出数量多、分量重、节奏快的特点，取得了一批新的重要立法成果，为改革发展稳定发挥了重要的保障和促进作用。总体而言，我国涵盖社会关系各个方面的法律部门已经齐全，各个法律部门中基本的、主要的法律已经制定，相应的行政法规和地方性法规比较完备，法律体系内部总体做到科学和谐统一，中国特色社会主义法律体系已经形成，并且不断走向完备。

二、我国宪法法律的基本构成

我国宪法法律的体系，即中国特色社会主义法律体系，是以宪法为统帅，以法律为主干，以行政法规、地方性法规为重要组成部分，由宪法相关法、民法商法、行政法、经济法、社会法、刑法、诉讼与非诉讼程序法等多个法律部门组成的有机统一整体。

（一）宪法法律的层次

宪法是中国特色社会主义法律体系的统帅。宪法是国家的根本法，在中国特色社会主义法律体系中居于统帅地位，是国家长治久安、民族团结、经济发展、社会进步的根本保障。在我国，各族人民、一切国家机关和武装力量、各政党和各社会团体、各企业事业组织，都必须以宪法为根本的活动准则，并负有维护宪法尊严、保证宪法实施的职责。

我国现行宪法是一部具有中国特色、符合社会主义现代化建设需要的宪法，是治国安邦的总章程。它是经过全民讨论，于1982年由全国人民代表大会通过的。根据国家经济社会的发展，全国人民代表大会先后通过了5个宪法修正案，对宪法的部分内容作了修改。我国宪法确立了国家的根本制度和根本任务，确立了中国共产党的领导地位，确立了马克思列宁主义、毛泽东思想、邓小平理论、"三个代表"重要思想、科学发展观和习近平新时代中国特色社会主义思想的指导地位，确立了工人阶级领导的、以工农联盟为基础的人民民主专政的国体，确立了人民代表大会制度的政体，规定国家的一切权力属于人民、公民依法享有广泛的权利和自由，确立了中国共产党领导的多党合作和政治协商制度、民族区域自治制度以及基层群众自治制度，确立了公有制为主体、多种所有制经济共同发展的基本经济制度和按劳分配为主体、多种分配方式并存的分配制度。

我国现行宪法在保持稳定的同时，随着改革开放和社会主义现代化建设事业的推进而与时俱进、不断完善，及时将实践证明是成熟的重要经验、原则和制度写入宪法，充分体现了我国改革开放的突出成果，体现了中国特色社会主义建设事业的伟大成就，体现了社会主义制度的自我完善和不断发展，为改革开放和社会主义现代化建设提供了根本保障。

我国宪法在中国特色社会主义法律体系中具有最高的法律效力，一切法律、行政法规、地方性法规的制定都必须以宪法为依据，遵循宪法的基本原则，不得与宪法相抵触。

法律是中国特色社会主义法律体系的主干。我国《宪法》规定，全国人大及其常委会行使国家立法权。全国人大及其常委会制定的法律，是中国特色社会主义法律体系的主干，解决的是国家发展中带有根本性、全局性、稳定性和长期性的问题，是国家法制的基础，行政法规和地方性法规不得与法律相抵触。

《立法法》规定了全国人大及其常委会的专属立法权。全国人民代表大会制定和修改刑事、民事、国家机构的和其他的基本法律；全国人民代表大会常务委员会制定和修改除应当由全国人民代表大会制定的法律以外的其他法律，在全国人民代表大会闭会期间，可以对全国人民代表大会制定的法律进行部分补充和修改，但不得同该法律的基本原则相抵触。《立法法》还规定，对国家主权的事项，国家机构的产生、组织和职权，民族区域自治制度、特别行政区制度、基层群众自治制度，犯罪和刑罚，对公民政治权利的剥夺、限制人身自由的强制措施和处罚，对非国有财产的征收，民事基本制度，基本经济制度以及财政、海关、金融和外贸的基本制度，诉讼和仲裁制度等事项，只能制定法律。

全国人大及其常委会制定的法律，确立了国家经济建设、政治建设、文化建设、社会建设以及生态文明建设各个方面重要的基本的法律制度，构成了中国特色社会主义法律体系的主干，也为行政法规、地方性法规的制定提供了重要依据。

行政法规是中国特色社会主义法律体系的重要组成部分。国务院根据宪法和法律，制定行政法规。这是国务院履行宪法和法律赋予的职责的重要形式。行政法规可以就执行法律的规定和履行国务院行政管理职权的事项作出规定，同时对应当由全国人大及其常委会制定法律的事项，国务院可以根据全国人大及其常委会的授权决定先制定行政法规。行政法规在中国特色社会主义法律体系中具有重要地位，是将法律规定的相关制度具体化，是对法律的细化和补充。

国务院适应经济社会发展和行政管理的实际需要，按照法定权限和法定程序制定了大量行政法规，包括行政管理的各个领域，涉及国家经济、政治、文化、社会事务等各个方面，对于实施宪法和法律，保障改革开放和社会主义现代化建设，促进经济社会全面协调可持续发展，推进各级人民政府依法行政，发挥了重要作用。

地方性法规是中国特色社会主义法律体系的又一重要组成部分。根据宪法和法律，省、自治区、直辖市和设区的市的人大及其常委会可以制定地方性法规。这是人民依法参与国家事务管理、促进地方经济社会发展的重要途径和形式。省、自治区、直辖市的人大及其常委会根据本行政区域的具体情况和实际需要，在不同宪法、法律、行政法规相抵触的前提下，可以制定地方性法规。设区的市的人大及其常委会根据本市的具体情况和实际需要，在不同宪法、法律、行政法规和本省、自治区的地方性法规相抵触的前提下，可以制定地方性法规，报省、自治区的人大常委会批准后施行。民族自治地方的人民代表大会有权依照当地民族的政治、经济和文化特点，制定自治条例和单行条例；自治条例和单行条例可以对法律和行政法规的规定作出变通规定，但不得违背法律和行政法规的基本原则，不得对宪法和民族区域自治法的规定以及其他法律、行政法规专门就民族自治地方所作的规定作出变通规定；自治区的自治条例和单行条例报全国人大常委会批准后生效，自治州、自治县的自治条例和单行条例报省、自治区、直辖市的人大常委会批准后生效。经济特区所在地的省、市的人大及其常委会根据全国人大及其常委会的授权决定，可以根据经济特区的具体情况和实际需要，遵循宪法的规定以及法律、行政法规的基本原则，制定法规，在经济特区范围内实施。地方性法规可以就执行法律、行政法规的规定和属于地方性事务的事项作出规定，同时除只能由全国人大及其常委会制定法律的事项外，对其他事项国家尚未制定法律或者行政法规的，可以先制定地方性法规。地方性法规在中国特色社会主义法律体系中同样具有重要地位，是对法律、行政法规的细化和补充，是国家立法的延伸和完善，为国家立法积累了有益经验。

地方人大及其常委会积极行使地方立法职权，从地方经济社会发展实际出发，制定了大量地方性法规，对保证宪法、法律和行政法规在本行政区域内的有效实施，促进改革开放和社会主义现代化建设，发挥了重要作用。

（二）宪法法律的部门

1.宪法相关法

宪法相关法是与宪法相配套、直接保障宪法实施和国家政权运作等方面的法律规范，调整国家政治关系，主要包括国家机构的产生、组织、职权和基本工作原则方面的法律，民族区域自治制度、特别行政区制度、基层群众自治制度方面的法律，维护国家主权、领土完整、国家安全、国家标志象征方面的法律，保障公民基本政治权利方面的法律。

　　我国制定了全国人民代表大会和地方各级人民代表大会选举法、地方各级人民代表大会和地方各级人民政府组织法等法律，建立了人民代表大会代表和国家机构领导人员选举制度，为保证人民当家作主提供了制度保障，为国家机构的产生提供了合法基础；制定了全国人民代表大会组织法、国务院组织法、人民法院组织法、人民检察院组织法等法律，建立了有关国家机构的组织、职权和权限等方面的制度；为贯彻落实"一国两制"方针，实现国家统一，制定了香港特别行政区基本法、澳门特别行政区基本法，建立了特别行政区制度，保持了香港、澳门的长期繁荣和稳定；制定了居民委员会组织法和村民委员会组织法，建立了城乡基层群众自治制度。公民依法直接行使民主选举、民主决策、民主管理和民主监督的权利，对基层组织的公共事务和公益事业实行民主自治，这成为我国最直接、最广泛的民主实践。制定了缔结条约程序法、领海及毗连区法、专属经济区和大陆架法、反分裂国家法、国旗法、国徽法等法律，建立了维护国家主权和领土完整的法律制度，捍卫了国家的根本利益；制定了集会游行示威法、国家赔偿法等法律以及民族、宗教、信访、出版、社团登记方面的行政法规，保障了公民基本政治权利。

　　我国充分保障公民的选举权和被选举权。选举实行普遍、平等、直接选举和间接选举相结合以及差额选举的原则。我国《宪法》规定，年满十八周岁的公民，不分民族、种族、性别、职业、家庭出身、宗教信仰、教育程度、财产状况、居住期限，除依法被剥夺政治权利的人外，都有选举权和被选举权。为保障公民的选举权和被选举权，根据国情和实际，我国不断修改完善选举制度，逐步实现了城乡按相同人口比例选举人大代表，并保证各地区、各民族、各方面都有适当数量的代表，实现了城乡居民选举权的完全平等。

　　我国制定了民族区域自治法，实行民族区域自治制度，充分尊重和保障各少数民族管理本民族内部事务的权利，依法保障各少数民族的合法权益。目前，依据宪法和法律，我国共建立了155个民族自治地方，包括5个自治区、30个自治州、120个自治县（旗）。此外，还建立了1100多个民族乡。根据宪法和民族区域自治法的规定，民族自治地方拥有广泛的自治权。一是自主管理本民族、本地区的内部事务。民族自治地方的人民代表大会常务委员会中，都有实行区域自治的民族的公民担任主任或者副主任；自治区主席、自治州州长、自治县县长全部由实行区域自治的民族的公民担任。二是民族自治地方的人民代表大会有权依照当地民族的政治、经济和文化的特点，制定自治条例和单行条例，并可以依照当地民族的特点，依法对法律和行政法规的规定作出变通规定。三是使用和发展本民族语言文字。我国55个少数民族中，53个民族有自己的语言，共使用72种语言；29个少数民族有本民族的文字。我国宪法和民族区域自治法确立的民族区域自治制度，符合我国各民族人民的共同利益和发展要求，保障各少数民族依法自主管理本民族事务，民主参与国家和社会事务管理，平等享有经济、政治、社会和文化权利，维护平等、团结、互助、和谐的民族关系。

我国尊重和保障人权。我国宪法全面规定了公民的基本权利和自由，制定了一系列保障人权的法律法规，建立了较为完备的保障人权的法律制度，依法保障公民的生存权和发展权，公民的人身权、财产权和宗教信仰自由、言论出版自由、集会结社自由、游行示威自由以及社会保障权、受教育权等经济、政治、社会、文化权利得到切实维护。我国《宪法》规定，公民有宗教信仰自由。任何国家机关、社会团体和个人不得强制公民信仰宗教或者不信仰宗教，不得歧视信仰宗教的公民和不信仰宗教的公民。国务院还颁布了宗教事务条例。目前，我国共有各种宗教信徒一亿多人，公民的宗教信仰自由得到充分保障。我国《宪法》还规定，由于国家机关和国家工作人员侵犯公民权利而受到损失的人，有依照法律规定取得赔偿的权利。我国制定了国家赔偿法，建立国家赔偿制度，有效保障公民、法人和其他组织依法取得国家赔偿的权利。

2.民法商法

民法是调整平等主体的公民之间、法人之间、公民和法人之间的财产关系和人身关系的法律规范，遵循民事主体地位平等、意思自治、公平、诚实信用等基本原则。商法调整商事主体之间的商事关系，遵循民法的基本原则，同时秉承保障商事交易自由、等价有偿、便捷安全等原则。我国已制定民法商法方面的法律30余部和一大批规范商事活动的行政法规、地方性法规。

我国制定了民法总则，就民法基本原则、民事主体、民事权利、民事法律行为、民事责任和诉讼时效等基本民事法律制度作出规定，构建了我国民事法律制度的基本框架，为编纂民法典奠定了基础。随着市场经济的发展，我国陆续制定了合同法、物权法、农村土地承包法等法律，建立健全了债权制度和包括所有权、用益物权、担保物权的物权制度；制定了侵权责任法，完善了侵权责任制度；制定了婚姻法、收养法、继承法等法律，建立和完善了婚姻家庭制度；制定了涉外民事关系法律适用法，健全了涉外民事关系法律适用制度；制定了公司法、合伙企业法、个人独资企业法、商业银行法、证券投资基金法、农民专业合作社法等法律，建立健全了商事主体制度；制定了证券法、海商法、票据法、保险法等法律，建立健全了商事行为制度，我国的海上贸易、票据、保险、证券等市场经济活动制度逐步建立并迅速发展。

【相关链接】

"赞成2782票，反对30票，弃权21票。"2017年3月15日，十二届全国人大五次会议闭幕会表决通过《中华人民共和国民法总则》。这是一个历史性的时刻。中国民法典的开篇之作——《中华人民共和国民法总则》诞生，被誉为"社会生活百科全书"的民法典翻开了关键一页。《民法总则》保护民事主体的人身和财产权利，强化规则意识，倡导契约精神，为民事活动提供基本遵循；将社会主义核心价值观融入法律，确立价值导向，维护公序良俗，引导人们崇德向善。《民法总则》作为统帅和纲领，进一步完善了社会主义市场经济和社会生活的法律规范，为编纂民法典打下坚实基础。民法典将由总则编和各分编组成，立法机关目前考虑分编为物权编、合同编、侵权责任编、婚姻家庭编和继承编等。《民法总则》表决通过，标志着民法典编纂工作第一步已经完成。第二步将编纂民法典各分编，拟于2018年整体提请全国人大常委会审议，经全国人大常委会分阶段审议后，争取于2020年将民法典各分编一并提请全国人民代表大会会议审议通过，从而形成统一的民法典。

我国高度重视保护知识产权，颁布实施了专利法、商标法、著作权法、计算机软件保护条例、集成电路布图设计保护条例、著作权集体管理条例、信息网络传播权保护条例、植物新品种保护条例、知识产权海关保护条例、特殊标志管理条例、奥林匹克标志保护条例等以保护知识产权为主要内容的一大批法律法规。1982年制定的商标法是我国开始系统建立现代知识产权法律制度的重要标志，为进一步提高我国的知识产权保护水平，并适应加入世界贸易组织的需要，我国不断健全知识产权法律制度，先后多次对专利法、商标法、著作权法等法律法规进行修改，在立法原则、权利内容、保护标准、法律救济手段等方面，更加突出对促进科技进步与创新的法律保护。

为推进改革开放，扩大国际经济合作和技术交流，我国制定了中外合资经营企业法、外资企业法、中外合作经营企业法，对外国投资者在我国的投资条件、程序、经营、监督、管理和合法权益的保障等作出规定，确定了外国投资者在我国投资应当尊重我国国家主权的原则，以及我国保护投资者合法权益、平等互利、给予优惠、遵循国际通行规则等原则，为外国投资者在我国进行投资创造了良好的环境。为更好地体现平等互利和遵循国际通行规则，我国多次对这三部法律进行修改完善，充分保障了外国投资者在我国投资、开展经贸活动的合法权益。

3.行政法

行政法是关于行政权的授予、行政权的行使以及对行政权的监督的法律规范，调整的是行政机关与行政管理相对人之间因行政管理活动发生的关系，遵循职权法定、程序法定、公正公开、有效监督等原则，既保障行政机关依法行使职权，又注重保障公民、法人和其他组织的权利。我国已制定行政法方面的法律80余部和一大批规范行政权力的行政法规、地方性法规。

我国十分重视对行政机关行使权力的规范，依法加强对行政权力行使的监督，确保行政机关依法正确行使权力。我国制定了行政处罚法，确立了处罚法定、公正公开、过罚相当、处罚与教育相结合等基本原则，规范了行政处罚的设定权，规定了较为完备的行政处罚决定和执行程序，建立了行政处罚听证制度，行政机关在作出对当事人的生产生活可能产生重大影响的行政处罚决定前，赋予当事人要求听证的权利。制定了行政复议法，规定了行政机关内部自我纠正错误的机制，为公民、法人和其他组织合法权益提供救济途径。制定了行政许可法，规定了行政许可的设定、实施机关和实施程序，规范了行政许可制度，并为减少行政许可，明确了可以设定行政许可的事项，同时规定，在公民、法人或者其他组织能够自主决定、市场竞争机制能够有效调节、行业组织和中介机构能够自律管理、行政机关采用事后监督等其他行政管理方式能够解决的情形下，不设行政许可。为了贯彻落实行政许可法，第十届全国人大常委会第十一次会议通过多个法律修正案，取消多项行政许可；国务院先后撤销了一大批中央一级的许可事项，改变管理方式，下放管理层级。制定了行政强制法，明确了设定和实施行政强制的原则，规范了行政强制的种类、设定权限、实施主体和实施程序，为保证和监督行政机关依法行政，保护公民、法人和其他组织的合法权益，提供了法律依据。

我国重视保护人类赖以生存和持续发展的生态环境，制定了环境保护法，确立了经济建设、社会发展与环境保护协调发展的基本方针，规定了各级政府、一切单位和个人保护环境的权利和义务。为预防建设项目对环境产生不利影响，制定了环境影响评价法。针对特定环境保护对象，制定了水污染防治、海洋环境保护、大气污染防治、环境噪声污染防治、固体废物污染环境防治、放射性污染防治等法律。国务院制定了建设项目环境保护管理条例、危险化学品安全管理条例、排污费征收使用管理条例、危险废物经营许可证管理办法等行政法规。地方人大结合本地区的具体情况，制定了一大批环境保护方面的地方性法规。

我国还制定了教育法、义务教育法、高等教育法、职业教育法、教师法、幼儿园管理条例、教师资格条例、中外合作办学条例等法律法规，建立健全了国民教育制度；制定了药品管理法、中医药法、母婴保健法、献血法、传染病防治法、体育法、国境卫生检疫法、食品安全法和医疗器械监督管理条例、反兴奋剂条例等法律法规，建立健全了保障公民身体健康、生命安全的医药卫生制度；制定了居民身份证法、公民出境入境管理法、枪支管理法、消防法、禁毒法、治安管理处罚法、突发事件应对法和看守所条例、大型群众性活动安全管理条例、烟花爆竹安全管理条例等法律法规，建立健全了维护社会秩序和稳定、促进社会和谐、保障公共安全的制度；制定了公务员法、人民警察法、驻外外交人员法和行政机关公务员处分条例等法律法规，建立健全了国家公务员制度；制定了国防动员法、军事设施保护法、人民防空法、兵役法、国防教育法和征兵工作条例、民兵工作条例等法律法规，建立健全了国防和军队建设制度；制定了科学技术进步法、科学技术普及法、文物保护法、非物质文化遗产法和古生物化石保护条例、长城保护条例、电影管理条例等法律法规，建立健全了促进科技进步、保护和繁荣文化的制度。

4.经济法

经济法是调整国家从社会整体利益出发，对经济活动实行干预、管理或者调控所产生的社会经济关系的法律规范。经济法为国家对市场经济进行适度干预和宏观调控提供法律手段和制度框架，防止市场经济的自发性和盲目性所导致的弊端。我国已制定经济法方面的法律60余部和一大批相关行政法规、地方性法规。

我国制定了预算法、价格法、中国人民银行法等法律，对经济活动实施宏观调控和管理；制定了企业所得税法、个人所得税法、车船税法、税收征收管理法等法律，以及增值税暂行条例、营业税暂行条例、城市维护建设税暂行条例等行政法规，不断健全税收制度；制定了银行业监督管理法、反洗钱法等法律，对金融行业的安全运行实施监督管理；制定了农业法、种子法、农产品质量安全法等法律，保障农业发展和国家粮食安全；制定了铁路法、公路法、民用航空法、电力法等法律，对重要行业实施监督管理和产业促进；制定了土地管理法、森林法、水法、矿产资源法等法律，规范重要自然资源的合理开发和利用；制定了节约能源法、可再生能源法、循环经济促进法、清洁生产促进法等法律，促进能源的有效利用和可再生能源开发。

我国重视通过法律保障市场主体之间的公平、有序竞争。反不正当竞争法是我国由计划经济向市场经济转轨时期制定的一部重要法律，借鉴国际经验，规定禁止仿冒、商业贿赂、虚假宣传、侵犯商业秘密、不正当有奖销售、诋毁竞争对手等不正当竞争行为，维护经营者公平竞争的权益。价格法规定国家实行并逐步完善宏观调控下主要由市场形成价格的机制，大多数商品和服务实行市场调节价，极少数商品和服务实行政府指导价或者政府定价。反垄断法对垄断协议，滥用市场支配地位，排除、限制竞争的经营者集中等垄断行为作了禁止性规定。我国依法对财税、金融、外汇、投资等体制进行改革，建立了与市场经济相适应的宏观管理体系。我国经济的市场化进程取得了举世瞩目的成就。

我国积极履行在世界贸易组织框架内承担的义务，不断完善对外贸易法律制度，确立了社会主义市场经济条件下的对外贸易体制，规范了对外贸易经营者的权利和义务，健全了货物进出口、技术进出口和国际服务贸易管理制度，建立了具有中国特色的对外贸易调查制度和对外贸易促进体制，并根据世界贸易组织规则完善了贸易救济制度以及海关监管和进出口商品检验检疫制度，确立了统一、透明的对外贸易制度。我国对外贸易快速增长，进出口总额在世界贸易中的地位不断提升。

5.社会法

社会法是调整劳动关系、社会保障、社会福利和特殊群体权益保障等方面的法律规范，遵循公平和谐和国家适度干预原则，通过国家和社会积极履行责任，对劳动者、失业者、丧失劳动能力的人以及其他需要扶助的特殊人群的权益提供必要的保障，维护社会公平，促进社会和谐。我国已制定社会法方面的法律20余部和一大批规范劳动关系和社会保障的行政法规、地方性法规。

我国制定了劳动法，将劳动关系以及与劳动关系密切联系的劳动保护、劳动安全卫生、职业培训以及劳动争议、劳动监察等关系纳入调整范围，确立了我国的基本劳动制度；制定了矿山安全法、职业病防治法、安全生产法等法律，对安全生产、职业病预防等事项作了规定，加强了对劳动者权益的保护；制定了劳动合同法、就业促进法和劳动争议调解仲裁法，建立健全了适应社会主义市场经济的劳动合同、促进就业和解决劳动争议的制度；制定了红十字会法、公益事业捐赠法和基金会管理条例等法律法规，建立健全了促进社会公益事业发展和管理的制度；制定了工会法，并先后两次进行修订，确定了工会在国家政治、经济和社会生活中的地位，明确了工会的权利和义务，对工会依法维护劳动者的合法权益发挥了积极作用。

我国重视社会保障制度建设，制定了社会保险法，确立了覆盖城乡全体居民的社会保险体系，建立了基本养老保险、基本医疗保险、工伤保险、失业保险和生育保险五项保险制度，保障公民在年老、患病、工伤、失业、生育等情况下，能够获得必要的物质帮助和生活保障；明确基本养老保险基金逐步实行全国统筹，其他社会保险基金逐步实行省级统筹；规定了劳动者在不同统筹地区就业社会保险关系转移接续制度。国务院还制定了失业保险条例、工伤保险条例、社会保险费征缴暂行条例、农村五保供养工作条例等行政法规，并决定建立新型农村养老保险和新型农村合作医疗制度，对推动社会保障制度建设发挥了重要作用。社会保障制度的逐步确立，为我国政府依法加快社会保障体系建设，维护社会公平，构建和谐社会，提供了法制保障。目前，我国的社会保障覆盖面越来越大，逐步从国有企业扩大到各类社会经济组织，从单位职工扩大到灵活就业人员和居民，从城镇扩大到农村。国务院还制定了城市生活无着的流浪乞讨人员救助管理办法、法律援助条例、自然灾害救助条例、城市居民最低生活保障条例等行政法规，并决定建立农村最低生活保障制度，我国覆盖城乡的社会救助体系已基本建立。

我国重视保障特殊群体的权益，制定了残疾人保障法、未成年人保护法、妇女权益保障法、老年人权益保障法、预防未成年人犯罪法等法律，在保护特殊群体权益方面形成了较为完备的法律制度，对于保护特殊群体合法权益，维护社会公平正义，发挥了重要作用。

6. 刑法

刑法是规定犯罪与刑罚的法律规范。它通过规范国家的刑罚权，惩罚犯罪，保护人民，维护社会秩序和公共安全，保障国家安全。我国已制定一部统一的刑法、十个刑法修正案以及关于惩治骗购外汇、逃汇和非法买卖外汇犯罪的决定，并通过了十余个有关刑法规定的法律解释。

我国刑法确立了罪刑法定、法律面前人人平等、罪刑相适应等基本原则。我国刑法明确规定：法律明文规定为犯罪行为的，依照法律定罪处刑；法律没有明文规定为犯罪行为的，不得定罪处刑；对任何人犯罪，在适用法律上一律平等。不允许任何人有超越法律的特权；刑罚的轻重，应当与犯罪分子所犯罪行和承担的刑事责任相适应。我国刑法规定了犯罪的概念；规定了刑罚的种类，包括管制、拘役、有期徒刑、无期徒刑、死刑五种主刑以及罚金、剥夺政治权利、没收财产三种附加刑，并对刑罚的具体运用作出了规定；规定了危害国家安全罪，危害公共安全罪，破坏社会主义市场经济秩序罪，侵犯公民人身权利、民主权利罪，侵犯财产罪，妨害社会管理秩序罪，危害国防利益罪，贪污贿赂罪，渎职罪，军人违反职责罪等十类犯罪行为及其刑事责任。

7. 诉讼与非诉讼程序法

诉讼与非诉讼程序法是规范解决社会纠纷的诉讼活动与非诉讼活动的法律规范。诉讼法律制度是规范国家司法活动解决社会纠纷的法律规范，非诉讼程序法律制度是规范仲裁机构或者人民调解组织解决社会纠纷的法律规范。我国已制定了诉讼与非诉讼程序法方面的法律十余部。

我国制定了刑事诉讼法，规定一切公民在适用法律上一律平等，人民法院、人民检察院分别依法独立行使审判权、检察权，人民法院、人民检察院、公安机关分工负责、互相配合、互相制约，保证犯罪嫌疑人、被告人获得辩护，未经人民法院依法判决，对任何人不得确定有罪等刑事诉讼的基本原则和制度，并规定了管辖、回避、辩护、证据、强制措施、侦查、起诉、审判、执行等制度和程序，有效保证了刑法的正确实施，保护了公民的人身权利、财产权利、民主权利和其他权利，保障了社会主义建设事业的顺利进行。

我国制定了民事诉讼法，确立当事人有平等的诉讼权利、根据自愿和合法的原则进行调解、公开审判、两审终审等民事诉讼的基本原则和制度，明确了诉讼当事人的诉讼权利和诉讼义务，规范了证据制度，规定了第一审普通程序、第二审程序、简易程序、特别程序、审判监督程序等民事审判程序，还对执行程序、强制执行措施作了明确规定。

我国制定了行政诉讼法，确立了"民告官"的法律救济制度。行政诉讼法明确规定，公民、法人和其他组织认为自己的合法权益被行政机关及其工作人员侵犯，有权依法向人民法院提起行政诉讼，人民法院依法对行政案件独立行使审判权，保障公民的合法权益。行政诉讼法颁布实施以来，保障了公民的合法权益，促进了行政机关依法行使行政职权。

我国制定了仲裁法，规范了国内仲裁与涉外仲裁机构的设立，明确规定仲裁委员会独立于行政机关，从机构设置上保证了仲裁委员会的独立性，明确将自愿、仲裁独立、一裁终局等原则作为仲裁的基本原则，系统规定了仲裁程序。仲裁法颁布实施以来，对于公正、及时、有效地解决民事经济纠纷，保护当事人的合法权益，维护社会经济秩序稳定与促进社会和谐，发挥了积极作用。

人民调解是一项具有中国特色的化解矛盾、消除纷争的非诉讼纠纷解决方式。我国宪法、民事诉讼法对人民调解的性质和基本原则作了规定，国务院颁布了人民调解委员会组织条例，人民调解工作不断发展。为进一步推动人民调解工作，完善人民调解制度，我国制定了人民调解法，将人民调解工作长期积累的好经验、好做法制定为法律。目前，我国共有人民调解组织 80 多万个，人民调解员 500 万人左右，形成了覆盖广大城乡的人民调解工作网络，为预防和减少民间纠纷、化解社会矛盾、维护社会和谐稳定发挥了重要作用。

此外，我国还制定了引渡法、海事诉讼特别程序法、劳动争议调解仲裁法、农村土地承包经营纠纷调解仲裁法等法律，建立健全了诉讼与非诉讼程序法律制度。

上述法律部门确立的各项法律制度，涵盖了社会关系的各个方面，把国家各项工作、社会各个方面纳入了法治化轨道，为依法治国、建设社会主义法治国家提供了坚实的基础。法律已经成为我国公民、法人和其他组织解决各种矛盾和纠纷的重要手段，也为我国各级人民法院维护公民、法人和其他组织的合法权益提供了重要依据。

三、我国宪法法律的基本特征

各国的历史文化传统、具体国情和发展道路不同，社会制度、政治制度和经济制度不同，决定了各国的法律体系必然具有不同特征。我国的宪法法律，是新中国成立以来特别是改革开放 40 年来经济社会发展实践经验制度化、法律化的集中体现，是中国特色社会主义制度的重要组成部分，具有十分鲜明的特征。

（一）我国宪法法律体现了中国特色社会主义的本质要求

一个国家宪法法律的本质，由这个国家的法律确立的社会制度的本质所决定。我国是工人阶级领导的、以工农联盟为基础的人民民主专政的社会主义国家。在社会主义初级阶段，我国实行公有制为主体、多种所有制经济共同发展的基本经济制度，这就决定了我国的法律制度必然是社会主义的法律制度，所构建的法律体系必然是中国特色社会主义性质的法律体系。我国宪法法律所包括的全部法律规范、所确立的各项法律制度，有利于巩固和发展社会主义制度，充分体现了人民的共同意志，维护了人民的根本利益，保障了人民当家作主。我国制定哪些法律，具体法律制度的内容如何规定，都坚持从中国特色社会主义的本质要求出发，从人民群众的根本意志和长远利益出发，将实现好、维护好、发展好最广大人民的根本利益作为根本出发点和落脚点。

（二）我国宪法法律体现了改革开放和社会主义现代化建设的时代要求

我国宪法法律与改革开放相伴而生、相伴而行、相互促进。一方面，形成中国特色社会主义法律体系，是改革开放和现代化建设顺利进行的内在要求，是在深入总结改革开放和现代化建设丰富实践经验基础上进行的。另一方面，中国特色社会主义法律体系的形成，为改革开放和社会主义现代化建设提供了良好的法制环境，发挥了积极的规范、引导、保障和促进作用。同时，中国特色社会主义法律体系妥善处理了法律稳定性和改革变动性的关系，既反映和肯定了改革开放和现代化建设的成功做法，又为改革开放和现代化建设进一步发展预留了空间。

（三）我国宪法法律体现了结构内在统一而又多层次的国情要求

一个国家的法律体系如何构成，一般取决于这个国家的法律传统、政治制度和立法体制等因素。我国是统一的多民族的单一制国家，由于历史的原因，各地经济社会发展很不平衡。与这一基本国情相适应，我国宪法和法律确立了具有中国特色的统一而又多层次的立法体制，这就决定了中国特色社会主义法律体系内在统一而又多层次的结构特征，这既反映了法律体系自身的内在逻辑，也符合我国国情和实际。与其相适应，中国特色社会主义法律体系以宪法为统帅，由法律、行政法规、地方性法规等多个层次的法律规范构成。这些法律规范由不同立法主体按照宪法和法律规定的立法权限制定，具有不同法律效力，都是中国特色社会主义法律体系的有机组成部分，共同构成一个科学和谐的统一整体。

（四）我国宪法法律体现了继承我国法制文化优秀传统和借鉴人类法制文明成果的文化要求

各国的法律制度基于本国历史文化传统和社会现实情况不断发展，也随着经济全球化趋势的增强而相互沟通、交流、借鉴。中国特色社会主义法律体系的形成，始终立足于我国国情，坚持将传承历史传统、借鉴人类文明成果和进行制度创新有机结合起来。一方面，注重继承我国传统法制文化优秀成分，适应改革开放和社会主义现代化建设需要进行制度创新，实现了传统文化与现代文明的融合；另一方面，注意研究借鉴国外立法有益经验，吸收国外法制文明先进成果，但又不简单照搬照抄，使法律制度既符合我国国情和实际，又顺应当代世界法制文明时代潮流。这个法律体系具有很强的包容性和开放性，充分体现了它的独特文化特征。

（五）我国宪法法律体现了动态、开放、与时俱进的发展要求

一个国家的法律体系通常是对这个国家一定历史发展阶段现状的反映。随着经济社会的发展，法律体系需要不断丰富、完善、创新。我国处于并将长期处于社会主义初级阶段，整个国家还处于体制改革和社会转型时期，社会主义制度还需要不断自我完善和发展，这就决定了中国特色社会主义法律体系必然具有稳定性与变动性、阶段性与连续性、现实性与前瞻性相统一的特点，决定了中国特色社会主义法律体系必然是动态的、开放的、发展的，而不是静止的、封闭的、固定的，必将伴随我国经济社会发展和法治国家建设的实践而不断发展完善。

构建中国特色社会主义法律体系过程中，我国立法机关坚持中国共产党的领导、人民当家作主、依法治国有机统一，始终围绕国家的工作重心，积极行使立法职权，有计划、有重点、有步骤地开展立法工作，积累

了一些宝贵经验，成功走出了一条具有中国特色的立法路子。

坚持有目标、按计划、有重点、分阶段积极推进。改革开放 40 年来，在中国共产党领导中国人民建设中国特色社会主义事业进程中，我国立法机关根据各阶段中心工作，立足现实、突出重点、精心组织，区别轻重缓急，制定科学合理、切实可行的五年立法规划和年度立法工作计划，抓紧制定经济社会发展急需的法律法规，积极稳妥地推进立法工作，逐渐形成了有目标、按计划、有重点、分阶段推进法律体系建设的方法，集中立法资源，突出立法重点，及时满足了改革开放快速推进的需要，为形成中国特色社会主义法律体系提供了有效路径。

坚持多层次立法齐头并进。适应我国的基本国情，根据宪法确定的在中央统一领导下充分发挥地方积极性、主动性的原则，在维护国家法制统一的前提下，全国人大及其常委会行使国家立法权，国务院根据宪法和法律制定行政法规，省、自治区、直辖市以及设区的市的人大及其常委会制定地方性法规，民族自治地方制定自治条例和单行条例，经济特区所在地的省、市的人大及其常委会根据全国人大的授权决定制定在经济特区范围内实施的法规，逐渐形成了多层次立法共同推进的立法工作格局，既大大加快了法律体系建设的步伐，又充分照顾到了各地经济社会发展的实际需要，为形成中国特色社会主义法律体系提供了可行的工作模式。

坚持综合运用多种立法形式。构建中国特色社会主义法律体系，是一项科学的系统工程。改革开放以来，我国立法机关根据经济社会发展需要，抓紧制定各方面迫切需要的法律规范，同时注重对法律规范的修改和废止，及时对法律规范进行解释和清理，综合运用制定、修改、废止、解释等多种立法形式，全方位推进立法工作。既促进了立法质量的不断提高，保证了法律体系的科学和谐统一，又为保障法律规范的有效实施奠定了基础。

四、我国宪法法律的完善

"立善法于天下，则天下治；立善法于一国，则一国治。"中共十八届
四中全会对全面推进依法治国作出战略部署，明确提出建设中国特色社会
主义法治体系，必须坚持立法先行，完善以宪法为核心的中国特色社会主
义法律体系。这就为新形势下国家立法工作确定了方向和目标，提出了任
务和要求。我们必须全面贯彻中共十八届四中全会精神，在新的起点上加
强和改进立法工作，推动以宪法为核心的中国特色社会主义法律体系完善
发展，为坚持和发展中国特色社会主义提供更加有力的法制保障。

在新的形势下，完善以宪法为核心的中国特色社会主义法律体系、加
强和改进立法工作的总体要求是：高举中国特色社会主义伟大旗帜，贯彻
落实党的十八大和十八届三中、四中、五中、六中全会和十九大精神，深
入贯彻习近平总书记系列重要讲话精神，坚定不移走中国特色社会主义法
治道路，全面落实依法治国基本方略；注重发挥立法的引领、推动和保障
作用，加强重点领域立法；深入推进科学立法、民主立法，着力提高立法
质量；完善立法体制，坚持立改废释并举；为形成完备的法律规范体系、
建设社会主义法治国家，为全面建成小康社会、实现中华民族伟大复兴的
中国梦提供更加有力的法制保障。

（一）加强重点领域立法

紧紧围绕中国特色社会主义事业"五位一体"总体布局，加强和改进
新形势下立法工作，推动法律体系完善发展。

以保护产权、维护契约、统一市场、平等交换、公平竞争、有效监管
为基本导向，完善社会主义市场经济法律制度，使市场在资源配置中起决
定性作用，更好发挥政府作用。编纂民法典，制定和完善发展规划、投资

管理、土地管理、能源和矿产资源、农业、财政税收、金融等方面法律法规，加强企业社会责任立法，完善激励创新的产权制度、知识产权保护制度和促进科技成果转化的体制机制。

以保障人民当家作主为核心，坚持和完善人民代表大会制度，坚持和完善基本政治制度，推进社会主义民主政治法治化。加强社会主义协商民主制度建设，完善和发展基层民主制度。完善国家机构组织法，完善选举制度和工作机制，加快推进反腐败国家立法，完善惩治贪污贿赂犯罪法律制度。

建立健全坚持社会主义先进文化前进方向、遵循文化发展规律、有利于激发文化创造活力、保障人民基本文化权益的文化法律制度。制定公共文化服务保障法、文化产业促进法，制定国家勋章和国家荣誉称号法。加强互联网领域立法，完善网络信息服务、网络安全保护、网络社会管理等方面的法律法规，依法规范网络行为。

加快保障和改善民生、推进社会治理体制创新法律制度建设。完善教育、就业、收入分配、社会保障、医疗卫生、食品安全、扶贫、慈善、社会救助和妇女儿童、老年人、残疾人合法权益保护等方面的法律法规。加强社会组织立法，制定社区矫正法。加快国家安全法治建设，推进公共安全法治化。

用严格的法律制度保护生态环境，强化生产者环境保护的法律责任。建立健全自然资源产权法律制度，完善国土空间开发保护方面的法律制度，制定完善生态补偿和土壤、水、大气污染防治及海洋生态环境保护等法律法规，促进生态文明建设。

（二）完善立法体制

加强党对立法工作的领导，完善党对立法工作中重大问题决策的程序。经过 40 年的实践，这方面已经形成了行之有效的制度机制，包括制定立法规划、法律草案起草和审议中的重大问题、修改宪法、提请大会审议法律、保证重大举措于法有据等，应当继续坚持和不断完善。

凡立法涉及重大体制和重大政策调整的，必须报党中央讨论决定。党中央向全国人大提出宪法修改建议，依照宪法规定的程序进行宪法修改。法律制定和修改的重大问题由全国人大常委会党组向党中央报告，全国人大常委会依法将有关法律案列入立法程序。

充分发挥国家权力机关在立法工作中的主导作用，是完善法律体系、加强和改进新形势下立法工作的重要举措。全国人大及其常委会和有地方立法权的地方人大及其常委会，健全发挥主导作用的体制机制。起草综合性、全局性、基础性等重要法律草案，由全国人大相关专门委员会、全国人大常委会法制工作委员会组织有关部门参与，并形成常态化制度。增加有法治实践经验的专职常委比例。依法建立健全专门委员会、工作委员会立法专家顾问制度。

把公正、公平、公开原则贯穿立法全过程，明确立法权力边界，从体制机制和工作程序上有效防止部门利益和地方保护主义法律化。对部门间争议较大的重要立法事项，由决策机关引入第三方评估，充分听取各方意见，协调决定，不能久拖不决。加强法律解释工作，及时明确法律规定含义和适用法律依据。明确地方立法权限和范围，依法赋予设区的市地方立法权。

（三）深入推进科学立法、民主立法

立法质量直接关系到法治的质量。完善法律体系必须抓住提高立法质量这个关键，把深入推进科学立法、民主立法作为提高立法质量的根本途径。科学立法的核心，在于立法要尊重和体现客观规律；民主立法的核心，在于立法要为了人民、依靠人民。科学立法、民主立法，简洁明了地回答了新形势下我们"立什么样的法、怎样立法"这一重大命题。我们必须深刻理解、准确把握、切实贯彻。

加强人大对立法工作的组织协调，健全立法机关主导、社会各方有序参与立法的途径和方式。健全立法起草、论证、协调、审议机制，完善立法项目征集和论证制度。推进立法精细化，尽量具体、明确，增强法律法规的及时性、系统性、针对性、有效性。健全法律法规规章起草征求人大代表意见制度，更多发挥人大代表参与起草和修改法律的作用。

健全立法机关和社会公众沟通机制，开展立法协商，充分发挥政协委员、民主党派、工商联、无党派人士、人民团体、社会组织在立法协商中的作用，探索建立有关国家机关、社会团体、专家学者对立法中涉及的重大利益调整论证咨询机制。拓宽公民有序参与立法途径，健全法律法规规章草案公开征求意见和公众意见采纳情况反馈机制，广泛凝聚社会共识。完善法律草案表决程序，对重要条款可以单独表决。

制度的变革、确立与完善，是国家政治稳定和经济社会发展的根本。形成中国特色社会主义法律体系成就辉煌，完善中国特色社会主义法律体系任重道远。在新的起点上不断完善中国特色社会主义法律体系，我们必定能为加强社会主义民主法制建设，实施依法治国基本方略，建设社会主义法治国家作出新的更大的贡献。

第五章　公民与国家关系之法律调整

公民是组成国家的基本要素之一。在我国，凡是有中华人民共和国国籍的人，就是中国公民。公民与国家之间的法律关系，可以从两个层面来观察：首先，公民要服从国家制定的法律，这实际上就是公民权利与国家立法权的关系，这是由宪法及有关宪法性法律来规定的。其次，公民要接受行政机关的管理，同时受到行政机关的保护，这实际上就是公民权利与国家行政权的关系，对此，是由众多的行政法律法规来规定的。当然，在公民的合法权益受到其他人（或组织）侵犯、受到行政机关及其工作人员侵害时，公民可以依法请求国家司法机关予以救济，这也是公民与国家关系的一种表现，主要是以民事、行政、刑事三大诉讼法来规定的。本章介绍宪法及宪法相关法、行政法的基本知识。

一、宪法以及一些重要的宪法相关法

宪法是国家的根本法，是治国安邦的总章程，具有最高的法律地位、法律权威、法律效力，具有根本性、全局性、稳定性、长期性。突出学习宣传宪法，是"七五"普法的一项主要任务。

（一）与国家前途和人民命运息息相关的宪法

如今的宪法现象是近代西方资产阶级民主革命的产物。近代宪法产生之后，迅速成为人类政治法律文明中的一颗璀璨明珠，对国家统一、民族团结、经济发展、社会进步和人民幸福产生了巨大的积极作用。

有美国学者曾讲过这样一个故事：在洛克菲勒基金会中，医学家和生物学家常常对人文社会科学家说："我们不断地在发明东西——新的药物、新的治疗方法、新的各种谷物和麦类，而你们这些社会科学家，除了单纯地重复过去，又做过什么呢？"对此，一个有力的回答就是："你听说过美国宪法吗？"作为人类历史上第一部成文宪法，美国宪法是以往两三百年里最伟大的社会发明。在西方社会，对于自然科学家经常提出的这类挑战，人文社会科学家的答案往往集中于宪法。[①]

到了近代中国，先进知识分子和进步官员"师夷长技以制夷"，苦苦探求中国富国强兵之道。甲午战败后，康有为在1898年起草的一份给光绪皇帝的奏折中说道："臣窃闻东西各国之强，皆以立宪法开国会之故。"[②]1905年日本与俄国在中国领土上爆发战争，庞大帝国败于弹丸岛国的结局，让中国朝野各界开始接受"立宪救国"的思想。1906年清政府宣布实行"预备立宪"时说："各国之所以富强者，实由于实行宪法。"[③]1918年，孙中山在一次演说中提出："国家宪法良，则国强；宪法不良，则国弱。强弱之点，尽在宪法。"[④]可惜，后来的国民党政权背离孙

---

① ［美］肯尼思·W.汤普森编：《宪法的政治理论》，张志铭译，生活·读书·新知三联书店1997年版，第3页。

② 转引自翦伯赞主编：《戊戌变法》（第二册），上海人民出版社1953年版，第131页。

③ 故宫博物院明清档案部编：《清末筹备立宪档案史料》，中华书局1979年版，第43页。

④ 《孙中山全集》第四卷，中华书局1985年版，第331页。

中山的思想，以《训政时期约法》代替宪法，走上专制独裁之路，未能实现中山先生宪法强国之梦。

中国共产党从革命时期就十分重视宪法的作用，制定了《中华苏维埃共和国宪法大纲》、《陕甘宁边区宪法原则》等宪法性文件。中华人民共和国成立后，1952年底党中央正式决定：尽快召开全国人民代表大会和制定宪法。毛泽东同志亲自带领田家英等到杭州起草宪法，足见当时党中央和毛主席对宪法的重视程度。但后来，党的指导思想发生偏离，1954年宪法被束之高阁，特别是十年"文革"，国家陷入内乱。十一届三中全会拨乱反正，决定实行改革开放，1982年12月4日通过了《中华人民共和国宪法》，即现行宪法，并经过1988年、1993年、1999年、2004年和2018年五次修正。现行宪法实施30多年来，以其至上的法制地位和强大的法制力量，有力保障了人民当家作主，有力促进了改革开放和社会主义现代化建设，有力推动了社会主义法治国家进程，有力促进了人权事业发展，有力维护了国家统一、民族团结、社会稳定，对我国政治、经济、文化、社会生活产生了极为深刻的影响。

（二）宪法的含义和特征

孙中山先生说："宪法者，国家之构成法，亦即人民权利之保障书也。"[1]毛泽东同志说："世界上历来的宪政，不论是英国、法国、美国，或者是苏联，都是在革命成功有了民主事实之后，颁布一个根本大法，去承认它，这就是宪法。"[2]"一个团体要有一个章程，一个国家也要有一个章程，宪法就是一个总章程，是根本大法。"[3]宪法的根本性，既表现在形式上，也反映在内容与实质上。中外宪法学者对宪法含义的具体表述各不

---

[1] 《孙中山全集》第四卷，中华书局1985年版，第331页。
[2] 《毛泽东选集》第二卷，人民出版社1991年版，第735页。
[3] 《毛泽东文集》第六卷，人民出版社1999年版，第328页。

相同。在中国特色社会主义法治理论看来，宪法是确认民主事实，集中反映一国政治力量对比关系，调整国家与公民、国家机关之间、中央与地方等最重要关系，并通过规范国家权力来保障公民基本权利、维护社会稳定和国家长治久安的根本法。概念定义总是抽象的，我们可以通过不同视角分析宪法的特征，来深入把握宪法的内涵。

1. 宪法是"赋权法"也是"控权法"

宪法是人民为了更好地共同生活，而选择某种特定形式组织政权，来管理国家和社会事务的一个根本办法。宪法首先是对国家机构赋予权力，以使它们有权实施管理职能；然后，宪法也划定国家机构的权力边界，以使它们在行使权力时不会侵害人民的自由和利益。但那种认为宪法仅仅就是"限法"（限制国家权力）的观点是有失片面的，它忽视了宪法首先在于建构国家这一内涵。宪法适用于国家政治生活，而不是公民个人之间生活，私人之间的矛盾纠纷不由宪法来解决。

2. 宪法是"根本法"而不是"法律汇编"

宪法规定的是一个国家最根本、最重要的问题，例如国家的根本制度、国体、政体、国家结构形式、公民基本权利、中央与地方国家机构的设置及其职权等，而普通法律规定的则是相对具体的、一般的问题。同时，从所规定内容的范围来看，现代宪法涉及政治、经济、文化等方方面面的根本问题，而普通法律只涉及其中某一方面的问题。但要注意的是，正如斯大林曾强调的，宪法并不是法律汇编，宪法是根本法，还需要将来立法机关进行日常立法。

3. 宪法是"母法"而不是"部门法"

人们常常把宪法比喻为"母法"，这实际上说的是宪法具有最高法律效力这一十分重要的特质。用马克思的话来说，宪法是"法律的法律"；用一些西方法学家的话来说，宪法是"高级法"。这是因为，其一，宪法是普通法律的立法基础和依据，法律法规不得与宪法相抵触，否则无效。

其二，宪法是一切国家机关、社会团体和全体公民的最高行为准则。其三，宪法是保障人权的根本依据和最后手段，当通过普通法律无法救济侵犯人权的时候，就需要诉诸宪法。我国现行宪法明确规定，本宪法"具有最高的法律效力。全国各族人民、一切国家机关和武装力量、各政党和各社会团体、各企业事业组织，都必须以宪法为根本的活动准则"（序言最后一段），"一切法律、行政法规和地方性法规都不得同宪法相抵触"（第五条第三款）。

（三）我国宪法"总纲"的主要内容

1. 宪法规定的根本制度、根本任务与基本原则

（1）国家根本制度。《宪法》第一条规定："中华人民共和国是工人阶级领导的、以工农联盟为基础的人民民主专政的社会主义国家。社会主义制度是中华人民共和国的根本制度。中国共产党领导是中国特色社会主义最本质的特征。禁止任何组织或者个人破坏社会主义制度。"人民民主专政体现出我国的国家性质，即国家的阶级本质，又称为国体。在这一国体之下，我国实行社会主义的根本制度。

（2）国家根本任务和国家建设总目标。根据宪法序言第七自然段的规定，国家的根本任务是沿着中国特色社会主义道路，集中力量进行社会主义现代化建设。国家建设的总目标是富强民主文明和谐美丽的社会主义现代化强国。

（3）宪法基本原则。我国宪法确立的基本原则具体体现在宪法序言和总纲的有关条款之中，并贯穿于整个宪法和法律体系，一般认为有以下四条。

其一，社会主义原则。坚持中国共产党的领导是中国特色社会主义最本质的特征。社会主义初级阶段实行公有制为主体、多种所有制经济共同发展的基本经济制度；与此相应的分配制度是以按劳分配为主体、多种分配方式并存。实行社会主义市场经济，国家加强经济立法，完善宏观调

控，使市场在资源配置中起决定性作用，同时更好发挥政府作用。社会主义反对资本主义盛行的自由主义、个人主义，也反对封建主义实行的国家主义，而是主张个人利益、社会利益和国家利益的相互协调。

其二，民主原则。宪法明确规定，一切权力属于人民。人民是国家的主人，国家机关及其工作人员是公仆，应当为人民服务，对人民负责，受人民监督。宪法规定的人民代表大会制度、基层群众自治制度、中国共产党领导的多党合作和政治协商制度等都是民主原则的体现。民主制度不仅表现为选举，也表现为协商、自治等。

其三，法治原则。宪法明确规定，实行依法治国，建设社会主义法治国家。法治要求法律至上，法律高于个人。宪法是法律体系的统帅和核心，依法治国首先是依宪治国，法律至上首先是宪法至上。宪法至上的实质是党和人民共同意志至上。

其四，人权原则。人权是指在一定的社会历史条件下，每个人按其本质和尊严并满足其生存和发展而享有或应该享有的权利和自由。享有充分的人权，不仅是长期以来人类追求的理想，也是中国共产党带领中国各族人民长期为之奋斗的重要目标。2004 年修宪时增加规定："国家尊重和保障人权"（第三十三条第三款）。民主、法治、人权三大基本原则是一部现代的、优良的宪法的灵魂。民主侧重于解决公共权力的归属及其获取方式问题，法治侧重于解决公共权力的行使与制约问题；民主是法治的基础，法治是民主的规范和保障。人权则既是民主、法治的逻辑起点，又是它们的终极目的。

2. 国家制度

国家制度不仅体现国家政权的阶级本质，而且为国家政权的运转、国家职能的实现提供保障。我国宪法规定的国家制度主要包括：

（1）人民民主专政制度（国体）。我国人民民主专政是无产阶级专政的一种具体模式，实质上即无产阶级专政，基本特点是：对人民实行民主和对敌人实行专政的辩证统一；工人阶级是人民民主专政的领导力量，工农联盟是人民民主专政的基础，知识分子已成为工人阶级的组成部分；统一战线的思想是无产阶级专政理论的重要组成部分。

（2）人民代表大会制度（政体）。人民代表大会制度是我国的根本政治制度，是我国实现社会主义民主的基本形式，在各种实现社会主义民主的形式中，人民代表大会制度居于最重要的地位。人民代表大会制度的逻辑起点是国家的一切权力属于人民；前提是选民民主选举代表；核心是以人民代表大会为基础建立全部国家机构；关键在于对人民负责、受人民监督；优越性在于适合国情、便于人民参加国家管理、便于集中统一行使国家权力、能够保证地方发挥主动性和积极性。国家制定了全国人民代表大会组织法、全国人民代表大会和地方各级人民代表大会代表法、各级人民代表大会常务委员会监督法等。

（3）中国共产党领导的多党合作和政治协商制度。这是中国特色的社会主义政党制度，是我国的一项基本政治制度，是我国民主政治的重要内容。它明显不同于西方国家的两党制和多党制，在性质上也区别于某些西方国家多党制下的一党长期独立执政的制度。共产党是社会主义事业的领导核心，是执政党；各民主党派是亲密友党，是参政党。

（4）国家结构形式。国家结构形式是指国家整体与其组成部分之间、中央政权与地方政权之间的相互关系。当今世界的国家结构形式主要有单一制和联邦制两类。《中国人民政治协商会议共同纲领》及新中国的历部宪法均明确规定，我国是全国各民族人民共同缔造的统一的多民族国家。这表明，我国实行单一制的国家结构形式。同时，为处理好民族关系，宪法规定了民族区域自治制度，国家制定了民族区域自治法。为解决历史遗留的祖国统一问题，宪法规定了特别行政区制度，国家制定了香港、澳门特别行政区基本法。

（5）基层群众自治制度。基层群众自治的内涵是居民、村民自我管理、自我教育、自我服务，其组织机构是城市居民委员会、村民委员会。居委会、村委会不是国家机关，基层政府与居委会、村委会之间不是行政机关的领导与被领导的关系，而是指导与被指导、协助与被协助的关系。国家制定了城市居民委员会组织法、村民委员会组织法。

（四）公民的基本权利与义务

1.公民权利与国家权力的关系

近现代宪法是以保障和促进人权为根本目的，这是其与古代政治法的根本区别。马克思把美国《独立宣言》誉为人类第一份人权宣言。法国大革命领袖罗伯斯比尔说："任何宪法的第一项任务应该是保护社会的和个人的自由，使其不受政府本身的侵害。"[1]1789年法国《人权宣言》被直接作为法国历部宪法的序言。无产阶级革命导师列宁也说："宪法就是一张写着人民权利的纸。"宪法对公民基本权利的列举，几乎是各国宪法典的通例，这是宪法的核心内容，是公民与国家关系的集中体现。公民与国家之间的关系，用法律的语言来说，是指公民的权利与国家的权力之间的关系。在现代国家，公民不再是臣民，而是既对国家承担义务又享有广泛的自由和权利的国家主人。公民权利是国家权力的来源，尊重、维护和促进公民权利，是国家权力的根本目的。

1982年2月，邓小平同志批示："新的宪法要给人面貌一新的感觉。同意把'权利与义务'放在'国家机构'前面的意见。"[2]现行宪法一改过去三部宪法的做法，把"公民基本权利和义务"从第三章调整到第二章，即放在"国家机构"一章之前，呈现了公民权利与国家权力的正确关系。

---

① ［法］罗伯斯比尔：《革命法制和审判》，赵涵舆译，商务印书馆1965年版，第142页。
② 中共中央文献研究室编：《邓小平年谱（1975—1997）》，中央文献出版社2004年版，第799页。

习近平同志说:"只有保证公民在法律面前一律平等,尊重和保障人权,保证人民依法享有广泛的权利和自由,宪法才能深入人心,走入人民群众,宪法实施才能真正成为全体人民的自觉行动。""使广大人民群众认识到宪法不仅是全体公民必须遵循的行为规范,而且是保障公民权利的法律武器。"①

宪法上的公民基本权利规定,其反映的法律关系是公民与国家而不是公民个人之间的关系。也就是说,宪法规定基本权利,主要目的是要求国家机构尊重和保障这些权利。正因为如此,我们就可以理解,为什么对于个人之间的权利侵害事件,不能说"某某公民违反了宪法"。国家作为权利保障的义务主体,具体是由行使国家权力的国家机构来承担义务的。其中,立法机关居于权利保障的首要地位,有义务制定实体法律来把这些权利的行使条件具体化,例如制定选举法落实选举权和被选举权,以及制定行政诉讼法等程序法律来规定基本权利受侵犯时如何救济。同时,立法机关不得通过法律来过度限制基本权利。行政机关居于权利保障的关键地位,因为法律规定的权利,需要行政机关在执法过程中使之实现。所以,行政机关必须依法行政。司法机关居于权利保障的救济地位,它为受损的权利提供救济,是国家的一项基本任务。司法公正对社会公正具有重要引领作用,司法不公对社会公正具有致命破坏作用,要努力让人民群众在每一个司法案件中感受到公平正义。

2. 我国宪法规定了哪些公民基本权利和义务

从我国历史上各部宪法来看,现行宪法第二章"公民的基本权利和义务"的规定是最好的。《宪法》第三十三条首先规定了凡具有我国国籍的人都是我国公民,接下来便对权利的有关原则以及基本权利和义务作了列举,另外在第一章"总纲"中还规定了财产权。根据宪法规定,任何公民

---

① 习近平:《在首都各界纪念现行宪法公布施行 30 周年大会上的讲话》(2012 年 12 月 4 日),《人民日报》2012 年 12 月 5 日。

享有宪法和法律规定的权利，同时必须履行宪法和法律规定的义务。我们可以说权利是"神圣的"，但权利并不是"绝对的"，权利与权力一样，都有其界限。《宪法》第五十一条规定，公民在行使自由和权利的时候，不得损害国家的、社会的、集体的利益和其他公民的合法的自由和权利。这一关于权利限制原则的规定，既是公民个人行使权利的准则，也是立法机关制定有关法律时必须遵循的原则。

我国宪法规定的公民基本权利和义务一览表

	学理分类	名称	条文序号
	原则性规定	国家尊重和保障人权	第三十三条第三款
		平等原则、反对特权或歧视	第三十三条第二、四款
		权利限制原则	第五十一条
公民基本权利	政治权利	选举权和被选举权	第三十四条
		言论、出版、集会、结社、游行、示威的自由	第三十五条
	宗教信仰自由		第三十六条
	人身权利	人身自由	第三十七条
		人格尊严权	第三十八条
		住宅安全	第三十九条
		通信自由和通信秘密权	第四十条
	监督与请求权利	批评、建议、申诉、控告、检举的权利	第四十一条
		依法取得国家赔偿的权利	第四十一条
	社会经济权利	财产权	第十三条
		劳动权	第四十二条
		休息权	第四十三条
		社会保障权	第四十四条
		获得物质帮助的权利	第四十五条
	教育文化权利	受教育权	第四十六条
		科学研究、文学艺术创作和其他文化活动的自由	第四十七条
	特殊主体的权利	男女平等权	第四十八条
		华侨、归侨、侨眷的权利和利益	第五十条

学理分类		名称	条文序号
公民基本义务	政治义务	维护国家统一和全国各民族团结的义务	第五十二条
		遵守宪法和法律的义务	第五十三条
		维护祖国的安全、荣誉和利益的义务	第五十四条
		依照法律服兵役和参加民兵组织的义务	第五十五条
		依照法律纳税的义务	第五十六条
	社会义务	劳动义务	第四十二条
		受教育义务	第四十六条
	婚姻、家庭相关义务	夫妻计划生育义务	第四十九条
		抚养教育义务，赡养扶助义务	第四十九条
		禁止破坏婚姻自由，禁止虐待老人、妇女和儿童	第四十九条

3. 与基本权利保障有关的一些典型事例

（1）户籍制度改革与平等权。平等是社会主义法律的基本属性。《宪法》第三十三条第二款规定，公民在法律面前一律平等，这既可以理解为关于基本权利保障的一项原则——平等保护原则，也可视为公民的一项基本权利——获得平等保护的权利。法律面前一律平等是指，任何人都没有法外特权，任何人的违法行为一律依法予以追究，任何人的合法权利都受到平等保护。党的十八大报告强调的"权利公平、机会公平、规则公平"则是一种更高水平的平等保护，即立法上的平等保护，可简称为立法平等。例如，长期以来实行的户籍制度造成了城市居民与农村村民之间享受政府公共服务方面的不平等。十八届三中全会提出加快户籍制度改革。2015 年 10 月，国务院出台《居住证暂行条例》，迈出了户籍制度改革的重要一步。户籍制度改革要剥离附加在户口上的教育、医疗、卫生等权益，并通过居住证制度实现公共服务的均等化，落实公民的平等权。

（2）"钉子户"与私有财产权。《宪法》第十三条规定，公民的合法的私有财产不受侵犯。国家依照法律规定保护公民的私有财产权和继承权。国家为了公共利益的需要，可以依照法律规定对公民的私有财产实行征收或者征用并给予补偿。"私有财产"入宪之后,重庆出现了一个"史上最牛钉子户"事件,标志着私有财产权观念的勃兴。2004 年 9 月至 2007 年 4 月,重庆市九龙坡区杨家坪鹤兴路片区商业拆迁的过程中,杨武、吴萍夫妇由于不满最初的拆迁补偿,拒不拆迁,僵持达 3 年之久。周围的房屋都已拆掉,该房四周已被挖成十余米深的地基,使得杨武、吴萍夫妇的房屋成为一座土地上的"孤岛",房屋上还悬挂着"公民的合法的私有财产不受侵犯"的标语。在经历了断水断电,区房管局的拆迁行政裁决、区法院的责令自动搬迁之后,经过法院、政府的协调,杨武、吴萍夫妇最终与开发商达成和解,签署了拆迁补偿协议。

(3) 打油诗词与言论自由、批评权。《宪法》第三十五条规定,公民有言论、出版、集会、结社、游行、示威的自由。第四十一条规定,公民对于任何国家机关和国家工作人员,有批评权、建议权;对他们的违法失职行为,有申诉权、控告权或者检举权,但不得捏造或者歪曲事实进行诬告陷害。对于公民的申诉、控告或者检举,有关国家机关必须查清事实,负责处理,任何人不得压制和打击报复。对公民监督权利的专门规定,是我国宪法的一个特色。在行使言论自由和监督权方面,有这样一个事件:2006 年 8 月,重庆彭水苗族土家族自治县教委借调干部秦中飞创作《沁园春·彭水》,该词影射已被逮捕的彭水县原县委书记马某和现任县委书记、县长,以及两件轰动一时的官民纠纷、三项政府公共工程。秦中飞把该词通过手机短信发给了多位朋友。9 月,秦中飞以涉嫌诽谤罪被批准逮捕。之后,在强大的舆论压力下,县公安局承认"诽谤案"属错案,向秦中飞道歉,并支付 2125.7 元的国家赔偿金。这是妥善解决维护公民言论自由和批评权的著名事件。

(4) 学杂费与受教育权。《宪法》第四十六条规定公民有受教育的权利和义务,第十九条还从制度保障的角度规定了国家发展教育事业,举办各种学校,发展各种教育设施等,其中规定"普及初等义务教育"。国家制定了《义务教育法》，其中明确规定，"实施义务教育，不收学费、杂费"。从 2006 年开始，国家全部免除西部地区农村义务教育阶段学生学杂费，2007 年扩大到中部和东部地区农村。从 2008 年秋季学期开始，在全国范围内全部免除城市义务教育阶段学生学杂费。另外，对城乡贫困家庭的义务教育阶段学生免费提供教科书，并补助寄宿学生生活费。进城务工人员的子女也能同城里的学生一样享受上述权利。从 2017 年春季学期开始，统一对城乡义务教育（含民办学校）学生免除学杂费、免费提供教科书、补助家庭经济困难寄宿学生生活费。

【延伸阅读】

《国家人权行动计划（2016—2020 年)》

2016 年 9 月 29 日，国务院新闻办公室发布了《国家人权行动计划（2016—2020 年)》，这是我国自 2009 年以来，制定的第三期人权行动计划。

《国家人权行动计划（2016—2020 年)》指出："将人权事业与经济建设、政治建设、文化建设、社会建设、生态文明建设和党的建设结合起来，坚持以人民为中心的发展思想，把保障人民的生存权和发展权放在首位，将增进人民福祉、促进人的全面发展作为人权事业发展的出发点和落脚点，维护社会公平正义，在实现中华民族伟大复兴中国梦的征程中，使全体人民的各项权利得到更高水平的保障。"

按照全面建成小康社会的新要求，实施行动计划的目标是：全面保障经济、社会和文化权利；依法保障公民权利和政治权利；充分保障各类特定群体权利；深入开展人权教育；积极参与国际人权工作。

（五）宪法规定的国家机构

国家机构是为了实现国家职能而建立起来的成体系的国家机关的总称，具体承载和行使国家权力。从各国宪法来看，国家机构条款占整个宪法条文的比例是最大的，这体现出国家机构具有非常重要的宪法意义。我国宪法第三章"国家机构"共84个条文，分设8节，占全部宪法条文的58.7%。

1.我国国家机构体系和组织活动原则

根据宪法的规定，我国国家机构的组织活动原则以下主要有四项内容。

（1）民主集中制原则。如前所述，民主集中制是我国宪法基本原则的一个重要内容。国家机构建立在民主选举的基础上，国家立法、国家事务以及经济、文化、社会事务管理等，都必须符合最广大人民的利益。同时，国家机构又在民主的基础上集中统一行使国家权力。

（2）为人民服务原则。这是人权原则的另一种表述。人民是国家的主人，国家机关工作人员是人民的公仆。一切国家机关及其工作人员都必须依靠人民的支持，经常保持同人民的密切联系，倾听人民的意见和建议，接受人民的监督，努力为人民服务。

（3）权责统一原则。职权与职责是一枚硬币的两面。一方面，有权力就有责任、有责任就要担当。一切国家机关及其工作人员都应当积极为人民工作，依法行使职权，不得为官不为。另一方面，用权受监督、违法必追究。不可不作为，也不得乱作为，坚决反对和纠正有法不依、以权压法、徇私枉法等行为。

（4）精简和效率原则。根据《宪法》第二十七条，一切国家机关实行精简的原则，不断提高工作质量和工作效率。落实这一原则，就是要克服机构臃肿、职能交叉、政出多门、层次过多、权责不清等弊端，反对官僚主义，不断提高国家机关的管理水平和服务质量。

2. 权力机关

根据宪法规定，全国人民代表大会是最高国家权力机关，它的常设机关是全国人民代表大会常务委员会。全国人大及其常委会也是行使国家立法权的机关，在谈到立法工作时，可以称它们为立法机关。全国人大由省、自治区、直辖市、特别行政区和军队选出的代表组成，其职权概括起来是：修宪权；宪法实施监督权；基本法律制定和修改权；国家机关领导人选举、决定、罢免权；国家重大问题决定权；监督权；特定问题调查处理权；其他职权。《宪法》第六十七条列举了全国人大常委会的职权：宪法解释权；宪法实施监督权；立法权；法律解释权；人事任免权；某些重大问题决定权；监督权；全国人大授予的其他职权。全国人民代表大会组织法对会议制度、常委会、各委员会、人大代表等作了具体规定。

地方各级人民代表大会是各级行政区域内的国家权力机关，同全国人民代表大会一起构成我国国家权力机关体系。省、直辖市、设区的市的人大代表由下一级的人民代表大会选举；县、不设区的市、市辖区、乡、民族乡、镇的人大代表由选民直接选举。地方人大的职权主要为：法规制定权；保证宪法法律行政法规的遵守和执行；地方重大事项的决定权与监督权；人事任免权等。地方各级人民代表大会和地方各级人民政府组织法对地方人大及其常委会的组成、产生、任期、职权等作了具体规定。

3. 国家主席

中华人民共和国主席，简称为国家主席，是我国国家机构的重要组成部分，由全国人大选举产生，享有以下职权：公布法律、发布命令；人事任免权；外交权；荣典权。

4. 行政机关

根据宪法规定，国务院，即中央人民政府，是最高国家权力机关的执行机关，是最高国家行政机关。地方各级人民政府是地方各级国家权力机关的执行机关，是地方各级国家行政机关。行政机关对同级人大负责并报告工作。行政机关实行首长负责制，但并不意味着行政首长可以独断专行，而是要在民主的基础上善于集中、提高效率。

《宪法》第八十九条规定了国务院的职权，主要有：根据宪法和法律，规定行政措施，制定行政法规，发布决定和命令；向全国人大或者全国人大常委会提出议案；统一领导各部和各委员会的工作，并领导不属于各部和各委员会的全国性的行政工作；统一领导全国地方各级国家行政机关的工作，改变或撤销各部、各委员会发布的不适当的命令、指示和规章，以及地方各级国家行政机关不适当的决定和命令；领导和管理包括内政、外交、国防等在内的各项行政工作；批准行政区划；依照法律决定部分地区进入紧急状态；依照法律规定任免、培训、考核和奖惩行政人员；全国人大和全国人大常委会授予的其他职权。

国务院组织法对国务院的人员组成、会议制度、各部委领导职数等作了具体规定。地方各级人民代表大会和地方各级人民政府组织法对地方政府的组成、产生、任期、职权等作了具体规定。

5.监察机关

根据宪法规定，我国国家机构体系由以下八个部分组成：全国人民代表大会、中华人民共和国主席、国务院、中央军事委员会、地方各级人民代表大会和地方各级人民政府、民族自治地方的自治机关、监察委员会、人民法院和人民检察院。2018年修宪，确立了监察委员会的宪法地位。我国政权组织形式从之前的"人大产生—府两院"变为"人大产生—府一委两院"。各级监察委员会作为党统一领导的行使国家监察职能的专责机关，实质上是反腐败机构，对本地区所有行使公权力的公职人员依法实施监察。

根据宪法规定，我国设立国家监察委员会和地方各级监察委员会，由同级人民代表大会产生，对它负责，受它监督，同时，地方各级监察委员会还要对上一级监察委员会负责。监察委员会依照法律规定独立行使监察权，不受行政机关、社会团体和个人的干涉，办理案件时应当与审判机关、执法部门互相配合，互相制约。

2018年3月通过的《中华人民共和国监察法》，根据宪法，对监察机关的组成、职责、监察范围和管辖、权限和程序、反腐败国际合作以及对监察机关和监察人员的监督等作出基本规定。根据中央关于国家监察体制改革的决定，国家监察机关与同级党的纪委合署办公，从而构建起党统一领导的、权威高效的监察体制，有效制约和监督权力，构建不敢腐、不能腐、不想腐的长效机制。

6. 审判机关和检察机关

审判机关和检察机关常被合称为司法机关。中共十八届四中全会《决定》指出，司法公正对社会公正具有重要引领作用，司法不公对社会公正具有致命破坏作用，努力让人民群众在每一个司法案件中感受到公平正义。

根据宪法规定，人民法院是国家的审判机关。人民法院通过审判活动，依法裁决刑事、民事案件和其他案件，维护法律权威和公平正义。审判机关的组织体系包括：最高人民法院、地方各级人民法院、专门人民法院，上下级法院之间是一种工作监督关系。人民法院组织法对审判原则和重要制度、法院的组织和职权、审判人员等作了具体规定。

人民检察院是国家的法律监督机关。在我国，人民检察院通过行使检察权，对各级国家机关以及国家机关工作人员、公民是否遵守宪法和法律实行监督，以保障宪法和法律的统一实施。检察机关的组织体系包括：最高人民检察院、地方各级人民检察院和专门人民检察院，与审判机关的领导体制不同，上下级检察院之间是一种领导与被领导的关系。人民检察院组织法对检察院职权、职权行使程序、机构设置和人员任免等作了具体规定。

《宪法》第一百三十一、一百三十六条规定，人民法院、人民检察院依照法律规定独立行使审判权、检察权，不受行政机关、社会团体和个人的干涉。这是保证司法权威和司法公正的重要制度安排，实质上体现出司法权对行政权的监督与制约。任何党政机关和领导干部都不得让司法机关做违反法定职责、有碍司法公正的事情，任何司法机关都不得执行党政机关和领导干部违法干预司法活动的要求。

2015年3月，根据中共十八届四中全会精神，中共中央办公厅、国务院办公厅印发了《领导干部干预司法活动、插手具体案件处理的记录、通报和责任追究规定》。《规定》适用于党和国家机关、企业事业单位、社会团体中具有国家工作人员身份的领导干部。

7.民族自治地方的自治机关

民族自治地方的自治机关一方面在法律地位上是国家的一级地方政权机关，在产生方式、任期、机构设置和组织活动原则方面，与一般地方国家机关完全相同，并行使相应的一般地方国家机关的职权；另一方面，它们还享有宪法和有关法律授予的自治权，根据本地方实际情况贯彻执行国家的法律、政策。《宪法》第一百一十六至一百二十一条规定的自治权如下：条例制定权；财政自治权；地方经济事务、文化事业的自主权；治安权；公务语言文字的自主权。我国专门制定了民族区域自治法，对民族自治地方的建立和自治机关的组成、自治权、法院和检察院、民族关系、上级国家机关的职责等事项作了具体规定。

（六）几部重要的宪法相关法

前面讲了，在我国法律体系之中，宪法是根本法，不是部门法。宪法的很多规定，都需要具体化为法律才便于实施。其中，关于国家机构的产生、组织、职权和基本工作原则方面的法律，关于民族区域自治制度、基层群众自治制度、特别行政区制度方面的法律，关于维护国家主权、领土完整、国家安全、国家标志方面的法律，关于公民基本政治自由和权利方面的法律等，共同构成了宪法相关法（有的学者也称为宪法性法律），成为我国法律体系中的一个法律部门。下面介绍几部直接涉及公民与国家之间关系的宪法相关法。

1. 立法法

《立法法》是关于国家立法制度的重要法律，规定了立法原则、立法权限和程序、法律解释、法规与规章的制定权限和程序、适用与备案审查等事项。《立法法》第八条是直接涉及公民权利的一个非常重要的条款。该条规定，对公民政治权利的剥夺、限制人身自由的强制措施和处罚的事项，只能由立法机关制定法律予以规定，不能由行政机关制定法规予以规定（在法学理论上，这叫作"法律保留"），以防止行政机关滥用权力吞噬上述基本权利。

【相关链接】

两部行政法规的废止

——废止《城市流浪乞讨人员收容遣送办法》。以 2003 年发生在广州的青年公民孙志刚在收容站被工作人员殴打致死事件为导火索，国务院 1982 年颁布的《城市流浪乞讨人员收容遣送办法》因其中有关限制人身自由的规定，违背了《立法法》有关法律之外的法规等不得立法的事项的规定，而被国务院自行废止，代之以《城市生活无着的流浪乞讨人员救助管理办法》。

——废止《城市房屋拆迁管理条例》。以 2009 年发生在成都的唐福珍为阻止房屋强拆自焚事件为导火索，国务院 2001 年颁布的《城市房屋拆迁管理条例》因与我国 2004 年修宪后关于保护公民私有财产的规定，以及与 2007 年颁布的物权法、2009 年修改的房地产管理法关于保护公民房屋、征收程序、补偿主体等规定相抵触，而被国务院自行废止，代之以《国有土地上房屋征收与补偿条例》。

2.选举法

选举法的全称是《中华人民共和国全国人民代表大会和地方各级人民代表大会选举法》，这是落实宪法规定的选举权和被选举权、保障人民参与国家管理的一部基本法律，迄今已经历六次修正。

根据宪法和选举法，除了依照法律被剥夺政治权利的人之外，年满十八周岁的公民，不分民族、种族、性别、职业、家庭出身、宗教信仰、教育程度、财产状况和居住期限，都有选举权和被选举权。依法具有选举权的公民，经过一次性的选民登记，领取选民证，即成为选民。

全国人大、省级人大、地市级人大的代表，由下一级人大选举；县区级、乡镇级的人大代表，由选民直接选举。选举法规定，每个选民在一次选举中只有一个投票权，不能同时参加两个或两个以上地方的选举。

人大代表的选举，一律采用无记名投票的方法，选举时应当设有秘密写票处；罢免人大代表，也采用无记名的表决方式。我国实行差额选举制度，代表候选人的人数应多于应选代表的名额。代表候选人，按选区或者选举单位提名产生。各政党、各人民团体，可以联合或者单独推荐代表候选人。选民或者代表，十人以上联名，也可以推荐代表候选人。人大代表受选民和原选举单位的监督，选民或者选举单位都有权罢免自己选出的代表。

2010年全国人大对选举法作了较大修改，其中一大亮点是体现了"三个平等"：一是人人平等，即实行城乡按相同人口比例选举代表，实现"同票同权"，"四个农民等于一个城里人"的城乡选举差别现象不再存在；二是地区平等，即各行政区域不论人口多少，都能按比例选举一定数量的代表；三是民族平等，即人口再少的民族，也要有一名代表。

2015年修改选举法时，其中一个增补规定是，公民参加各级人民代表大会代表的选举，不得直接或者间接接受境外机构、组织、个人提供的与选举有关的任何形式的资助。

3. 国家安全法

国家安全是指国家政权、主权、统一和领土完整、人民福祉、经济社会可持续发展和国家其他重大利益相对处于没有危险和不受内外威胁的状态，以及保障持续安全状态的能力。2015 年 7 月，全国人大常委会通过了国家安全法。该法明确规定，坚持中国共产党对国家安全工作的领导，建立集中统一、高效权威的国家安全领导体制。全国公民、一切国家机关和武装力量、各政党和各人民团体、企业事业组织和其他社会组织，都有维护国家安全的责任和义务。每年 4 月 15 日为全民国家安全教育日。

国家安全法规定公民和组织应当履行下列维护国家安全的义务：遵守宪法、法律法规关于国家安全的有关规定；及时报告危害国家安全活动的线索；如实提供所知悉的涉及危害国家安全活动的证据；为国家安全工作提供便利条件或者其他协助；向国家安全机关、公安机关和有关军事机关提供必要的支持和协助；保守所知悉的国家秘密；法律、行政法规规定的其他义务。任何个人和组织不得有危害国家安全的行为，不得向危害国家安全的个人或者组织提供任何资助或者协助。

公民和组织支持、协助国家安全工作的行为受法律保护。因支持、协助国家安全工作，本人或者其近亲属的人身安全面临危险的，可以向公安机关、国家安全机关请求予以保护，公安机关、国家安全机关应当会同有关部门依法采取保护措施。因支持、协助国家安全工作导致财产损失的，按照国家有关规定给予补偿；造成人身伤害或者死亡的，按照国家有关规定给予抚恤优待。

二、公民与国家关系的行政法调整

宪法是国家的根本大法，对国家权力的实现方式、运作和公民权利加以规范和确认。国家权力主要包括立法权、行政权和司法权三个部分，而行政法就是对行政权的行使加以规范的法律规范体系。公民与国家的关系，很大程度上表现为公民、法人或者其他组织与行政机关的关系往来。

（一）与公民生活密切相关的行政法

1.行政法是一系列规范行政权运行的法律的总称

中国特色社会主义法律体系由宪法及宪法相关法、民法商法、行政法、经济法、社会法、刑法、诉讼与非诉讼程序法等部分构成，包括法律、行政法规、地方性法规三个层次。可见，行政法是与民法、刑法等法律门类并行的又一大部门法。我国目前没有一部统一的行政法典，而是以颁布行政单行法的方式，调整着行政权运行的方方面面，构成了我国的行政法体系。

2.行政法调整公民权利与国家行政权的关系

每一个宪法时代都有与之相适应的行政模式，中外法学家们公认行政法是"动态的宪法"。如果说，民法是调整老百姓之间民事法律关系的法律规范，刑法是明确犯罪与刑罚的法律规范，那么作为"动态宪法"的行政法，就是调整"官民关系"的法律规范，也就是协调公民权利与国家行政权之间的关系，保护公民个人权利不受行政权的侵害，避免公民个人及财产沦为政府恣意支配的工具，使行政权造福于民。

3.行政法的立足点是保护权利、维护社会秩序和公共利益

行政法存在的价值和意义是什么呢？有人认为，行政法是管理民众的法，以维护社会公共秩序为价值目标；有人认为，行政法是控制行政权的行使和扩张，维护公民自由和权益的法；有人认为，行政法是在管理和控权之间寻求平衡的法……其实，各种观点各有道理，但同时也都有不全面之处。行政法既要保障公民权利不受行政权侵害，把行政权这只"老虎"关进行政法律制度的"笼子"里，又要通过行政管理使公民权利的行使遵守一定的限度，使公民自由、社会秩序、公共利益、社会整体福祉能

够得到最大程度的调和与实现。

4.行政法律关系在社会生活的方方面面广泛存在

相对而言，社会公众对刑事犯罪和民事纠纷比较耳熟能详，而对行政法律关系了解较少。事实上，行政法调整的社会关系不仅涉及社会生活的各个领域，更是见证着每个人"从摇篮到坟墓"的整个人生历程，关系到"衣食住行"和个人发展的方方面面。每个人都会面临无数与行政机关打交道的时刻：出生时要由公安机关办理户籍登记；入托入学要办理各种证明手续，参加各类教育行政主管部门举办的全国性考试，并获得国家认可的学历学位；买卖房产要到房屋登记行政部门办理过户登记；结婚要去民政部门办理婚姻登记；等等。人民群众常有"有事找政府"的想法也说明，各级政府和行政机关在民众的生产生活中扮演着不可或缺的角色。

（二）行政法的基本原则

在一个法律体系中，总有一些贯穿于法条始终，但又高于具体法律规定，全盘统摄、指导着法律规范的制定和实施的基础性的法律精神或理念，我们称之为法律原则。行政法的基本原则闪耀着现代法治理念之光。

1.依法行政原则

在法律面前，不仅公民要守法，政府和各级行政机关也不例外，也必须要做依法行政的典范。依法行政原则是法治政府建设的首要要求，它要求行政机关的一切行政活动都应当在法律的范围内开展，符合法律的规定。具体而言，包括行政机关行使权力必须有法律法规的授权，行政行为必须遵守现行有效的法律法规等。目前，我国正在加强依法治国、依法执政、依法行政共同推进，法治国家、法治政府、法治社会一体建设，行政法在这一进程中起着推动行政机关依法行政的重要作用。

2.合理行政原则

行政活动仅仅做到合法还不够，还必须合理且符合法律的目的和精神。合理行政原则就是在依法行政原则的基础上，对行政机关活动提出的进一步要求。首先，行政机关必须做到公平、公正，对行政相对人不歧视、不偏私；其次，行政机关的行为要以理服人，充分考虑相关因素，避免不当因素的干扰；第三，行政活动采取的手段和举措要适当，既要达到维护秩序的目的，又不能浪费资源，"杀鸡用牛刀"，同时要避免对群众利益造成过度损害。

3.正当法律程序原则

行政活动的合法权威不能只是结果正确，还必须以"看得见"的方式体现出来，这就是正当法律程序。正当法律程序原则要求行政机关在对公民的权益进行处分时，不能有所偏私，要遵循中立、回避等规则，还要保障公民的知情权、陈述、申辩、听证等参与权，通过履行严格的程序，保证行政行为结果的合理性和权威性，也使整个流程更加让人信服。

4.诚信有责原则

在法律的实施过程中，政府和行政机关应当作为全社会的表率，带头守法，诚实守信，权责一致，做诚信政府、有责政府。这就要求行政机关遵守信赖保护的要求，"言必信，行必果"，未经过法定程序，不能撤销、变更已经生效的行政决定。必须要撤销的，应当对公民信赖政府行为的损失作出补偿。同时，如果行政机关确实做错了事情，也要为自己的违法行为承担法律责任，而不是逍遥法外、毫不担责。

【延伸阅读】

人民网评：政府诚信是社会信用的"定盘星"

2014年6月，国务院印发了《社会信用体系建设规划纲要（2014—2020年）》，提出三个阶段目标涉及四大领域，分别为政务诚信、商务诚信、社会诚信、司法公信建设，可以说涵盖了方方面面。这种信用体系一旦建立，不仅有望建立诚信社会，更可看到诚信政府、诚信商务和诚信司法。

社会诚信首先要政府诚信。"夫诚者，君子之所守也，而政事之本也。"政府的公信力是社会公信的支柱。政府公信力强，就能引领和支撑社会公信，保障和促进"人和"；政府失去公信力，就会产生治理危机，甚至导致社会无序混乱、国家祸患丛生。因此，将政务诚信放在最前面，既用心良苦，又契合诚信的演绎逻辑。正如全国政协委员付志方在全国两会上直言，政府诚信是社会信用的"定盘星"。信用是政府的一种基础性执政资源，必须倍加珍视而绝不能虚耗透支。如果政府不做诚信表率，其他方面的诚信也就失去依怙。

政府诚信首先要官员诚信。官员信用是政府信用的基础。而现实中，有的官员弄虚作假，公然撒谎，不仅自损个人政治道德信誉，也透支折损着政府形象。政府官员守信用，是个人修为，更是必须遵守的政治伦理。

——人民网评作者：秦川[1]

(三) 行政行为的基本特征

行政机关行使法定职权、实现行政管理的目的，主要是通过实施各种行政行为来完成的。

1. 行政行为的主体通常是行政机关和公民、法人或其他组织

行政行为的作出方通常是行政机关，对象方是行政相对人。除此以外，还有一些虽然不是行政机关，但也根据法律法规的授权，行使行政职

---

[1] 秦川：《人民网评：政府诚信是社会信用的"定盘星"——聚焦"社会诚信体系建设规划纲要"系列评论六》，http://opinion.people.com.cn/n/2014/0815/c1003-25470205.html，最后访问日期：2017年2月7日。

权的组织。如对学生行使开除权和学位授予权的公立高等学校，就是比较常见的法律法规授权的组织。行政相对人，就是行政行为的作出对象，也是行政管理的对象，包括公民、法人或其他组织。

2. 行政行为的内容与方式具有多样性

大量的行政行为是针对特定的公民、法人或者其他组织，就特定的具体事项作出的有关他们权利义务的单方行为，也叫作具体行政行为，比如行政许可、行政处罚、行政强制、行政登记、行政确认、行政协议、行政给付、行政奖励、行政指导等。也有的行政行为是行政机关针对不特定管理对象制定法规、规章和有普遍约束力的决定、命令等行政规则的行为，也叫作抽象行政行为，俗称"红头文件"。

3. 行政行为涉及的领域具有广泛性

行政管理领域种类繁多，可以说几乎覆盖社会生活的方方面面，常见的行政管理领域有工商、公安、税务、卫生、质量监督检验检疫、城管、城乡建设、环保、国土资源、规划、发改、交通、路政、民政、人力资源和社会保障、海关、农业、林业、渔业、水利等。在我国，主要的行政领域都设置了相应的行政主管机关，承担着各行各业的监管和执法责任。

4. 行政行为的过程具有规范性

行政行为的作出和生效都要经历一定的流程，不同类型行政行为的过程也有所差异。总体而言，行政行为通常都要经历立案受理、审查判断、事实认定、适用法律、听取行政相对人陈述和申辩、形成行政行为文本、送达行政相对人等一系列环节。行政行为一旦作出并对外发布或向行政相对人送达，就发生法律效力。

（四）常见的行政管理关系类型

中国老百姓常有"有事找政府"的意识，从一个侧面说明政府管理着社会生活方方面面的事务。行政管理关系是行政法之下，公民与行政机关关系调整的最常见、最基本、最主要的法律关系。下面就对常见的几种行政管理关系类型进行介绍。

1. 行政处罚

(1) 行政处罚的含义

曾几何时，"禁止吐痰，违者罚款"的标语遍布大街小巷。这些标语或许就是大多数群众心中对"处罚"的原初印象。其实，行政处罚有它特定的含义，指的是有行政处罚权的行政机关，依照法律、法规、规章的有关规定，对公民、法人或者其他组织违反行政管理秩序的行为，给予行政制裁的行为。

行政处罚是一种最为常见的行政管理手段，在诸多单行法律中"法律责任"部分都有关于行政主管部门可以对违法行为作出行政处罚的具体规定。1996 年颁布实施的《中华人民共和国行政处罚法》（以下简称《行政处罚法》）是对所有行政处罚行为加以规范的统一性立法，各个单行法中规定的所有行政处罚活动，都应当遵守行政处罚法的有关规定。

(2) 行政处罚法的主要内容

1996 年 3 月，八届全国人大四次会议通过《行政处罚法》，并分别于 2009 年、2017 年进行修正。行政处罚法在我国行政处罚法律制度中居于核心地位，是我国推进依法行政、建设法治政府过程中最早颁布的、规范一类行政行为的国家法律，与后续颁布的《行政许可法》、《行政强制法》并称为我国规范行政行为的"立法三部曲"。

作为首部系统性规范一类行政行为的法律，行政处罚法包含了诸多开创性的行政法律原则和制度，集中体现了行政法的基本理念，丰富了行政法体系的内涵与实践。行政处罚法的主要特点与特色制度包括以下几点：

一是确立了一批闪耀现代法治理念之光的行政法基本原则，彰显了行政处罚行为的基本理念。《行政处罚法》第三条确立了"行政处罚法定"原则，这意味着行政处罚不能由行政机关随意创造，而是必须由法律、法规或者规章规定，并由行政机关依照法律规定的程序实施，否则行政处罚无效。第四条规定了行政处罚公正、公开、过罚相当原则。所谓"过罚相当"，意思是违法者的过错与受到的惩罚应当相匹配、相适应，而不能处罚过轻或者过重。第五条规定了教育与处罚相结合的原则，申明了行政处罚法的正当立法目的，而不是一味以"罚"为目标。第六条规定了行政相对人享有的陈述、申辩、寻求救济等基本程序性权利，成为行政法"正当法律程序"理念的集中制度体现。

二是明确了行政处罚的种类和行政处罚的设定权限。根据行政处罚法的规定，行政处罚包括警告，罚款，没收违法所得、没收非法财物，责令停产停业，暂扣或者吊销许可证、暂扣或者吊销执照，行政拘留等类型。根据行政处罚法定原则，行政机关不得自行创设法律、法规未设定的行政处罚种类。《行政处罚法》第九条至第十四条规定了行政处罚的设定权限，其中，限制人身自由的行政处罚，只能由法律设定；吊销企业营业执照的行政处罚只能由法律和行政法规设定，这是行政法"法律保留"原则的集中体现。尚未制定法律、行政法规的，国务院部、委员会制定的规章对违反行政管理秩序的行为，可以设定警告或者一定数量罚款的行政处罚，罚款的限额由国务院规定。由于行政处罚是具有"侵犯性"和"惩戒性"的权力，所以必须慎之又慎。这些关于设定权限的规定，彰显了行政法治规范行政处罚权行使，将行政处罚权关进"制度的笼子"的核心理念。

三是建立了行政程序制度，推动行政观念从注重结果合法性向兼顾程序合法性转变。长期以来，我国行政管理活动"重实体、轻程序"的思想非常严重，强调对违法行为的打击和对行政相对人的管制比较多，而对行政相对人权益程序性权益的保障相对较少，造成了一味追求行政效率和行政目的，不顾行政手段是否合法、合目的、合正义性的情形，甚至出现以违法手段实现管理目标的案例。我国迄今没有制定统一的行政程序法典，行政处罚法中关于行政程序的相关规定，构建了我国行政程序制度的框架和雏形。其中，第三条开宗名义指明了行政处罚必须按照法定的程序实施，否则行政处罚无效。在总则中（第六条）以原则的形式确立了当事人享有陈述权、申辩权，彰显了正当法律程序的理念。在第五章"行政处罚的决定"中，对行政处罚过程中执法人员身份亮明，调查取证，听取当事人陈述、申辩，行政机关的听取和复核义务，听证，告知事实理由和依据，送达等一般性程序做了规定。这些规定不仅适用于行政处罚行为，事实上也适用于所有行政执法活动，成为各类行政行为履行正当法律程序的基本要求。

【以案说法】

杜宝良交通行政处罚案

杜宝良是一位外地来京务工人员，以卖菜为生，每天驾驶小货车沿固定路线运送菜品。2005年5月23日，杜宝良偶然查询得知，自己于2004年7月20日至2005年5月23日在驾驶小货车运菜时，在每天必经的北京市西城区真武庙头条西口被"电子眼"拍下闯禁行105次，被北京市西城区交通支队西单队罚款10500元。而在将近1年的时间里，从未有交管部门告知他有违法行为并责令他改正。北京交管部门向媒体披露了"违章大王"接受万元处罚的事情，以期教育广大驾驶员自觉遵守交通法规。不料，此事在媒体和公众中引起强烈反应，"杜宝良万元罚单事件"迅速成为政府部门在行政执法过程中管理与服务是否失衡的热点话题。有媒体评论称，目前的交通执法有以罚代管、缺乏人性关怀之嫌。后来，杜宝良向北京市西城区人民法院提起行政诉讼，申请撤销北京市公安交通管理局西城交通支队西单队对他作出的行政处罚决定。在诉讼过程中，北京交管部门以内部执法监督的方式，对北京市西城区交通支队西单队所做的行政处罚决定予以纠正，杜宝良向法院撤回了起诉。

2.行政许可

（1）行政许可的含义与特征

许可，顾名思义就是允许某人做某件事情。行政许可，是指在法律一般禁止的情况下，行政主体根据行政相对人的申请，经依法审查，通过颁发许可证、执照等形式，赋予或确认行政相对方从事某种活动的法律资格或法律权利的一种具体行政行为。常见的许可行为比如商品房预售许可、食品卫生许可、烟草专卖许可、机动车驾驶证等。

行政许可行为的特征非常明显：第一，行政许可是依申请作出的行政行为。也就是说，只有公民、法人或其他组织向行政许可机关提出申请，才会启动行政许可程序，否则，行政机关不会主动实施许可，这与行政机关依职权主动执法的行政处罚活动具有显著区别。第二，行政许可是解除一般性禁止的行为。行政许可涉及的事项，在未获得许可的情况下是禁止公民、法人或其他组织实施的，只有获得了行政许可，才取得了合法从事某种活动、实施某种行为的资格和权利，否则视为违法。例如，只有依法获得国土资源行政管理部门颁发的采矿许可证，才可以在许可范围内开采矿产资源；只有依法取得了机动车驾驶证，才允许在道路上驾驶机动车等。第三，行政许可是使被许可对象受益的行政行为。行政许可赋予或确认行政相对人从事某种活动的法律资格或法律权利，与行政处罚、行政强制等减损、剥夺或限制行政相对人权益的行为具有显著区别。第四，行政许可是一种形式化极强的行政行为。行政许可行为的表现形式通常具有通用格式、对象明确、加盖有权机关印章的许可证、照等，这些证照向全社会公开，彰显某种资格或权利。

（2）行政许可法

《中华人民共和国行政许可法》（以下简称《行政许可法》）于2003年8月27日由十届全国人大常委会四次会议通过，2019年4月23日进行首次修改。行政许可法正是我国从立法层面对行政机关审批泛滥、政出多门、环节繁琐、效率低下等乱象开出的一剂制度"良药"。行政许可法作为规范行政管制的专门法律，创造性地规定了许多原则和制度。

第一，明确了行政许可的设定权。行政许可法明确规定，只有全国人大及其常委会、国务院和省级地方人大及其常委会可以依法设定行政许可，省级人民政府可以依据法定条件设定临时性行政许可，其他国家机关包括国务院各部门一律不得设定行政许可。

第二，规范了行政许可的范围和事项。行政许可法将可以设定行政许可的范围和事项做了较为明确的规定：第一类是行政机关准予公民、法人或者其他组织从事涉及国家安全、经济安全、公共利益、人身健康、生命财产安全的事项，比如危险化学品经营许可、出入境许可、药品卫生许可等。第二类是赋予公民、法人或者其他组织特定权利并且具有数量限制的事项，一般与民事权利有关，许可的结果是向相对人授予某种民事权利，功能是分配有限的自然资源和公共资源，比如海域使用许可、特定矿产资源开发许可等。第三类是资格资质方面的事项，如法律职业资格、医师执照、驾驶执照等。第四类是对特定物的检测、检验和检疫，如民用航空器适航许可、电梯质量许可。第五类是确定主体资格方面的事项，主要形式是登记，包括工商企业登记、房屋产权登记、婚姻登记、社团登记等。

第三，确立了行政许可零收费原则。行政许可法规定，行政机关实施行政许可和对行政许可事项进行监督检查，原则上不得收取费用，以往所说的"工本费"成为了历史。

第四，设定和实施行政许可应当遵循"公开、公平、公正"的原则。行政许可的实施和结果，除涉及国家秘密、商业秘密或者个人隐私的外，应当公开。涉及公共利益的重大行政许可事项，行政机关应当向社会公告，并举行听证。

第五，行政许可遵循信赖保护原则。行政许可法规定，已经生效的行政许可，不得随意变更或撤销。如果由于公共利益的原因，确实需要改变已经生效的行政许可，也要依法进行，并对老百姓因此受到的财产损失给予补偿。

【以案说法】

环保局环评许可案

江苏省电力公司镇江供电公司（以下简称"镇江供电公司"）为建设110千伏双井变电站等一批工程，委托环评机构以工频电场、工频磁场、噪声及无线电干扰为评价因子编制了《环境影响报告表》。该报告表预测工程建成运行后对周边环境的影响程度符合国家标准。2009年11月，江苏省环境保护厅（以下简称"省环保厅"）在经过镇江市规划局出具《选址意见》、江苏省电力公司同意环评结论、镇江市环保局对《环境影响报告表》预审之后作出批复，同意镇江供电公司建设该批工程。张小燕、陈晓湘、蔡富生三人不服诉至法院，主张所涉区域不宜建设变电站、环评方法不科学，建设项目不符合环评许可条件、环评许可违法，请求撤销省环保厅的上述批复。法院经审理认为，双井变电站系城市公用配套基础设施，根据《城市电力规划规范》规定，在符合条件的情况下可以在风景名胜区、自然保护区和人口稠密区等敏感区域建设此类项目。涉案工程污染物预测排放量和投入运行后的实际排放量均小于或明显小于排放限值，环评符合法定审批条件。110千伏变电站所产生的是极低频场，按世界卫生组织相关准则，极低频场对环境可能造成轻度环境影响，但影响有限且可控。故二审判决驳回上诉、维持原判。法院同时认为，虽然被诉环评行政许可行为合法适当，但环保部门应采取措施加强信息公开，督促镇江供电公司将相关电磁场监测显示屏置于更加醒目的位置，方便公众及时了解实时数据，保障其环境信息知情权。

3. 行政强制

(1) 行政强制的含义与特征

实践中，从违法建筑的强制拆除，到违法占道摆摊设点的查处，从强制吸毒人员戒毒，到征地拆迁中房屋的强制拆除等环节，都涉及行政强制的运用。根据《中华人民共和国行政强制法》（以下简称《行政强制法》）的规定，行政强制可以分为行政强制措施和行政强制执行两种。行政强制措施，是指行政机关在行政管理过程中，为制止违法行为、防止证据损毁、避免危害发生、控制危险扩大等情形，依法对公民的人身自由实施暂时性限制，或者对公民、法人或者其他组织的财物实施暂时性控制的行为。行政强制执行，是指行政机关或者行政机关申请人民法院，对不履行行政决定的公民、法人或者其他组织，依法强制履行义务的行为。

总体而言，行政强制具有以下特征：一是强制性。强制的对象通常为行政相对人的财产、物品或人身自由，强制性体现为不问本人意愿而对公民的人身自由实施暂时性限制，或者对公民、法人或者其他组织的财物实施暂时性控制，并且是通过国家强制力保证实施的。二是公共性。实施行政强制主要是为了及时制止违法行为、防止证据损毁、避免危害发生、控制危险扩大或通过强制执行实现行政管理实效，这些目的都具有行政管理的公共属性，而非出于一己私利。三是损益性。也就是说，行政强制通常是以限制、剥夺行政相对人权益为内容的。

(2) 行政强制法

《行政强制法》于 2011 年 6 月 30 日经十一届全国人大常委会二十一次会议通过，自 2012 年 1 月 1 日起施行。由于直接规范政府的行政强制权，涉及征地拆迁、经济补偿和群体性事件等复杂问题，行政强制法的条文如何制定引发了社会各界的广泛关注且争议颇多。

一方面，行政机关在使用行政强制措施时存在着乱设强制、滥用强制的情形。如近年来，随着城镇化进程的加快，房地产价格不断飙升，因为征地拆迁引发的群体性事件增多。强制拆迁已经成为社会难点热点问题。2009 年 11 月，成都市金牛区城管执法局对一处"违章建筑"进行强拆，为了抗拒暴力拆迁保护自家三层楼房，村民唐福珍在楼顶天台自焚，成为强制拆迁过程中极端事件的一个缩影。

另一方面，在诸多社会问题的治理中，行政执法活动又显现出疲软和不到位的问题。常言道："七八顶大盖帽管不了一顶破草帽。"如福建漳州城市管理综合行政执法局派驻城南圆山规划区的第四大队，为了制止违章抢建，多次遭遇当地群众暴力抗法，2010 年只好把队伍撤回市区，转交当地政府管理；又如，济南市城管执法人员查露天烧烤摊时，遭遇 200 多人围攻、辱骂、吐口水，有的被吐得满脸唾沫……

行政强制是实施法律的重要手段，是依法行使行政权的有力保障，是维护公共秩序的有力手段，是促进全社会遵守法律的有效方法；同时，行政强制又是极具危险性和侵犯性的手段，它赋予了行政机关可以直接合法地限制或控制行政相对人人身和财产权益的权力，一旦该权力被滥用，将极具侵害性。如果说行政权如猛虎，需要被关进制度的"笼子"里，那么行政强制就像"老虎"的"锋利爪牙"，更加需要严格的管控和得当的运用。因此，必须从制度层面规范行政强制的实施和运作。

在此背景下，行政强制法起草历时 12 年，经过五次审议，最终经全国人大常委会通过并颁布实施。《行政强制法》设七章，共七十一个条文。行政强制法的亮点制度有以下几个方面：

一是确立了行政强制法定原则、适当原则等重要行政法原则。行政强制法从规范行政强制的设定权出发，规定行政强制措施由法律设定。尚未制定法律，且属于国务院行政管理职权事项的，行政法规可以设定除限制公民人身自由，冻结存款、汇款和应当由法律规定的行政强制措施以外的行政强制措施。这些规定从源头上对行政强制产生的合法性进行了规范。《行政强制法》第五条是行政适当原则的体现，它规定：行政强制的设定和实施，应当适当。采用非强制手段可以达到行政管理目的的，不得设定和实施行政强制。

二是明确了行政强制权不得委托。根据《行政强制法》第十七条规定，行政强制措施由法律、法规规定的行政机关在法定职权范围内实施。行政强制措施权不得委托。行政强制措施应当由行政机关具备资格的行政执法人员实施，其他人员不得实施。

三是进一步完善了行政程序，增强了对行政行为合理性和人文关怀的关注。《行政强制法》与《行政处罚法》一样规定了两人执法、出示执法证件等制度，同时还规定了不得查封、扣押与违法行为无关的场所、设施或者财物；不得查封、扣押公民个人及其所扶养家属的生活必需品。第四十三条还对法定节假日实施行政强制执行，以及对居民生活采取停止供水、供电、供热、供燃气等方式迫使当事人履行相关行政决定等野蛮执法、暴力执法等行为予以禁止。

四是坚持强制与教育相结合。行政强制立法的目的不是强化行政强制，而是减少行政强制。一方面，《行政强制法》体现着教育当事人及时纠正违法行为的精神，规定违法行为情节显著轻微或者没有明显社会危害的，可以不采取行政强制措施；实施行政强制执行，行政机关可以在不损害公共利益和他人合法权益的情况下，与当事人达成执行协议等。另一方面，当事人怠于履行义务时，也不能束手无策、坐以待毙，当事人在法定期限内不申请行政复议或者提起行政诉讼，又不拆除的，行政机关可以依法强制拆除。

4.行政征收征用

《宪法》第十三条第三款规定："国家为了公共利益的需要，可以依照法律规定对公民的私有财产实行征收或者征用并给予补偿。"征收或征用通常由行政机关来实施，因此又称为行政征收和征用。

实践中，最具有代表性的行政征收行为是国有土地上房屋征收与补偿行为。近年来，由于房地产市场的持续升温，各地实施征地拆迁活动的频率越来越高，由此引发的各类征地拆迁矛盾也屡屡成为社会舆论焦点。2011 年 1 月 21 日《国有土地上房屋征收与补偿条例》（国务院令第 590 号）实施之前，国有土地上房屋拆迁活动依据的是国务院《城市房屋拆迁管理条例》（国务院令第 305 号），施行的是公益拆迁与商业开发项目均统一通过获取城市房屋拆迁许可证后，再实施拆迁补偿安置的模式。不少商业开发项目通过此种途径，借助行政机关的强制拆除权推进征地拆迁活动，获得了高额的房地产开发利润。同时，在房地产价格猛涨，而对被拆迁人补偿标准相对较低的情况下，也积累了大量的社会矛盾和不满情绪，各种因征地拆迁引发的极端事件密集出现，"野蛮拆迁"、"暴力抗法"、"最牛钉子户"等报道时常见诸报端，引起社会各界广泛关注。

为了规范国有土地上房屋征收与补偿活动，维护公共利益，保障被征收房屋所有权人的合法权益，2011 年 1 月 19 日，国务院第 141 次常务会议通过了《国有土地上房屋征收与补偿条例》，废止了实施近十年的《城市房屋拆迁管理条例》，对国有土地上房屋征收拆迁体制模式进行了重大调整。条例的最大调整是将公共利益征收与商业开发征收彻底分开，只有因公共利益需要实施的拆迁才可以纳入行政征收范围内。这意味着，公共利益征收与商业开发征收混为一谈的拆迁模式，将彻底退出历史舞台，进而杜绝了传统拆迁模式下"官商利益合谋"的可能性。除此以外，条例还规定了政府是公共利益征收唯一补偿主体，政府征收房屋必须要两次公告，发生公共利益争执交司法判决，危旧房改造必须有 90％以上人数同意，征收补偿额按市场评估价确定，尊重被征收人补偿方式多样选择，野蛮暴力强制搬迁者可追刑责，违法建筑不予补偿并依法拆除，商业拆迁强调自愿公平、政府不介入等重要内容，这些规定对原有问题展开了制度层面的源头治理。

5.政府信息公开

行政机关行使行政权,进行行政管理、开展各类行政执法活动,其流程和内容最终都以各类政府信息的形式保存在行政机关内部。这些政府信息作为公权力行使形成的公共资源,既是行政机关接受群众监督的一个绝佳视角,又是开展生产、生活、科研的丰富资源库。2008年5月1日《中华人民共和国政府信息公开条例》(以下简称《政府信息公开条例》)实施,在打造阳光政府、促进政务公开、保障公民对行政权力行使的知情权方面,具有里程碑式的意义。

《政府信息公开条例》分为五章三十八条,分别对政府信息公开的总体原则、公开的范围、公开的方式和程序以及政府信息公开的监督和保障等内容作了规定。其中,政府信息的公开分为行政机关主动公开和依群众申请公开两种途径。行政机关应当主动自行公开的政府信息主要包括:涉及公民、法人或者其他组织切身利益的;需要社会公众广泛知晓或者参与的;反映本行政机关机构设置、职能、办事程序等情况的;其他依照法律、法规和国家有关规定应当主动公开的。而根据《政府信息公开条例》第十三条的规定,公民、法人或者其他组织还可以根据自身生产、生活、科研等特殊需要,向国务院部门、地方各级人民政府及县级以上地方人民政府部门申请获取相关政府信息。

《政府信息公开条例》实施以来,对全社会的法治观念和政府的依法行政理念产生了极大的推动促进作用。各级行政机关为了适应《政府信息公开条例》的要求,通过网站建设、便民服务等方式大力改进政府信息主动公开工作,在政府信息的推送、便民查询和网络办事方面有了长足的进步;而依申请公开的数量也在逐年大幅度增长,申请公开的事项已经不仅仅限于生产、生活、科研范围,而是广泛涉及公共事务的各个领域。比如,某位律师曾向31个省市申请公开针对超生人员征收的社会抚养费的使用情况;还有一位律师曾向农业部申请公开转基因生物进口的相关情况与数据等。这些政府信息公开申请，反映出人民群众对国家事务的关心与参与，也体现出阳光政府的发展趋势。可以预测，政府信息公开工作在未来一段时间还将蓬勃发展，为社会新的发展进步不断带来契机。

6. 其他行政行为

行政管理关系中，除了上述介绍的行政处罚、行政许可、行政强制、行政征收等几种常见的行政行为，还有大量的有名的或者无名的行为类型，例如行政指导、行政协议、行政登记、行政确认、行政调查等。

（五）公民认为权利受侵害时的救济途径

古老的法谚有云："权利依赖于救济，无救济则无权利。"也就是说，只有在受到侵害时能够获得救济的权利才称得上是一种权利，无法获得救济的权利只能是一张"空头支票"，一旦权利受到肆意践踏时只能束手无策。权利得不到任何保障，也就难以称其为权利。因此，在国家行政权与公民权利的关系中，除了最为常见的行政管理关系之外，公民权利受到行政权侵害时可以获得的法律救济是又一重要的法律调整内容。

面对强大的国家行政权，公民有哪些救济渠道可以与行政机关对话、沟通、辩论并避免或纠正行政权的不法侵害呢？通常有三种法定途径：行政复议、行政诉讼和行政赔偿。

1. 行政复议

（1）制度定位

行政机关上下级之间是领导与被领导关系，由上级行政机关对下级行政机关的违法或不当行为予以纠正，顺理成章。行政复议，就是为了保护公民、法人和其他组织的合法权益，而在行政机关体系内部设置的上级行政机关对下级行政机关行政行为的监督和纠错机制。

（2）运用方式与途径

第一，申请行政复议的条件。不论是行政复议法还是行政复议法实施条例，都没有规定排除在行政复议范围之外的事项，可见，可以申请行政复议的事项是基本没有限制的，这是由行政复议的内部救济性质决定的。行政机关体系内部上下级之间是领导与被领导关系，既然是行政机关上级对下级的监督和纠错，理应本着实事求是、有错必纠的原则，"有一说一"。但是，原则总有例外，实践中，根据行政法的原理和行政复议的性质定位，行政机关发布的规范性文件、内部人事行为、国防外交行为及刑事侦查行为是排除在行政复议的范围之外的。

第二，行政复议的标准与审查程度。从《行政复议法》第二十八条规定来分析，行政复议的审查内容分为职权审查、事实审查、法律审查和程序审查，分别对应的是行政机关实施行政行为的职权是否合法，事实认定、法律适用是否正确，以及履行程序是否合法。从法律的规定来看，审查的标准也是很严苛的，要求行政机关达到"事实清楚，证据确凿，适用依据正确，程序合法"且不能"明显不当"标准，才能够获得行政复议的肯定性评价。这是一个集合法性与合理性于一体的审查标准，对行政行为的合法性和适当性提出了很高的要求。

第三，行政复议决定的类型与效力。经过审查，行政复议机关将会作出行政复议决定，主要包括以下几种情形：一是行政复议不予受理决定，意味着行政复议申请不符合受理条件，本次申请止步于行政复议门槛之外；二是行政复议维持决定，意味着行政行为合法合理，复议申请人的主张得不到支持；三是行政复议撤销、变更或确认违法决定，这是三种不同的行政复议决定类型，但都意味着行政行为因不合法而受到了否定性评价；四是行政复议驳回决定，意味着申请人要求行政机关履行法定理由不能成立或行政机关不具有履行职责的职权，或者受理行政复议申请后，发现行政复议申请不符合受理条件。

2.行政诉讼

（1）制度定位

行政诉讼制度，往往被通俗地称为"民告官"制度，是与民事诉讼、刑事诉讼并列的三大诉讼制度之一。但与民事诉讼、刑事诉讼古老而悠久的发展史不同，行政诉讼却是近现代民主法治发展的产物。行政诉讼是建立在现代法治国家权力分工、互相监督、相互制约理念和国家权力与公民权利二元结构基础之上的诉讼制度。现代法治国家理念之下，国家立法权、行政权、司法权由不同的国家机关行使。其中，行政权要在立法机关制定的法律框架之下依法行使职权，同时为了防止行政权无限扩张和滥用，必须接受司法机关的监督和制约。

《中华人民共和国行政诉讼法》（以下简称《行政诉讼法》）1989年颁布，分别于2014年、2017年进行修改。修改后的《行政诉讼法》在第一条中开宗明义，将行政诉讼法的价值明确为四个方面：其一，保证人民法院公正、及时审理行政案件；其二，解决行政争议；其三，保护公民、法人和其他组织的合法权益；其四，监督行政机关依法行使职权。其中，前两个价值是诉讼制度的普遍性程序价值，而第三价值和第四价值则是权利保护和权力制约价值的集中体现。

（2）行政诉讼的基本框架与主要制度

行政诉讼是"民告官"之诉，与平等民事主体之间开展的民事诉讼、国家公诉机关对犯罪嫌疑人是否构成犯罪而提起的刑事诉讼相比，行政诉讼在制度理念、制度设计上具有极其鲜明的特色和"个性"：原告是公民、法人或其他组织，在日常社会生活中属于行政管理活动中的被管理者地位；被告是拥有强大行政权的行政机关，居于管理者地位。因此，行政诉讼制度设计从头至尾都贯穿着平衡相对弱势的原告和强势的被告之间的诉讼权利和地位的精神。此外，由于行政诉讼还承载着司法权对行政权的监督和制约功能，因此不少制度是围绕这项功能展开。下面就围绕行政诉讼最具特色的制度和新《行政诉讼法》的亮点制度作一介绍。

第一，合法性审查为主，兼顾合理性审查的原则。体现在《行政诉讼法》第六条及第七章第二节各种裁判方式的使用情形中。合法性审查原则是行政诉讼的核心原则，也可以说是整个行政诉讼法制度架构的基点。合法性审查在要素上包括对行政行为的主体、事实认定、适用法律和履行程序四个方面合法性的逐一审查。同时，随着法治政府理念的深入和行政诉讼法的修改，行政行为的合理性问题在法院审查中的分量也越来越重。所谓合理性问题，主要指那些形式上满足合法性基本要求，但在执法的公平性、人性化、科学化方面有所欠缺，从而使人感到不近人情、难以接受的问题。比如，对在同一地段无照摆摊设点经营的商贩，处罚其中一个而不处罚另一个；雇佣非执法人员假扮乘客，诱使黑车司机上钩，以查处非法运营行为；征地拆迁过程中，将年逾七旬、行动不便的老人安置在无电梯的楼房高层居住；等等。这些情形即使在形式上并不违反法律规定，也会使人感到在合理性上有所欠缺。根据《行政诉讼法》的规定，除了合法性问题之外，涉及滥用职权、显失公平、明显不当等合理性问题，人民法院都有权判决撤销或变更行政行为，从合理性上对行政权行使进行深入的监督。

第二，行政机关负责人出庭应诉制度。体现在《行政诉讼法》第三条的规定中。行政机关负责人出庭应诉制度是行政诉讼法修订后的制度亮点，它要求："被诉行政机关负责人应当出庭应诉。不能出庭的，应当委托行政机关相应的工作人员出庭。"其被社会各界誉为解决"告官不见官"问题的良策。结合最高人民法院的司法解释，行政机关负责人包括正职和副职负责人。行政诉讼法关于行政机关负责人出庭应诉制度的规定，将负责人出庭作为一种义务明确下来，在推动党政领导干部依法行政意识、重视法治工作，为群众提供倾听、交流渠道方面具有一定作用，但由于法律对于行政机关负责人不出庭的，没有规定法律后果和责任，因此实践中行政机关负责人真正到庭参加诉讼的行政案件并未成为主流。

第三，受案范围制度。体现在《行政诉讼法》第二、十二、十三条及相关司法解释中。受案范围也是行政诉讼极具特色的制度之一，它指的是哪些事项能够纳入行政诉讼的调整范围。行政诉讼法及司法解释明确不属于行政诉讼受案范围的包括以下情形：国防、外交等国家行为；行政法规、规章或者行政机关制定、发布的具有普遍约束力的决定、命令；行政机关对行政机关工作人员的奖惩、任免等决定；法律规定由行政机关最终裁决的行政行为；公安、国家安全等机关依照刑事诉讼法的明确授权实施的行为；调解行为以及法律规定的仲裁行为；不具有强制力的行政指导行为；驳回当事人对行政行为提起申诉的重复处理行为；对公民、法人或者其他组织权利义务不产生实际影响的行为。

第四，复议双被告制度。体现在《行政诉讼法》第二十六条中。复议双被告制度是行政诉讼法首次修改中的重大调整。原来的规定是复议机关维持原行政行为的，作出原行政行为的机关为被告；复议机关改变原行政行为的，复议机关是被告。而修改之后的法律规定，复议机关决定维持原行政行为的，作出原行政行为的行政机关和复议机关是共同被告。这一制度修改的目的在于促进行政复议机关发挥系统内部纠错的作用，改变以往复议机关长期扮演"维持会"的角色，实现救济渠道分流和前移的目标。

第五，规范性文件附带审查制度。体现在《行政诉讼法》第五十三条中。公民、法人或者其他组织认为行政行为所依据的国务院部门和地方人民政府及其部门制定的规范性文件不合法，在对行政行为提起诉讼时，可以一并请求对该规范性文件进行审查。这一制度明确了人民法院可以依申请对规章以下规范性文件进行审查的权力，其价值闪光点在于司法权可以对普遍适用的"红头文件"进行监督，可以从源头上治理行政乱作为，防止实施中造成更大范围的侵害。

第六，被告负举证责任的证据制度。体现在《行政诉讼法》第三十四条及多条与证据相关的规定中。与民事诉讼奉行的"谁主张谁举证"的证据规则不同，行政诉讼中主要的举证责任由被告承担，由行政机关提供作出行政行为的证据和所依据的法律文件，有时也被称为行政诉讼举证责任"倒置"。根据法律规定，被告不提供或者无正当理由逾期提供证据，视为没有相应证据。这一行政机关"自证合法"的举证规则，恰恰是由公权力行使的依法性和权威性决定的。在行政管理活动中，行政机关具有专业的人员，依照法定的流程开展执法活动，作出对行政相对人合法权益予以处分的行为，自然应当能够有理有据、自圆其说。同时，这一证据规则也是从诉讼制度上对处于弱势地位的行政相对人的倾斜和弥补。当然，举证责任由被告承担，并不意味着原告没有任何举证的权利和义务，其仍然需要对自己具有原告主体资格、在履行职责案件中提出过申请等事项进行举证，同时也有权提出行政行为违法的证据。

第七，一并审理民事争议制度。体现在《行政诉讼法》第六十一条中。在涉及行政许可、登记、征收、征用和行政机关对民事争议所作的裁决的行政诉讼中，当事人申请一并解决相关民事争议的，人民法院可以一并审理。这一制度是为了防止民事与行政法律问题交织时，民事审判与行政审判互相推诿，切实提高司法救济的实效，避免当事人诉累。

第八，判决方式及效力。体现在《行政诉讼法》第六十九条至七十八条中。总体而言，行政诉讼判决方式共有下列几种：判决驳回原告诉讼请求，用于原告的诉讼理由不成立的情形；判决撤销并责令行政机关重作，用于行政行为违法的情形；判决确认违法，用于不具有可撤销内容的违法情形或不宜撤销的情形，确认违法通常意味着行政行为获得了否定性评价，但效力仍然存在；判决履行法定职责，用于行政机关确实存在不作为的情形；确认无效，用于行政行为有实施主体不具有行政主体资格或者没有依据等重大且明显违法情形；判决变更，用于行政行为明显不当的情形；判决补偿，用于行政协议诉讼中，被告变更、解除行政协议合法，但未依法给予补偿的情形。当然，除了判决方式外，行政诉讼还有不予立案和驳回起诉裁定方式，主要用于不符合起诉条件的情形，在此不再赘述。

3. 行政赔偿

（1）制度定位

行政赔偿制度是"责任政府"的重要体现，是国家赔偿制度的重要组成部分，在《国家赔偿法》中做了明确的规定。国家赔偿是行政赔偿的上位概念，由刑事赔偿、行政赔偿和司法赔偿三部分组成。其中，行政赔偿是指行政机关及其工作人员在行使职权中，侵犯公民、法人和其他组织合法权益的情形，造成损害的，由行政机关对受害人进行赔偿的制度。

（2）获得行政赔偿的条件

公民、法人或其他组织获得行政赔偿必须符合以下四个条件：一是行政机关及其工作人员有行使行政职权的行为；二是公民、法人或其他组织的人身权、财产权受到损害；三是行使职权行为与损害后果之间具有因果关系；四是不存在《国家赔偿法》第五条规定的不予赔偿的情形。不予赔偿的情形包括：行政机关工作人员与行使职权无关的个人行为；因公民、法人和其他组织自己的行为致使损害发生的；法律规定的其他情形。

（3）基本流程

在行政赔偿流程中，提出行政赔偿的公民、法人或其他组织称为行政赔偿申请人，涉及行政赔偿的行政机关称为行政赔偿义务机关。根据《国家赔偿法》的规定，提出行政赔偿分为单独提出和与行政复议、行政诉讼一并提出两种模式。在一并提出的模式下，行政赔偿申请人在针对行政行为提起行政复议或行政诉讼的同时，提出赔偿请求。在单独提起的模式下，行政赔偿申请人需要先向赔偿义务机关提交《行政赔偿申请书》，由赔偿义务机关对是否应当赔偿作出答复。申请人对答复内容不服的，可以再向人民法院提起行政赔偿之诉。赔偿义务机关作出赔偿决定或人民法院判决赔偿时，赔偿的数额将以国家上年度职工年平均工资数额作为基数，通过相应方法来计算。

第六章 自然人与其他民事主体关系之法律调整

"在民法慈母般的眼神中，每个人就是整个国家。"民法作为市场经济的基本法，是"社会生活百科全书"，是保障公民私权利的指南。它遵循"法无明文禁止即自由"原则，充分尊重当事人的意思自治与契约自由。它充分保障民事主体的人格尊严，彰显私权利的独立价值。我国已先后颁布了《中华人民共和国民法通则》、《中华人民共和国合同法》、《中华人民共和国物权法》、《中华人民共和国侵权责任法》等单行民事法律，初步构建起了我国基本的民事法律体系。上述民事法律的颁布，有效地保障了各类民事主体的合法权益，促进了经济社会的快速发展。当前，我国《民法总则》已经正式出台。

一、一般规定

（一）民事法律关系

自然人与其他民事主体关系之法律调整，主要指受民事法律规范的调整，所谓民事法律关系是指由民事法律规范所调整的社会关系。但并非所有的社会关系都受民事法律关系调整，如约会、婚约、定情约定等恋爱关系不受民事法律的调整，请吃饭、看电影等社会关系亦不受民事法律的调整。

（二）民事主体制度

民事主体是指参加民事法律关系享受权利并承担义务的人。我国《民法总则》规定，作为民事法律关系的主体有自然人、法人和非法人组织。

1. 自然人

自然人从出生时起到死亡时止，具有民事权利能力，依法享有民事权利，承担民事义务。

2. 法人

法人是指具有民事权利能力和民事行为能力，并能独立享有民事权利和承担民事义务的组织。法人可分为企业法人和非企业法人。企业法人是指以生产经营为其活动内容，实行独立经济核算，自负盈亏，向国家纳税的单位。非企业法人是指不直接从事生产和经营活动，以国家管理和非经营性的社会活动为其内容的法人。主要包括国家机关法人、事业单位法人、社会团体法人等。

3. 非法人组织

非法人组织是指不具有法人资格，但是能够依法以自己的名义从事民事活动的组织。我国《民法总则》规定民法的调整范围是平等主体的自然人、法人和非法人组织之间的人身关系和财产关系。为了保障这些客观存在但又不是法人的社会组织的合法利益，我国《民事诉讼法》及其司法解释规定了其他组织可以作为民事诉讼的当事人。主要有：依法登记领取营业执照的个人独资企业；依法登记领取营业执照的合伙企业；依法登记领取我国营业执照的中外合作经营企业、外资企业；依法成立的社会团体的分支机构、代表机构；依法设立并领取营业执照的法人的分支机构；依法设立并领取营业执照的商业银行、政策性银行和非银行金融机构的分支机构；经依法登记领取营业执照的乡镇企业、街道企业；其他符合本条规定条件的组织。

(三) 民事权利能力与民事行为能力

自然人的民事权利能力是指自然人依法享有民事权利、承担民事义务的资格。自然人从事民事活动，还需具备民事行为能力，即指自然人通过自己的行为独立行使民事权利或履行民事义务的能力，限制民事行为能力或者无民事行为能力人从事民事活动需取得其法定代理人的同意与追认。

我国《民法总则》降低了限制民事行为能力人的年龄规定。《民法总则》规定：十八周岁以上的自然人为成年人，具有完全民事行为能力，可以独立进行民事活动，是完全民事行为能力人；十六周岁以上不满十八周岁的未成年人，以自己的劳动收入为主要生活来源的，视为完全民事行为能力人；八周岁以上的未成年人是限制民事行为能力人，可以进行与他的年龄、智力相适应的民事活动；其他民事活动由其法定代理人代理，或者征得他的法定代理人的同意；不满八周岁的未成年人是无民事行为能力人，由其法定代理人代理民事活动。

(四) 监护制度

监护制度是指对未成年人和精神病人的人身、财产及其他合法权益进行监督和保护的一种民事法律制度。享有监护权利，对无民事行为能力人或限制民事行为能力人进行监督和保护的人称为监护人；无民事行为能力人和限制民事行为能力人称为被监护人。监护制度的设立完全是为了保护被监护人的合法民事权益。监护可分为法定监护、委托监护、指定监护。

【相关链接】

全国首例父母双双被撤销女儿监护权案件

2015 年 1 月 7 日，江苏省徐州市铜山法院受理了一起由民政部门提起的申请撤销法定监护人监护权案件。受害女童小玲（化名）被生父性侵，远在河南的生母不闻不问，该区民政部门根据检察机关的建议，向法院提出撤销小玲父母监护人资格的申请。铜山法院受理案件后组成合议庭，做了深入细致的社会调查和对受害女童的心理干预工作，并依照民事诉讼特别程序，于同年 2 月 4 日公开开庭进行了审理，并当庭作出判决撤销小玲父母的法定监护权，指定铜山区民政局为小玲的监护人。

评析：本案的审理激活了沉睡 28 年的《民法通则》关于撤销监护权的法律条款，获得了社会的空前关注。最高人民法院、最高人民检察院、公安部、民政部联合颁布《关于依法处理监护人侵害未成年人权益行为若干问题的意见》，其中规定，被申请人性侵害、出卖、遗弃、虐待、暴力伤害未成年人，严重损害未成年人身心健康的；将未成年人置于无人监管和照看的状态，导致未成年人面临死亡或者严重伤害危险，经教育不改的；拒不履行监护职责长达六个月以上，导致未成年人流离失所或者生活无着的等七种情形之一，人民法院可以判决撤销其监护人资格。同时规定了有权提起申请撤销监护人资格的单位和个人，即未成年人的其他监护人、关系密切的其他亲属、未成年人住所地的村（居）民委员会、民政部门及其设立的未成年人救助保护机构、妇联、关工委等。该意见的出台，为防止监护侵害、解决监护缺位、完善监护制度提供了具体办案依据，必将更有利于保障未成年人的合法权益。新出台的《民法总则》第三十六条对撤销监护人资格也有规定："监护人有下列情形之一的，人民法院根据有关个人或者组织的申请，撤销其监护人资格，安排必要的临时监护措施，并按照最有利于被监护人的原则依法指定监护人：（一）实施严重损害被监护人身心健康行为的；（二）怠于履行监护职责，或者无法履行监护职责并且拒绝将监护职责部分或者全部委托给他人，导致被监护人处于危困状态的；（三）实施严重侵害被监护人合法权益的其他行为的。本条规定的有关个人和组织包括：其他依法具有监护资格的人，居民委员会、村民委员会、学校、医疗机构、妇女联合会、残疾人联合会、未成年人保护组织、依法设立的老年人组织、民政部门等。前款规定的个人和民政部门以外的组织未及时向人民法院申请撤销监护人资格的，民政部门应当向人民法院申请。"

（五）民事活动应当遵循的基本原则

自然人与其他民事主体之间的民事活动，根据《民法总则》的规定，应当遵循平等、自愿、公平、诚实信用、公序良俗、绿色原则等基本原则。

1. 平等原则

平等原则是指民事主体在民事活动中的法律地位一律平等。

2. 自愿原则

自愿原则指民事主体从事民事活动应遵循自愿原则，按照自己的意思设立、变更、终止民事法律关系，并同时尊重对方的意愿和社会公共利益，不能将自己的意志强加给对方或任何第三方。同时，双方的意愿只要不违反法律法规的禁止性规定，其他任何机关、团体、个人等都不能干涉。但以欺诈、强迫、威胁等违背交易主体意志的不正当行为，则为法律所禁止。

3.公平原则

公平原则是民法的一项基本原则，它要求民事主体在民事活动中应合理确定各方的权利和义务，以社会正义、公平的观念指导自己的行为、平衡各方的利益，要求以社会正义、公平的观念来处理当事人之间的纠纷。公平原则主要表现在以下方面：一是民事主体参与民事法律关系的机会平等；二是当事人的关系上利益应均衡，合理分配义务；三是合理地承担民事责任。根据我国《民法总则》第一百五十二条、《合同法》第五十四条规定，民事行为存在重大误解、显失公平、欺诈、胁迫或乘人之危，是当事人请求变更或撤销的法定事由。

4.诚实信用原则

民事主体从事民事活动，应当遵循诚信原则，秉持诚实，恪守承诺。

5.公序良俗原则

公序良俗原则指民事主体从事民事活动，不得违反法律，不得违背公序良俗。我国《民法总则》第八条、《合同法》第七条和《物权法》第七条均有关于尊重社会公德、社会公共利益和社会经济秩序的规定，通常被认为是关于公序良俗原则的规定。

6.绿色原则

民事主体从事民事活动，应当有利于节约资源、保护生态环境。

【以案说法】

订遗嘱将房屋赠与"小三"违反公序良俗无效

四川省泸州市某单位的黄某某和蒋某某于 1963 年结婚，蒋某某未能生育，后收养一小孩，这给家庭带来了一丝阴影。1994 年，黄某某认识了张某某，不久，两人便公开以"夫妻"名义同居生活。2001 年 2 月，黄某某在医院检查确诊是癌症晚期，在此期间，张某某亦以"妻子"的身份在黄某某的病床边照料。黄某某于 2001

年 4 月 18 日立下遗嘱："我决定，将依法所得的住房补贴金、公积金、抚恤金和卖泸州市江阳区一套住房售价的一半等财产遗留给我的朋友张某某一人所有，我去世后骨灰盒由张某某负责安葬。"黄某某去世后，张某某根据遗嘱向蒋某某索要遗嘱中涉及的财产和骨灰盒，但遭到拒绝。张某某遂向法院提起诉讼，请求依据继承法等相关法律的规定，判令蒋某某按遗嘱履行交付义务，同时对遗产申请诉前保全。

法院经审理认为：尽管《继承法》中有关于遗赠的明确规定，且本案中的遗赠也是黄某某的真实意思反映，但黄某某将遗产赠送给"第三者"的行为违反了《民法通则》第七条"民事活动应当尊重社会公德，不得损害社会公共利益，扰乱社会经济秩序"的规定，进而驳回了张某某的诉讼请求。

二、人身权法律知识

人身权是指与人身相联系或不可分离的没有直接财产内容的权利。人身权与财产权共同构成了民法中的两大类基本民事权利。人身权是我国公民和法人的人身关系在法律上的体现和反映。人身权包括人格权和身份权。

(一) 人格权

人格权是指民事主体基于其法律人格而享有的、以人格利益为客体的、为维护其独立人格所必需的权利。人格权又可以分为具体人格权和一般人格权。具体人格权包括：生命权、身体权、健康权、姓名权、名称权、肖像权、名誉权、隐私权、信用权等；一般人格权包括：人格独立权、人格自由权、人格尊严权。

1. 生命权

生命权是指人身不受伤害和杀害的权利或得到保护以免遭伤害和杀害的权利，取得维持生命和最低限度的健康保护的物质必需的权利。生命权也是人权最基本的权利。

2. 身体权

身体权是指自然人对保持其肢体、器官和其他组织的完整而依法享有的权利。身体权有其独特的保护范围，对身体权的侵害行为，不以对身体的侵害造成生命、健康的损害为必要。

3. 健康权

健康权是指自然人保持其正常的生理和心理的技能状态和社会适应能力的权利。

4. 姓名权

姓名权是指公民决定其姓名、使用其姓名和变更其姓名并要求他人尊重自己姓名的权利，是以姓名利益为内容的权利。主要包括姓名的命名、使用、变更并排除他人的妨碍和侵害。

5. 名称权

名称是指法人和其他组织在参与民事活动时，为区别于其他组织而为自己确立的一个特定标志。法人的名称应能反映其营业性质、业务活动及隶属关系。

6. 肖像权

肖像是指公民身体的外部表现，并通过传统美术和现代科学将人身体的外部表现在客观上再现，如通过雕塑、摄影、画像等。肖像反映的是肖像者的真实形象和个性特征，所以肖像与特定人的人格不可分离。肖像权是公民对自己的肖像享有利益并排斥他人侵犯的一种人身权利，是以公民的形象、特征利益为内容的人格权。

【以案说法】

一家三口莫名被代言"不孕不育"广告获赔偿

贺某、李某夫妇婚后多年未育小孩，担心患有不育症，遂到湖南某省级医院求诊，主治医师刘某为贺某夫妇进行了治疗。随后，贺某夫妇生育一小孩，贺某一家三口来到该医院，并在医院会议室照了两幅彩照留念，一幅为贺某一家三口与刘某的合影，一幅为刘某与贺某小孩的合影。此后不久，刘某离开该医院，供职于长沙某医院。长沙某医院为宣传其治疗不孕不育的特色专科和刘某的医疗技术，利用刘某提供的前述两幅彩照在某杂志上刊登广告。贺某夫妇知悉某杂志刊有他们的照片，遂要求长沙某医院停止侵权行为，但某杂志仍在后续几期杂志上对照片进行了刊登。贺某一家向法院提起诉讼，要求长沙某医院、刘某、湖南某省级医院、某杂志的主管单位停止侵权、赔偿经济损失并赔礼道歉。

法院审理认为，长沙某医院和刘某作为广告主未经贺某夫妇同意即擅自使用其一家三口的照片，已侵犯贺某三人的肖像权，某杂志作为广告发布者在广告主未提交已征得肖像权人同意的证明的情况下刊登贺某三人的照片，违背了审查义务，依法均应承担相应的民事责任，遂支持了贺某一方的大部分诉讼请求。

7. 名誉权

名誉是指社会或他人对特定公民、法人的品德、才干、信誉、商誉、资历、功绩等方面的评价和总和。名誉权就是公民、法人依法享有的，有关自己的社会评价不受他人侵犯的一种人身权利。

【以案说法】

公众人物发表网络言论应负更大的注意义务

2010 年 5 月，周鸿祎（奇虎软件有限公司董事长）在其新浪、搜狐、网易微博等微博上发表多篇博文，内容涉及"揭开金山公司面皮"、"微点案"、"金山软件破坏 360 卫士"等。金山公司认为这些微博虚构事实、恶意诽谤，诋毁原告商业信誉及产品信誉，且经网络和平面媒体报道后，造成金山公司社会评价的降低。因此，请求周鸿祎停止侵害，在新浪、搜狐、网易微博首页发布致歉声明并赔偿经济损失 1200 万元。

一审法院审理认为：微博的特点在于寥言片语、即时表达对人对事所感所想，是分享自我的感性平台，与正式媒体相比，微博上的言论随意性更强、主观色彩更加浓厚，对其言论自由的把握尺度也更宽。考虑到微博影响受众不特定性、广泛性的"自媒体"特性，对微博言论是否构成侵权，应当综合考量发言人的具体身份、言论的具体内容、相关语境、受众的具体情况、言论所引发或可能引发的具体后果等加以判断。周鸿祎作为金山公司的竞争对手奇虎360公司的董事长，且是新浪微博认证的加"V"公众人物，拥有更多的受众及更大的话语权，应当承担比普通民众更大的注意义务，对竞争对手发表评论性言论时，应更加克制，避免损害对方商誉。周鸿祎利用微博作为"微博营销"的平台，密集发表针对金山软件的不正当、不合理评价，目的在于通过诋毁金山软件的商业信誉和商品声誉，削弱对方的竞争能力，从而使自己任职的公司在竞争中取得优势地位，具有侵权的主观故意，其行为势必造成金山公司社会评价的降低，侵犯了金山公司的名誉权，应承担停止侵权、赔礼道歉、消除影响并赔偿损失的责任。但金山公司并无证据证明其股价下跌与周鸿祎微博言论的关联性，遂判决周鸿祎停止侵权，删除相关微博文章，在新浪、搜狐、网易微博首页发布致歉声明，并赔偿经济损失8万元。二审法院改判赔偿经济损失5万元。

典型意义：本案是利用微博侵害企业名誉权的案件。首先，一、二审法院根据微博这一"自媒体"的特征，认为把握微博言论是否侵权的尺度要适度宽松，体现了与互联网技术发展相结合的审判思路，值得赞同。其次，一、二审法院都认为，微博言论是否侵权应当结合博主的身份、言论的内容及主观目的等因素综合认定。公众人物应当承担更多的注意义务，这一判断与侵权法的基本理念相契合。本案在利用网络侵害经营主体商业信誉、商品或服务的社会评价的现象逐步增加的背景下，更具启示意义。

8.隐私权

隐私权又称个人生活秘密权，是指自然人不愿公开或让他人知悉个人秘密的权利。

9.信用权

民事主体所具有的经济能力在社会上所获得的相应信赖与评价所享有的保有和维护的人格权。作为民事主体的自然人和法人，都依法享有信用权，其他任何人不得非法侵犯，征信机构也不能侵害这种权利。

（二）身份权

身份权是指公民或法人依一定行为或相互之间的关系所发生的一种民事权利。身份权作为一种民事权利，它不仅为权利人的利益而设立，同时也为相对人的利益而设立，因此权利人依法行使法律赋予的各项身份权利，也必须履行相应的法定义务。身份权主要包括：亲权、配偶权、亲属权（监护权）、知识产权中的身份权。亲权是指父母抚养和教育未成年子女的权利，主要包括抚养教育权、财产管理权，符合法定条件时申请宣告子女失踪或死亡的权利以及子女被侵权致死时请求死亡赔偿金的权利。配偶权是指夫妻一方对于另一方基于配偶身份所享有的权利，包括同居权、扶养权、贞操维护请求权、日常家事代理权、主体资格变更宣告请求权、监护权、离婚权、继承权等权利。亲属权是指父母与成年子女、祖父母与孙子女、外祖父母与外孙子女、兄弟姐妹之间的身份权。

【以案说法】

夫妻车祸身亡老人想要冷冻胚胎获支持

江苏人沈某夫妇于 2010 年结婚，婚后由于多年未育，两人在南京某医院做了试管婴儿手术。前期试管培育受精已经全部完成，准备进行植入胚胎手术前一天，两人驾车发生车祸，相继离世。四位失独老人与南京某医院交涉，期望得到沈某夫妻冷冻胚胎的监管权和处置权，遭到拒绝。院方表示，虽然很同情这家人的遭遇，但由于国家对辅助生殖技术及胚胎处置有明文规定，因此无法将冷冻胚胎交给其处置。沈某父母遂以亲家为被告，诉至宜兴法院，主张获得已故儿子、儿媳冷冻胚胎的监管权和处置权。审理中，法院追加南京某医院为第三人参加诉讼。

宜兴法院审理认为，实行体外受精——胚胎移植手术过程中产生的受精胚胎，是具有发展为生命的潜能、含有未来生命特征的特殊之物，不能像一般之物一样任意转让或继承，故其不能成为继承的标的，一审驳回原告诉求。原告不服该判决，上诉至无锡中院。2014 年 9 月 17 日，无锡中院对全国首例已故夫妻冷冻胚胎权属纠纷案作出终审判决，撤销了原审法院判决，支持了上诉人失独老人关于获得已故儿子、儿媳冷冻胚胎的监管权和处置权的诉求。

典型意义：本案终审判决不仅确认了四位失独老人对其各自子

女经过人工匹配取得、含有血缘传承的 DNA 等遗传物质和两个家族遗传信息的冷冻胚胎，具有生命伦理上的密切关联性，是双方家族血缘传承的唯一载体，承载着哀思寄托、精神慰藉、情感抚慰等人格利益，因而享有私法上的权利；同时还确认政府卫生行政管理部门关于胚胎不能买卖、赠送和禁止实施代孕的规定，是对医疗机构和医务人员在从事人工生殖辅助技术上的管理性规定，不具有强制性法律、法规的效力，不能对抗当事人基于私法所享有的正当权利，因而确认四位失独老人对争议的人体胚胎享有民事权利，保存该人体胚胎的医院必须尊重当事人的私法权利，没有理由拒绝当事人正当的权利请求。但当事人对于体外胚胎享有的权利究竟是继承权、监管权还是处置权，理论上存在争议，还需认真研究确定。

三、物权法律知识

（一）物权法概述

《物权法》是民事财产关系的基本法，在市场经济法制体系中处于基础地位。党的十八届四中全会《决定》指出，要健全以公平为核心原则的产权保护制度，加强对各种所有制经济组织和自然人财产权的保护。《决定》提到的"产权"，是一个来源于经济学的概念，法律上与其大致对应的概念是财产权，是一种包含物权、债权以及由此衍生出的各种具体权利的复合财产权利。一般而言，物权是指权利人依法对特定的物享有直接支配和排他的权利，主要包括所有权、用益物权、担保物权以及占有。

（二）物权变动

1.不动产登记

我国《物权法》第六条规定："不动产物权的设立、变更、转让和消灭，应当依照法律规定登记。动产物权的设立和转让，应当依照法律规定交付。"就不动产登记而言，只要当事人完成登记，就完成了物权的变动，至于世人是否去了解，在所不问。就动产交付而言，只要当事人完成交付行为，其他人是否知悉，也不影响动产物权设立和变动的效力。

【以案说法】

不动产物权的设立以不动产登记为准

洪先生与某房地产开发商签订房屋买卖合同，约定以 170 万元的价格购买商铺一套，并约定房产证由开发商负责向有关部门申报核发。合同订立后，洪先生支付了房款，而开发商一直未交房，也不履行办理产权证义务。后该开发商又与李女士订立房屋买卖合同，将洪先生已购买的铺面以 190 万元的价格卖给李女士。李女士缴清购房款后，开发商出具商品房专用发票。2014 年 7 月，房地产管理局给李女士办理了《房屋所有权证》，开发商向李女士交房后，李女士将该商铺出租。洪先生以签订合同在先为由要求开发商为其办理产权证，撤销李女士的产权证，并诉至法院。法院判决该房屋归李女士所有，洪先生的损失由开发商赔偿。

上述案例涉及"一房二卖"问题，虽然洪先生与开发商签订的房屋买卖合同在先，但该买卖合同属于债权，而李女士与开发商签订了买卖合同并办理了产权登记，取得了该商铺的物权。本案中，洪先生要如何在签订合同后能够确保取得商铺的所有权呢？我国《物权法》第二十条规定："当事人签订买卖房屋或者其他不动产物权的协议，为保障将来实现物权，按照约定可以向登记机构申请预告登记。预告登记后，未经预告登记的权利人同意，处分该不动产的，不发生物权效力。预告登记后，债权消灭或者自能够进行不动产登记之日起三个月内未申请登记的，预告登记失效。"即如果洪先生在签订商铺买卖合同时，与开发商约定就合同约定的商铺进行预告登记，在登记之后就会产生物权的对抗第三人的效力，此时，洪先生就可以取得其期待的商铺。

2. 动产交付

动产交付是指将动产的占有移转给受让人的法律事实。因为交付就是占有的移转，故也称为占有的交付。交付的法律意义是公示，即表示动产物权的设立、变更及移转的法律事实。部分特殊动产采用登记对抗主义，我国《物权法》第二十四条规定：船舶、航空器和机动车等物权的设立、变更、转让和消灭，未经登记，不得对抗善意第三人。

3. 异议登记

异议登记是利害关系人对不动产登记簿记载的权利提出异议并记入登记簿的行为，是在更正登记不能获得权利人同意后的补救措施。异议登记使得登记簿上所记载权利失去正确性推定的效力，因此异议登记后第三人不得主张基于登记而产生的公信力。我国《物权法》第十九条规定："权利人、利害关系人认为不动产登记簿记载的事项错误的，可以申请更正登记。不动产登记簿记载的权利人书面同意更正或者有证据证明登记确有错误的，登记机构应当予以更正。不动产登记簿记载的权利人不同意更正的，利害关系人可以申请异议登记。登记机构予以异议登记的，申请人在异议登记之日起十五日内不起诉，异议登记失效。异议登记不当，造成权利人损害的，权利人可以向申请人请求损害赔偿。"

【以案说法】

当事人申请异议登记后应当在规定时间内起诉

2014 年 3 月，刘某向朋友郑某借 10 万元做生意，约定一年后还钱。作为担保，刘某承诺，如果到期不能还钱，愿意以房抵债。2015 年 3 月，刘某的生意赔了，无力偿还 10 万元钱。郑某要求刘某以房抵债，办理转移登记，刘某不同意。4 月 21 日，刘某将该住房卖给赵某并申请办理房产过户手续。郑某得知后，4 月 23 日，他携带借款合同和身份证件到房屋登记机构，申请异议登记。经审查，登记机构当天办理了异议登记，并书面告知申请人在登记之日起 15 日内向人民法院起诉，否则异议登记失效。登记机构暂停办理过户手续，但直到 5 月 9 日也未收到郑某的起诉受理通知书。5 月 12 日，登记机构给赵某办理了房产过户手续。刘某卖房后未向郑某偿还 10 万元借款。郑某认为，该房已办理异议登记，登记机构不应当再办理过户手续，侵犯自己的权利。5 月 16 日，郑某向人民法院提起行政诉讼，请求判决确认登记机构违法并赔偿损失。人民法院经审理查明事实后，判决确认登记机构的行为合法，驳回了郑某的诉求。

根据《物权法》第十九条第二款的规定，郑某的债权未得到清偿，对于刘某的卖房行为属于利害关系人，可以申请异议登记。异议登记后，登记机构书面告知郑某在 15 日内起诉，否则异议登记失效，郑某未起诉，就丧失了法律的保护。之后，登记机构再办理刘某和赵某的房屋转移登记，并不违法。同时，刘某和郑某虽然书面约定以房抵债，但并未办理抵押登记，不经郑某同意，登记机构可以办理过户手续。所以，登记机构给刘某和赵某办理过户手续行为合法。

公民按照法律规定行使了权利之后，也应当按照法律规定履行义务。本案当事人郑某虽然申请了异议登记，但是没有在法定时限内起诉，应当承担不利后果。郑某认为，异议登记后就可以完全保障自己的权利，这是对法律的误解，异议登记只是暂时的保障措施，还有很多程序需要进行。只有全面地理解法律、运用法律，公民的权利才能得到保障。

4.善意取得

善意取得又称即时取得，是指无权处分人将其财物（动产或者不动产）转让给第三人，如受让人在取得该财物时系出于善意，则受让人取得该物的所有权，原权利人丧失所有权。《物权法》第一百零六条第一款规定，善意取得应当具备下列成立条件：（1）标的物须为动产或者不动产；（2）让与人对处分的动产或不动产无处分权；（3）受让人受让财产时须为善意；（4）受让人须支付合理的价格；（5）转让的动产或不动产已经交付或者登记。

（三）所有权

1.所有权概念

根据我国《物权法》规定，所有权是指所有权人对自己的不动产或者动产，依法享有的占有、使用、收益和处分的权利，并可以排除他人违背其意志所为的干涉，又称财产所有权。所有权是物权中最重要也最完全的一种权利，具有绝对性、排他性、永续性三个特征，具体内容包括占有、使用、收益、处分等四项权利。

2.征收

我国《物权法》第四十二条规定，为了公共利益的需要，依照法律规定的权限和程序可以征收集体所有的土地和单位、个人的房屋及其他不动产。征收集体所有的土地，应当依法足额支付土地补偿费、安置补助费、地上附着物和青苗的补偿费等费用，安排被征地农民的社会保障费用，保障被征地农民的生活，维护被征地农民的合法权益。征收单位、个人的房屋及其他不动产，应当依法给予拆迁补偿，维护被征收人的合法权益；征收个人住宅的，还应当保障被征收人的居住条件。任何单位和个人不得贪污、挪用、私分、截留、拖欠征收补偿费等费用。征收必须符合以下构成要件：(1) 前提是为了公共利益的需要；(2) 必须依照法定的权限和程序进行；(3) 对象是集体所有的土地、单位以及个人的房屋以及其他不动产；(4) 必须给予征收补偿。

3. 建筑物区分所有权

业主，就是"物业的主人"，是房屋物业的产权人。业主对建筑物内的住宅、经营性用房等专有部分享有所有权，对专有部分以外的共有部分享有共有和共同管理的权利。可见，业主的建筑物区分所有权是一项复合型权利，是由专有部分的所有权、共有部分的共有权及由共有关系而产生的管理权（成员权）的结合。

专有权、共有部分共有权及成员权，是相对独立而又不可分离的权利，区分所有人可以分别行使对专有部分的权利，对共有部分行使共有权，对管理建筑物行使成员权利。作为构成建筑物区分所有权的复合要素，区分建筑物所有权的结构中，专有权占主导地位，共有权居从属地位，成员权处于附属地位。在区分所有建筑物上，区分所有人取得了专用权，便当然取得共有权及成员权。

【以案说法】

小区绿地不容许私自占有

某小区环境优雅，公用绿地面积很大，但部分业主"圈"了部分公共绿地作为自己的地盘，种植起了瓜果蔬菜，这引起了其他业主的强烈不满，业主委员会多次劝阻无果，遂引发纠纷。

根据我国《物权法》规定，小区公共绿地属于小区全体业主共有，严禁任何单位及个人破坏、圈占绿地。当小区内的共有部分被单位或个人私自占用时，小区物业公司作为受业主委托管理小区的单位，应对私自圈占公共绿地的行为进行制止。如果物业制止不了，小区业主可通过业主大会和业主委员会依据《物业管理条例》及本小区的管理规约，要求侵权人停止侵权。如果侵权业主不听劝阻，小区其他业主可通过业主委员会向法院提起诉讼。

（四）用益物权

用益物权是对他人所有的物在一定范围内使用、收益的权利，包括土地承包经营权、建设用地使用权、宅基地使用权、地役权、自然资源使用权。

1. 土地承包经营权

土地承包经营权，是指土地承包经营权人对其依法承包的耕地、林地、草地等享有占有、使用、收益和一定处分的权利。农民集体所有的土地由本集体经济组织的成员承包经营的，由发包人与承包人订立承包合同，约定双方的权利和义务。而农民集体所有的土地由本集体经济组织以外的单位或个人承包经营的，根据《土地管理法》第十五条规定，必须经村民会议 2/3 以上成员或者 2/3 以上村民代表的同意，并报乡（镇）人民政府批准。我国《物权法》规定：耕地的承包期限为 30 年。草地的承包期限为 30 年至 50 年。林地的承包期限为 30 年至 70 年；特殊林木的承包期，经国务院林业行政主管部门批准可以延长。2014 年 11 月，中共中央办公厅、国务院办公厅印发的《关于引导农村土地经营权有序流转发展农业适度规模经营的意见》，对农村土地流转进行规范，设计顶层红线，定调"三个不能搞",划出三条红线,以引导农村土地健康流转。坚持土地公有制性质不改变、耕地红线不突破、农民利益不受损三条底线,在试点基础上有序推进。

2. 建设用地使用权

建设用地使用权是指建设用地使用权人依法对国家所有的土地享有占有、使用和收益的权利,有权利用该土地建造建筑物、构筑物及其附属设施。《城镇国有土地使用权出让和转让暂行条例》第十二条规定,按照土地的不同用途,土地使用权出让的最高年限为:(1)居住用地70年;(2)工业用地50年;(3)教育、科技、文化、卫生、体育用地50年;(4)商业、旅游、娱乐用地40年;(5)综合或者其他用地50年。每一块土地的实际使用年限,在最高年限内,由出让方和受让方双方商定。根据我国物权法的规定,建设用地使用权转让、互换、出资、赠与的,当事人应当采取书面形式订立相应的合同。合同的期限由当事人约定,但不得超过建设用地使用权的剩余期限。

(五) 担保物权

担保物权是指在借贷、买卖等民事活动中,债务人或债务人以外的第三人将特定的财产作为履行债务的担保。债务人未履行到期债务时,债权人依照法律规定的程序就该财产优先受偿的权利。担保物权包括抵押权、质权和留置权。

1. 抵押权

《物权法》第一百七十九条规定,抵押权是债权人对债务人或者第三人不转移占有的担保财产,在债务人届期不履行债务或者发生当事人约定的实现抵押权的情形时,依法享有的就该抵押财产的变价处分权和优先受偿权的总称。

抵押权的种类,根据不同的标准可以进行不同的划分,根据我国《担保法》的相关规定，抵押权主要有以下几种：（1）不动产抵押，是指以不动产为抵押标的物而设定的抵押。不动产抵押是最普遍的抵押形式，由于不动产的特殊性，抵押人不转移对其的占有即可达到担保之目的，因此在实践中受到社会的普遍欢迎。（2）动产抵押，是指以动产为抵押标的物而设立的抵押。动产抵押并不意味着所有的动产都可以成为抵押的标的物，有一些动产是不适合成为抵押标的物的。动产抵押的特征仍是抵押人不转移对财产的占有，否则将与质押无异。（3）权利抵押，是指以特定的财产权利作为抵押标的物的抵押。对于何种权利可以成为抵押的标的物，一般法律都会作出明确的规定，我国可供抵押的权利一般是指土地使用权。（4）最高额抵押，是指抵押人与抵押权人协议，在最高债权额度内，以抵押物对一定时间内连续发生的债权作担保的抵押形式。我国最高额抵押的适用范围，仅适用于借款合同和债权人与债务人就某项商品在一定期间内连续发生交易而签订的合同。（5）财团抵押，又称为企业抵押，是指抵押人以其全部的财产，包括动产、不动产和权利为一体共同作为标的物来进行抵押的行为。采用此种抵押方式的抵押人一般是企业，可以使企业的担保能力集中。《担保法》第三十四条规定，抵押人可将其合法财产一并抵押。（6）共同抵押，又叫总括抵押，是指为了同一债权的担保，在数个不同的财产上设置的抵押。共同抵押的突出特点是在数个抵押物上设定数个抵押权，共同担保同一债权。其中一个抵押权实现，其他财产上的所有抵押权均消灭。

2. 质权

质权是指债务人或第三人将其特定财产移交给债权人占有、作为债权的担保，在债务人不履行债务时，债权人有权依法以该财产折价或拍卖、变卖该财产的价金优先受偿的物权。

该财产称之为质物，提供财产的人称之为出质人，享有质权的人称之为质权人。设立质权应当签订书面合同，质权合同自质物或质权移交于质权人占有时生效。质权分为动产质权和权利质权两种，动产质权是指可移动并因此不损害其效用的物的质权；权利质权是指以可转让的权利为标的物的质权。

3. 留置权

留置权是指当债的一方逾期不履行债务时，合法占有债务人财产的一方有权扣留物品并享有对该物品的优先受偿权。

依物权法律制度之规定，留置权的成立，需具备以下要件：（1）债权人占有债务人之动产。债权人须合法占有债务人动产。（2）债权已届清偿期。债权人的债权未届清偿期，其交付或返回所占有标的物的义务已届履行期的，不能行使留置权。但是，债权人能够证明债务人无支付能力的除外。（3）动产之占有与债权属同一法律关系。另依我国物权法律制度规定，企业之间留置不受同一法律关系的限制。

（六）占有

占有是指占有人对不动产或者动产的实际控制。占有人可以是依法有权占有不动产或者动产，如根据租赁合同在租期内占有对方交付的租赁物，占有人也可能是无权占有他人的不动产或者动产，如借他人的物品，过期不还。

四、合同法律知识

（一）合同概念

合同是指平等主体的自然人、法人、其他组织之间设立、变更、终止民事权利义务关系的协议。合同法调整的是平等主体之间的民事关系。婚姻、收养、监护等有关身份关系的协议，不适用合同法的调整。

（二）合同的订立与效力

合同的订立，是指两个或两个以上的当事人，依法就合同的主要条款经过协商一致，达成协议的法律行为。当事人订立合同可以采用书面形式、口头形式和其他形式订立。合同一般包括以下条款：当事人的名称或者姓名和住所，标的，数量，质量，价款或者报酬，履行期限、地点和方式，违约责任，解决争议的方法。当事人订立合同的方式，采取要约、承诺方式。

要约是希望和他人订立合同的意思表示，要约要具备两个条件：一是内容具体确定；二是表明经受要约人承诺，要约人即受该意思表示约束。要约失效是指要约丧失法律效力，即要约人不再受其约束，受要约人也终止了承诺的权利。要约失效的情形包括：拒绝要约的通知到达要约人；要约人依法撤销要约；承诺期限届满，受要约人未作出承诺；受要约人对要约的内容作出实质性变更。

承诺是受要约人同意要约的意思表示，承诺生效时合同成立。承诺应当以通知的方式作出，但根据交易习惯或者要约表明可以通过行为作出承诺的除外。承诺应当在要约确定的期限内到达要约人；承诺通知到达要约人时生效；承诺也可以撤回，撤回承诺的通知应当在承诺通知到达要约人之前或者与承诺的通知同时到达要约人。

依法成立的合同，自成立时生效。法律、行政法规规定应当办理批准、登记等手续的，依照其规定。无效合同指因违反法律、法规的要求而不发生法律效力的合同。我国《合同法》第五十二条规定：有下列情形之一的，合同无效：一方以欺诈、胁迫的手段订立合同，损害国家利益；恶意串通，损害国家、集体或者第三人利益；以合法形式掩盖非法目的；损害社会公共利益；违反法律、行政法规的强制性规定。无效合同自始没有法律约束力。合同部分无效，不影响其他部分效力，其他部分仍然有效。

（三）常见合同类型

1. 房屋租赁合同

租赁合同是指出租人将租赁物交付给承租人使用、收益，承租人支付租金的合同。在当事人中，提供物的使用或收益权的一方为出租人；对租赁物有使用或收益权的一方为承租人。租赁物须为法律允许流通的动产或不动产。租赁合同包括房屋租赁合同、汽车租赁合同、厂房租赁合同、土地租赁合同、商铺租赁合同等。我国《合同法》第二百一十四条规定：租赁期限不得超过 20 年。超过 20 年的，超过部分无效。租赁期间届满，当事人可以续订租赁合同，但约定的租赁期限自续订之日起不得超过 20 年。

【以案说法】

承租人可以要求出租人履行修缮义务

李某在县城租了一套房子，每逢下大雨，房子都会漏水。因为在租房子的时候没有约定房屋的修缮问题，李某多次联系房东，要求修缮房屋，但房东不愿意，该怎么办。

我国《合同法》第二百二十条规定："出租人应当履行租赁物的维修义务，但当事人另有约定的除外。"李某与房东之间既然没有约定房屋修缮义务，那么按照法律规定，房东应承担修缮房屋的义务。我国《合同法》第二百二十一条规定："承租人在租赁物需要维修时可以要求出租人在合理期限内维修。出租人未履行维修义务的，承租人可以自行维修，维修费用由出租人负担。因维修租赁物影响承租人使用的，应当相应减少租金或者延长租期。"在李某要求房东修缮房屋后，房东未在合理期限内修缮的，李某可以自行修缮，然后要求房东支付修缮费或者减少相应租金。

2. 旅游合同

旅游经营者为旅游者组织提供的游览、度假、休闲等形式的旅游活动以及为旅游活动提供相关服务的经营活动。

【以案说法】

旅行社擅自更换景点应承担违约责任

上海的李先生参加某旅行社组织的"洛阳—开封等地千年古都五日游",每人支付费用 2000 元。旅游活动期间,导游擅自减少香山寺和白居易墓园等两处景点,增加了一处购物点。返回上海后,李先生向旅游质量监督部门投诉,因多次协商未果后诉至法院,要求旅行社补上两处景点,并承担相关交通、餐饮、住宿等费用。法院审理认为,旅行社不履行旅游合同的约定并非出于不可抗力,这一做法已构成违约。考虑到旅游合同具有特殊性,不宜强制履行,以赔偿经济损失为妥,法院判决旅行社赔偿李先生部分经济损失。

随着人民生活水平的提高,旅游已经成为人民生活的一部分。而我国旅游市场仍然不规范,如旅游中临时更换景点、指定场所购物。如游客发现导游任意更改景点,应及时沟通、现场协商解决;如果协商不成,应根据实际情况提出合理赔偿方式,并以实际发生的损失为限提出赔偿。从法律上来说,旅游合同属于精神消费合同范畴,目的在于身心愉悦放松。

旅游者发生旅游纠纷,要注意以下几点:(1)旅途中若遇旅游纠纷,可先与组团社的全陪、领队或地接社导游进行沟通协商,不能解决时,可与组团社联系,要求妥善处理。要及时向他们反映自己的意见和建议,听取旅行社的答复后再做决定。若拒不接受意见,应注意收集证据,待行程结束后再向旅行社交涉或向有关部门投诉或通过法律途径解决。如果客观条件允许,也可以当场向旅行社交涉要求采取补救措施，接受旅行社的合理补救措施，并继续完成旅程。（2）回程后，如游客认为旅行社的服务存在质量问题，可以根据权益受侵害的程度、实际拥有的事实证据、对时效以及赔偿金额的期望值高低和旅行社协商处理。此外，旅游者也可以向旅游管理部门投诉，投诉人应当及时提交赔偿请求书和相关证据资料。证据包括与旅行社签订的有关协议及约定，还有旅游中权益受到侵害的事实凭证，即游客提供的能够证明旅行社提供的服务与合同规定或原承诺不相符的最有力证据，如车船票据、门票、购物发货票，也可以提供有关物证、声像资料以及其他有效的文字资料。总之在旅游途中完整保留好各种相关书面证明资料，并且在权益受到侵害时及时通过保留物证和录音录像等方式保留证据是维权成功的关键所在。而当案件复杂、重大和极难调解时，尤其是涉及旅游人身财物意外事故等不适用旅行社保证金赔偿范围的经济纠纷案件，建议旅游者尽快选择解决纠纷的最高程序，即通过向法院提起诉讼来解决问题。

五、侵权法律知识

（一）一般规定

1.侵权行为的概念

侵权行为是指民事主体因违反法定或约定的义务，或违反社会共同观念的要求，损害他人受法律保护的人身、财产权益而应承担相应法律后果的行为，以及法律的特别规定应当承担相应法律后果的其他行为。我国《侵权责任法》第二、六、七条对此进行了规定。

2.归责原则

侵权行为的归责原则，是指在行为人的行为致人损害时，根据何种标准和原则确定行为人的侵权责任。侵权行为的归责原则是侵权行为法的核心，决定着侵权行为的分类、侵权责任的构成要件、举证责任的负担、免责事由等重要内容。它既是认定侵权构成、处理侵权纠纷的基本依据，也是指导侵权损害赔偿的准则。我国侵权行为的归责原则主要包括过错责任原则、无过错责任原则与公平责任原则。

（1）过错责任原则

过错责任原则，是指当事人的主观过错是构成侵权行为的必备要件的归责原则。我国《侵权责任法》第六条第一款规定："行为人因过错侵害他人民事权益，应当承担侵权责任。"

过错是行为人决定其行动的一种故意或过失的主观心理状态。过错违反的是对他人的注意义务，表明了行为人主观上的应受非难性或应受谴责性，是对行为人的行为的否定评价。过错责任的意义表现在，根据过错责任的要求，在一般侵权行为中，只要行为人尽到了应有的合理、谨慎的注意义务，即使发生了损害后果，也不能要求其承担责任。其目的在于引导人们行为的合理性。在过错责任下，对一般侵权责任行为实行"谁主张谁举证"的原则。受害人有义务举出相应证据表明加害人主观上有过错，以保障其主张得到支持。加害人过错的程度在一定程度上也会对其赔偿责任的范围产生影响。

适用过错责任原则时，第三人的过错和受害人的过错对责任承担有重要影响。如果第三人对损害的发生也有过错，即构成共同过错，应由共同加害人按过错大小分担民事责任，且相互承担连带责任。如果受害人对于损害的发生也有过错的，则构成混合过错，依法可以减轻加害人的民事责任。

过错推定责任，是指一旦行为人的行为致人损害就推定其主观上有过错，除非其能证明自己没有过错，否则应承担民事责任。我国《侵权责任法》第六条第二款规定："根据法律规定推定行为人有过错，行为人不能证明自己没有过错的，应当承担侵权责任。"

过错推定责任仍以过错作为承担责任的基础，因而它不是一项独立的归责原则，只是过错责任原则的一种特殊形式。过错责任原则一般实行"谁主张谁举证"的原则，但在过错推定责任的情况下，对过错问题的认定则实行举证责任倒置原则。受害人只需证明加害人实施了加害行为，造成了损害后果，加害行为与损害后果间存在因果关系，无需对加害人的主观过错情况进行证明，就可推定加害人主观上有过错，应承担相应的责任。加害人为了免除其责任，应由其自己证明主观上无过错。过错推定责任不能任意运用，只有在法律进行明确规定的情况下才可适用。

（2）无过错责任原则

无过错责任原则，是指当事人实施了加害行为，虽然其主观上无过错，但根据法律规定仍应承担责任的归责原则。我国《侵权责任法》第七条规定："行为人损害他人民事权益，不论行为人有无过错，法律规定应当承担侵权责任的，依照其规定。"

随着工业化的发展和危险事项的增多，加害人没有过错致人损害的情形时有发生，证明加害人的过错也越来越困难。为了实现社会公平和正义，更有效保护受害人的利益，无过错责任原则开始逐渐作为一种独立的归责原则在侵权行为法中得到运用。根据我国《侵权责任法》的规定，实行无过错责任的主要情形有：从事高度危险活动致人损害的行为，污染环境致人损害的行为，饲养动物致人损害的行为等。

无过错责任的适用应注意三个方面：其一，无过错责任原则的适用必须有法律的明确规定，不能由法官或当事人随意扩大适用。其二，适用无过错责任，受害人不须证明加害人的过错，加害人亦不能通过证明自己无过错而免责，但原告应证明损害事实及其因果关系。其三，我国实行的是有条件的、相对的无过错责任原则，在出现某些法定免责事由时，有关当事人也可全部或部分免除其民事责任。

（3）公平责任原则

公平责任原则，是指损害双方的当事人对损害结果的发生都没有过错，但如果受害人的损失得不到补偿又显失公平的情况下，由人民法院根据具体情况和公平的观念，要求当事人分担损害后果。我国《侵权责任法》第二十四条规定："受害人和行为人对损害的发生都没有过错的，可以根据实际情况，由双方分担损失。"公平责任原则的适用要注意以下几个问题：①适用公平责任的前提，必须是当事人既无过错，又不能推定其过错的存在，同时也不存在法定的承担无过错责任的情况。如果可以适用过错责任、法定无过错责任或推定过错责任就不能适用公平责任。②当事人如何分担责任，由法官根据个案的具体情况，包括损害事实与各方当事人的经济能力进行综合衡量，力求公平。

根据我国《民法总则》及《侵权责任法》的规定，适用公平责任原则的情形主要有：紧急避险致人损害的；在为对方利益或共同利益活动中致人损害等。因紧急避险造成他人损失的，如果险情是由自然原因引起，行为人采取的措施又无不当，则行为人不承担民事责任。受害人要求补偿的，可以责令受益人适当补偿。当事人对造成损害均无过错，但一方是在为对方的利益或者共同的利益进行活动的过程中受到损害的，可以责令对方或者受益人给予一定的经济补偿。

3.侵权责任的构成要件

一般侵权责任的构成要件，是指构成一般侵权责任所必须具备的条件。具备构成要件，则构成一般侵权责任；欠缺任何一个构成要件，都可能会导致一般侵权责任的不构成。侵权责任的构成要件受侵权责任归责原则的影响。在过错责任原则下，需要行为人有过错；在无过错责任原则下，则不考虑行为人是否存在过错。无论在哪种归责原则下，都需要有行为、损害事实以及二者之间的因果关系这三个构成要件。同时，无过错责任原则下的"无论有无过错"，也要建立在过错概念的基础上。

4.免责事由

免责事由是指可以减轻或者免除行为人侵权责任的事实，又叫违法阻却事由。我国《侵权责任法》第三章规定了过失相抵、受害人故意、第三人原因、不可抗力、正当防卫、紧急避险六种类型的免责事由。此外，司法实践中，也常常把意外事故、自担风险和依法执行职务作为免责事由。

5.精神损害赔偿相关问题

精神损害赔偿是指自然人在人身权或者是某些财产权利受到不法侵害，致使其人身利益或者财产利益受到损害并遭到精神痛苦时，受害人本人、本人死亡后其近亲属有权要求侵权人给予损害赔偿的民事法律制度。一般而言，这样的精神损害通常包括两种情况：一种是因遭受有形人身损害或者财产损害而导致的精神损害；另一种是未遭受有形人身损害或者财产损害而直接导致的精神损害。精神损害包括两种形态：一种是受害人可以感知到的精神损害，称为积极的精神损害；另一种是受害人由于心智丧失或者其他原因无法感知的精神损害，称为消极的精神损害。当受害人由于侵权行为所导致的精神上的损害达到一定的程度，要求侵权人进行赔偿，这个是非常有必要的，也符合法律的基本精神。

（二）侵权民事责任

1.教育机构责任

在无民事行为能力人、限制民事行为能力人的侵权行为中，很大一部分发生在校园中。教育机构范围对无民事行为能力、限制民事行为能力的未成年人依法负有教育、管理、保护义务。教育机构作为未成年人人身损害的赔偿义务人，其应承担的赔偿责任包括两个方面：（1）教育机构未尽职责范围内相关义务致使未成年人遭受人身损害，或者未成年人致他人人身损害的，应当承担与其过错相适应的赔偿责任。（2）第三人侵权致未成年人遭受人身损害的，第三人应当承担赔偿责任；但是教育机构有过错的，应当承担相应过错的补充赔偿责任。

2. 医疗损害责任

医疗损害责任，是指医疗机构及医务人员在医疗过程中因过失，或者在法律规定的情况下无论有无过失，造成患者人身损害或者其他损害，应当承担的以损害赔偿为主要方式的侵权责任。根据我国《侵权责任法》的规定，就医疗损害可以分为医疗技术损害责任、医疗伦理损害责任、医疗产品损害责任。

医疗技术损害责任，是指医疗机构及医务人员从事病情的检验、诊断、治疗方法的选择，治疗措施的执行，病情发展过程的追踪，以及术后照护等医疗行为，不符合当时既存的医疗专业知识或技术水准的过失行为，医疗机构所应当承担的侵权赔偿责任。医疗技术损害责任适用过错责任原则。证明医疗机构及医务人员的医疗损害责任的构成要件，须由原告即受害患者一方承担举证责任，即使是医疗过失要件也由受害患者一方负担。

医疗伦理损害责任，是指医疗机构及医务人员从事各种医疗行为时，未对病患充分告知或者说明其病情，未提供病患及时有用的医疗建议，未保守与病情有关的各种秘密，或未取得病患同意即采取某种医疗措施或停止继续治疗等，而违反医疗职业良知或职业伦理上应遵守的规则的过失行为，医疗机构所应当承担的侵权赔偿责任。在诉讼中，对于责任构成的医疗违法行为、损害事实以及因果关系的证明，由受害患者一方负责证明。在此基础上实行过错推定，将医疗过失的举证责任全部归之于医疗机构，医疗机构一方认为自己不存在医疗过失，须自己举证，证明自己的主张成立，否则应当承担赔偿责任。

医疗产品损害责任，是指医疗机构在医疗过程中使用有缺陷的药品、消毒药剂、医疗器械以及血液及制品等医疗产品，因此造成患者人身损害，医疗机构或者医疗产品生产者、销售者应该承担的医疗损害赔偿责任。

3. 网络侵权责任

随着互联网的快速发展，在丰富人民群众物质文化生活的同时，也带来了一系列的法律问题。当前，部分网民滥用网络侵害他人民事权益的现象不断涌现，尤其是利用网络侵害他人名誉权、隐私权、肖像权以及企业名誉及商品信誉的案件呈上升趋势，部分案件甚至引起了较大甚至是非常恶劣的社会影响，成为社会热点问题。如何运用法律规范人们的网络行为、治理网络违法行为、保护民事权益显得非常必要。

我国《侵权责任法》第三十六条规定：网络用户、网络服务提供者利用网络侵害他人民事权益的，应当承担侵权责任。网络用户利用网络服务实施侵权行为的，被侵权人有权通知网络服务提供者采取删除、屏蔽、断开链接等必要措施。网络服务提供者接到通知后未及时采取必要措施的，对损害的扩大部分与该网络用户承担连带责任。网络服务提供者知道网络用户利用其网络服务侵害他人民事权益，未采取必要措施的，与该网络用户承担连带责任。

第七章　自然人家庭关系之法律调整

英国的科克曾经说过："家庭是每个人的城堡。"应当说，家庭是人类社会生活中一种基本的结合方式，是人类社会组织的基本单元。中国有着几千年的家庭传统道德观念，调整家庭关系的法律法规很多是由传统道德观念转化而来。家庭关系主要包括：夫妻关系、父母子女关系、其他家庭成员关系。目前，我国调整家庭关系的法律法规主要有《中华人民共和国婚姻法》(以下简称《婚姻法》)及其司法解释、《中华人民共和国继承法》(以下简称《继承法》)、《中华人民共和国收养法》(以下简称《收养法》)等。我国正在逐步完善调整家庭关系的法律法规，建立比较完善的家事法律法规体系，促进家庭的和谐幸福。

一、婚姻

（一）结婚

1. 结婚的条件

（1）结婚的必备条件：一是结婚自由原则，男女双方完全自愿，不许任何一方对他方加以强迫或任何第三者加以干涉；二是达到法定婚龄，男方年满 22 周岁，女方年满 20 周岁；三是一夫一妻制原则，男女双方必须均没有配偶（未婚、丧偶或离婚）。

（2）结婚的禁止条件：一是直系血亲和三代以内的旁系血亲；二是患有医学上认为不应当结婚的疾病（艾滋病等传染性疾病、严重遗传性疾病、精神分裂症等重型精神病）。

2. 婚姻无效

一是重婚的；二是有禁止结婚的亲属关系的；三是婚前患有医学上认为不应当结婚的疾病，婚后尚未治愈的；四是未到法定婚龄的。符合以上婚姻无效条件时，当事人的近亲属可向人民法院申请宣告婚姻无效，但申请时，法定的无效婚姻情形已经消失的，人民法院不予支持。

3. 可撤销婚姻

因胁迫结婚的，受胁迫的一方可以向婚姻登记机关或人民法院请求撤销该婚姻。受胁迫的一方撤销婚姻的请求，应当自结婚登记之日起一年内提出；若受胁迫的一方被非法限制人身自由的，应当自恢复人身自由之日起一年内提出。

4. 结婚登记

结婚登记是结婚的法定程序，也是结婚的必经程序。要求结婚的男女双方必须亲自到婚姻登记机关进行结婚登记。未办理结婚登记的，应当补办登记。

5. 同居、事实婚姻、重婚

（1）同居，是指两个人暂时居住在一起，一般用于异性之间。同居跟结婚不同，结婚是一种获得了法律认可的夫妻关系的行为，这种婚姻关系是不可以随便解除的，而必须要通过一定的法律程序；而同居是不被法律认可的一种行为，同居双方凭意愿可以随意终止同居关系，各方都没有任何法律保障。

（2）事实婚姻，是指没有配偶的男女，未进行结婚登记，便以夫妻名义同居生活，群众也认为他们之间系夫妻关系。事实婚姻构成要件：一是男女双方在一起持续、稳定地共同居住；二是共同居住行为发生在1994年2月1日以前；三是同居是以夫妻名义进行的；四是同居双方1994年2月1日以前同居时已经具备结婚的实质要件；五是未经结婚登记。未办理结婚登记而以夫妻名义共同生活的男女，起诉到人民法院要求离婚的，1994年2月1日以前，未办理结婚登记即以夫妻名义同居生活者，只要符合结婚实质要件的，即可认定为事实婚姻；1994年2月1日以后，男女双方符合结婚实质要件的，人民法院应当告知其在案件受理前补办结婚登记，未补办结婚登记的，按解除同居关系处理。

（3）重婚，是指有配偶又与他人结婚或者明知他人有配偶而与之结婚的行为。重婚是对一夫一妻制的破坏，绝大多数国家都禁止重婚。我国刑法规定，有配偶而重婚的，或者明知他人有配偶而与之结婚的，处二年以下有期徒刑或者拘役。重婚主要有以下几种类型：与配偶登记结婚后，与他人又登记结婚而重婚；与配偶登记结婚后，与他人没有登记但确以夫妻名义同居生活而重婚；与配偶和他人都未登记结婚，但与配偶和他人曾先后或同时以夫妻名义同居而重婚；与原配偶未登记而确以夫妻名义共同生活，后又与他人登记结婚而重婚；没有配偶，但明知对方有配偶而与其登记结婚或以夫妻名义同居而重婚。

【以案说法】

"被结婚"怎么办？

张某与王某一见钟情，决定登记结婚。当他们来到婚姻登记处办理结婚登记时，却被告知：张某是已婚之人，不能再办理结婚登记。张某顿时傻了眼，而王某则被气得拂袖而去。张某回到家后才从母亲口中得知：原来张某的表妹未达到法定婚龄，为了能与男友结婚，便拿了张某的身份证到婚姻登记机关进行了结婚登记。请问：本案中，张某该怎么办？

张某可以提起行政诉讼，将为表妹办理婚姻登记的民政局告上法庭，要求该民政局撤销为其表妹办理婚姻登记的行政行为。

《最高人民法院关于适用〈中华人民共和国婚姻法〉若干问题的解释（三）》第一条规定："当事人以婚姻法第十条规定以外的情形申请宣告婚姻无效的，人民法院应当判决驳回当事人的申请。当事人以结婚登记程序存在瑕疵为由提起民事诉讼，主张撤销结婚登记的，告知其可以依法申请行政复议或者提起行政诉讼。"本案中，张某作为结婚证上的一方当事人未亲自到场办理结婚登记，而是其表妹冒用其身份证以其名义办理了结婚登记，该结婚登记程序存在瑕疵，张某可依法提起行政诉讼，请求撤销该结婚登记行政行为。

（二）夫妻关系

1. 夫妻人身关系

夫妻人身关系是指具有合法婚姻关系的男女双方在家庭中的身份、地位、人格等方面的权利义务关系。夫妻人身关系的主要内容有夫妻双方地位平等，各有使用自己姓名的权利，都有参加生产、工作、学习和社会活动等人身自由权，夫妻住所选定权，夫妻之间忠实的义务，禁止家庭暴力、虐待、遗弃等义务。

2. 夫妻财产关系

夫妻财产关系是指夫妻在家庭财产方面的权利义务关系。男女双方因结婚产生了夫妻人身关系，也随之产生了夫妻财产关系。夫妻财产关系主要包括夫妻财产制、夫妻财产继承权等。我国婚姻法对夫妻财产制采取的是法定财产制与约定财产制相结合的制度。

（1）法定夫妻财产制

法定夫妻财产制是指夫妻没有对财产制进行约定或者夫妻财产制约定无效时，直接适用法律规定处理夫妻财产关系的夫妻财产制度。

夫妻共同财产的范围包括工资、奖金等，指在夫妻关系存续期间一方或双方的工资、奖金收入及各种福利性政策性收入、补贴；生产、经营的收益，指在夫妻关系存续期间，夫妻一方或双方从事生产、经营的收益；知识产权的收益，指在夫妻关系存续期间，夫妻一方或双方拥有的知识产权的收益；继承或赠与所得的财产，是指在夫妻关系存续期间一方或双方因继承遗产和接受赠与所得的财产；双方实际取得或者应当取得的住房补贴、住房公积金；双方实际取得或者应当取得的养老保险金、破产安置补偿费；发放到军人名下的复员费、自主择业费等一次性费用在婚姻关系存续期间应得部分属夫妻共有。

夫妻共同财产的例外。《中华人民共和国婚姻法》第十八条对应为夫妻一方的财产范围作了规定，即有下列情形之一的为夫妻一方的财产：一方的婚前财产；一方因身体受到伤害获得的医疗费、残疾人生活补助费等费用；遗嘱或赠与合同中确定只归夫或妻一方的财产；一方专用的生活用品；其他应当归一方的财产。

（2）约定夫妻财产制

约定夫妻财产制是指夫妻通过协商对婚前或婚姻关系存续期间取得的财产的归属、处分等达成协议的夫妻财产制度。约定夫妻财产制，又称契约财产制，并优先于法定夫妻财产制。

约定的形式，法律明确规定应当采用书面形式，没有约定或者约定不明确时，按法定夫妻财产制处理。夫妻对婚姻关系存续期间所得的财产以及婚前财产的约定，对双方具有约束力。夫妻对婚姻关系存续期间所得的财产约定归各自所有的，夫或妻一方对外所负的债务，第三人知道该约定的，以夫或妻一方所有的财产清偿。

【以案说法】

"精神暴力"构成家庭暴力

郑某与倪某于 2009 年 2 月 11 日登记结婚，2010 年 5 月 7 日生育儿子倪某某。在夫妻共同生活期间，倪某经常击打一个用白布包裹的篮球，上面写着"我要打死郑某"的字句。2011 年 2 月 23 日，双方因家庭琐事发生争执，后倪某将郑某殴打致轻微伤。请问：本案中，郑某该怎么办？

郑某可向人民法院起诉要求离婚，小孩归自己抚养，倪某支付抚养费，分割夫妻共同财产，并要求倪某赔偿精神损失。诉讼过程中，郑某还可向人民法院申请人身安全保护，请求人民法院裁定禁止倪某威胁、殴打郑某。

《中华人民共和国婚姻法》第三十二条第三款规定："有下列情形之一，调解无效的，应准予离婚：（一）重婚或有配偶者与他人同居的；（二）实施家庭暴力或虐待、遗弃家庭成员的；（三）有赌博、吸毒等恶习屡教不改的；（四）因感情不和分居满二年的；（五）其他导致夫妻感情破裂的情形。"本案中，倪某将一个裹着白布的篮球挂在家中，且在白布上写着对郑某具有攻击性和威胁性的字句，还经常击打篮球，从视觉上折磨郑某，使其产生恐惧感，该行为构成家庭暴力中的精神暴力。在夫妻发生矛盾时，倪某对郑某实施身体暴力致其轻微伤，最终导致了两人夫妻感情的完全破裂。倪某有家庭暴力，从有利于小孩成长的角度出发，小孩由郑某抚养为宜。倪某对郑某实施家庭暴力使郑某遭受精神损害，倪某应承担过错责任，故倪某应酌情赔偿郑某精神损害抚慰金。综上，郑某可向人民法院起诉要求离婚，小孩归自己抚养，倪某支付抚养费，分割夫妻共同财产，并要求倪某赔偿精神损失。

(三) 离婚

离婚是指夫妻双方通过协议或诉讼的方式解除婚姻关系，终止夫妻间权利和义务的法律行为。

1. 协议离婚

协议离婚是指夫妻双方依据法律规定自愿解除婚姻关系的法律行为。根据《中华人民共和国婚姻法》第三十一条的规定，男女双方自愿离婚的，双方必须到婚姻登记机关申请离婚。婚姻登记机关经过形式审查和实质审查，确认双方自愿并对子女和财产问题已经有适当处理的，应当办理离婚登记并发给离婚证。

但有以下情形的，婚姻登记机关不予受理离婚登记申请：(1) 一方当事人请求登记离婚的；(2) 双方当事人请求离婚，但对子女抚养、夫妻一方生活困难的经济帮助、财产分割、债务清偿未达成协议的；(3) 双方或一方当事人为限制民事行为能力人或无民事行为能力人的；(4) 双方当事人未办理过结婚登记的。

2. 诉讼离婚

诉讼离婚是指夫妻双方就是否离婚、离婚后的财产分割、债务负担、子女抚养等问题无法达成一致意见，而向人民法院起诉，人民法院经过审理后，通过调解或判决解除婚姻关系的一种离婚制度。

离婚诉讼由一方当事人提起。案件管辖的一般原则是"原告就被告"，即原则上应由被告住所地人民法院管辖。被告离开住所地超过 1 年的，由原告住所地人民法院管辖；双方离开住所地超过 1 年的，由被告经常居住地人民法院管辖，没有经常居住地的，由原告起诉时居住地人民法院管辖；对不在中华人民共和国领域内居住的人、下落不明或者宣告失踪的人以及被劳动教养或者被监禁的人提起的离婚诉讼，由原告住所地或者经常居住地人民法院管辖。

人民法院审理离婚案件，应当进行调解；如感情确已破裂，调解无效，应准予离婚。

有下列情形之一，调解无效的，应准予离婚：重婚或有配偶者与他人同居的；实施家庭暴力或虐待、遗弃家庭成员的；有赌博、吸毒等恶习屡教不改的；因感情不和分居满二年的；其他导致夫妻感情破裂的情形。一方被宣告失踪，另一方提出离婚诉讼的，应准予离婚。有赌博、吸毒等恶习屡教不改的，这里所指的并非一般的赌博、吸毒行为，而必须是达到已成恶习且屡教不改的地步。

3. 离婚的法律后果

离婚是导致婚姻关系终止的法律事实，必然产生相应的法律后果，包括离婚双方之间的人身关系和财产关系两方面的后果。在人身关系方面，因夫妻身份而确定的相互扶养的权利义务、相互继承的权利、监护关系均因离婚而消灭，双方获得再婚的权利。同时，离婚也终止了夫妻之间的财产关系，发生夫妻共同财产与个人财产的认定和分割、债务的清偿、特定情形下的经济补偿、对生活困难一方的经济帮助等法律后果。

（1）财产分割

离婚时，双方有合法婚姻财产约定的，依约定处理。没有约定的，按照法律规定属于一方个人财产的归其个人所有，对夫妻共同财产应当依法进行分割。分割时，应遵循以下原则：男女平等原则；照顾子女和女方利益原则；有利生活，方便生活原则。

房产属于夫妻共同财产中最主要的财产。分割夫妻共同财产时，房产的分割矛盾最大。分割时，应注意以下几个问题：

父母出资购买的房屋的处理。《最高人民法院关于适用〈中华人民共和国婚姻法〉若干问题的解释（三）》第七条规定："婚后由一方父母出资为子女购买的不动产，产权登记在出资人子女名下的，可按照婚姻法第十八条第（三）项的规定，视为只对自己子女一方的赠与，该不动产应认定为夫妻一方的个人财产。由双方父母出资购买的不动产，产权登记在一方子女名下的，该不动产可认定为双方按照各自父母的出资份额按份共有，但当事人另有约定的除外。"

婚前个人按揭住房的处理。《最高人民法院关于适用〈中华人民共和国婚姻法〉若干问题的解释（三）》第十条规定："夫妻一方婚前签订不动产买卖合同，以个人财产支付首付款并在银行贷款，婚后用夫妻共同财产还贷，不动产登记于首付款支付方名下的，离婚时该不动产由双方协议处理。依前款规定不能达成协议的，人民法院可以判决该不动产归产权登记一方，尚未归还的贷款为产权登记一方的个人债务。双方婚后共同还贷支付的款项及其相对应财产增值部分，离婚时应根据婚姻法第三十九条第一款规定的原则，由产权登记一方对另一方进行补偿。"

【以案说法】

公婆买房儿媳有权分割吗？

小花和丈夫经人介绍恋爱并结婚。婚后，由于经济能力有限，一直在外租房居住生活，2015年，小花生下一名男孩。小花的公婆心疼孙子，便用自己多年的积蓄，为小花一家购置了一套商品房，并以小花丈夫的名义办理产权登记手续。后由于性格不合，小花和丈夫准备离婚。请问：小花要求分割该房产的诉讼请求能否得到支持？

小花要求分割其公婆购买的登记在其丈夫名下的房产的诉讼请求不能得到法院的支持。

《最高人民法院关于适用〈中华人民共和国婚姻法〉若干问题的解释（三）》第七条第一款规定："婚后由一方父母出资为子女购买的不动产，产权登记在出资人子女名下的，可按照婚姻法第十八条第（三）项的规定，视为只对自己子女一方的赠与，该不动产应认定为夫妻一方的个人财产。"本案中，小花结婚后，公婆出资购买房屋，登记在小花的丈夫名下，视为其公婆对丈夫的赠与，属于丈夫的个人财产。离婚时，小花无权要求分割属于丈夫的个人财产。

（2）子女抚养

夫妻双方离婚时已育有子女的，双方可以协商解决子女的抚养问题，如协商不成，人民法院应从有利于子女身心健康、保障子女的合法权益出发，结合父母双方的抚养能力和抚养条件等具体情况予以判决。

处理子女抚养问题，一般应遵循以下原则：第一，两周岁以下的子女，一般随母方生活；第二，十周岁以上的未成年子女，应考虑该子女自己的意见；第三，子女单独随祖父母或外祖父母共同生活多年，且祖父母或外祖父母要求并且有能力帮助子女照顾孙子女或外孙子女的，可作为子女随父或母生活的优先条件予以考虑；第四，子女随一方生活时间较长，改变生活环境对子女健康成长明显不利的，一般由与子女生活时间较长一方抚养。

离婚后，未抚养子女的一方应当支付抚养费。子女抚养费的数额，可根据子女的实际需要、父母双方的负担能力和当地的实际生活水平确定。有固定收入的，抚养费一般可按其月总收入的百分之二十至三十的比例给付。负担两个以上子女抚养费的，比例可适当提高，但一般不得超过月总收入的百分之五十。无固定收入的，抚养费的数额可依据当年总收入或同行业平均收入，参照上述比例确定。抚养费的给付期限，一般至子女年满十八周岁止。十六周岁以上不满十八周岁，以其劳动收入为主要生活来源，并能维持当地一般生活水平的，父母可停止给付抚养费。尚未独立生活的成年子女有下列情形之一，父母又有给付能力的，仍应负担必要的抚养费：①丧失劳动能力或虽未完全丧失劳动能力，但其收入不足以维持生活的；②尚在校就读的；③确无独立生活能力和条件的。

探望权，又称见面交往权，是指离婚后不直接抚养子女的父或母一方享有的与未成年子女探望、联系、会面、交往、短期共同生活的权利。《婚姻法》第三十八条规定："离婚后，不直接抚养子女的父或母，有探望子女的权利，另一方有协助的义务。行使探望权利的方式、时间由当事人协议；协议不成时，由人民法院判决。父或母探望子女，不利于子女身心健康的，由人民法院依法中止探望的权利；中止的事由消失后，应当恢复探望的权利。"

【以案说法】

婚内能主张子女抚养费吗？

小朱和小张登记结婚后，生育一女儿。由于小张家人重男轻女思想严重，在小朱生下女儿后，不管不问，还经常因琐事和小朱发生争吵。小朱无奈之下搬回娘家居住。可从此以后，小张便对小朱母女不管不问，更别说给付生活费用。小朱收入不高，单独抚养女儿力不从心，于是找到小张要求其支付女儿抚养费，但小张却以双方未离婚为由拒绝支付。请问：小朱该怎么办？

小朱可以女儿的名义向人民法院提起诉讼，要求小张支付抚养费。

《最高人民法院关于适用〈中华人民共和国婚姻法〉若干问题的解释（三）》第三条规定："婚姻关系存续期间，父母双方或者一方拒不履行抚养子女义务，未成年或者不能独立生活的子女请求支付抚养费的，人民法院应予支持。"本案中，虽然小朱与小张还处于婚姻关系存续期间，但小张作为父亲拒不履行抚养女儿的义务，小朱可以女儿的名义要求小张支付抚养费。

（3）债务清偿

夫妻共同债务，是在婚姻关系存续期间夫妻双方或者其中一方为家庭共同生活对第三人所负的债务。夫妻双方对共同债务负连带责任。共同债务包括：夫妻为家庭共同生活所负的债务；夫妻共同从事生产、经营活动所负的债务，或者一方从事生产经营活动，经营收入用于家庭生活；夫妻一方或者双方治病以及为负有法定义务的人治病所负的债务；因抚养子女所负的债务；因赡养负有赡养义务的老人所负的债务；为支付正当必要的社会交往费用所负的债务等。

夫妻一方的个人债务由其本人偿还。个人债务包括：①夫妻双方约定由个人负担的债务，但以逃避债务为目的的除外；②一方未经对方同意，擅自资助与其没有抚养义务的亲朋所负的债务；③一方未经对方同意，独自筹资从事经营活动，其收入确未用于共同生活所负的债务；④夫妻一方在从事赌博、吸毒等违法犯罪活动中所负债务；⑤其他应由个人承担的债务。

（4）给予困难方经济帮助

《婚姻法》第四十二条规定："离婚时，如一方生活困难，另一方应从其住房等个人财产中给予适当帮助。具体办法由双方协议；协议不成时，由人民法院判决。"《最高人民法院关于适用〈中华人民共和国婚姻法〉若干问题的解释（一）》第二十七条规定："婚姻法第四十二条所称'一方生活困难'，是指依靠个人财产和离婚时分得的财产无法维持当地基本生活水平。一方离婚后没有住处的，属于生活困难。离婚时，一方以个人财产中的住房对生活困难者进行帮助的形式，可以是房屋的居住权或者房屋的所有权。"

（5）离婚损害赔偿

离婚损害赔偿，是指夫妻一方有过错致使夫妻感情破裂，离婚时有过错一方对无过错的一方所受的损失应承担的民事赔偿责任。因一方的过错导致离婚的，无过错的另一方依法享有赔偿请求权。《婚姻法》第四十六条规定："有下列情形之一，导致离婚的，无过错方有权请求损害赔偿：（一）重婚的；（二）有配偶者与他人同居的；（三）实施家庭暴力的；（四）虐待、遗弃家庭成员的。"《最高人民法院关于适用〈中华人民共和国婚姻法〉若干问题的解释（一）》第二十九条规定："承担婚姻法第四十六条规定的损害赔偿责任的主体，为离婚诉讼当事人中无过错方的配偶。人民法院判决不准离婚的案件，对于当事人基于婚姻法第四十六条提出的损害赔偿请求，不予支持。在婚姻关系存续期间，当事人不起诉离婚而单独依据该条规定提起损害赔偿请求的，人民法院不予受理。"离婚损害赔偿的范围包括物质损害赔偿和精神损害赔偿。精神损害赔偿的具体数额依据《最高人民法院关于确定民事侵权精神损害赔偿责任若干问题的解释》的规定予以确定。

二、继承

（一）继承概述

1. 继承、继承权的概念

继承是指将死者生前所有的于死亡时遗留的财产依法转移给他人所有的制度。我国继承法将继承分为遗赠扶养协议、遗赠、遗嘱继承、法定继承。在上述四种继承方式中，效力从高到低依次为遗赠扶养协议、遗赠、遗嘱继承、法定继承。

继承权是指自然人依照法律的规定或者遗嘱的指定享有的继承被继承人遗产的资格，实际上是继承人所具有的继承遗产的权利能力。自然人继承权是一项与身份有关的财产权，可以接受、行使，还可以放弃，但不能转让。

2.继承权的取得、放弃、丧失

（1）继承权的取得

自然人取得继承权主要有两种方式：法律规定和遗嘱指定，前者称之为法定继承权的取得，后者称之为遗嘱继承权的取得。

法定继承权的取得。《继承法》规定，自然人可以基于以下三种原因而取得继承权：基于婚姻关系取得；基于血缘关系取得；基于抚养、赡养关系取得。

遗嘱继承权的取得。自然人取得遗嘱继承权必须依据被继承人生前立下的合法有效遗嘱。被继承人只能在法定继承人的范围内选定遗嘱继承人，不能任意选定遗嘱继承人。

（2）继承权的放弃

继承权的放弃是指继承人在继承开始后，遗产分割前，以明示的方式作出的拒绝接受被继承人遗产的意思表示。放弃继承的意思表示属单方法律行为，只要放弃继承的继承人有放弃继承的意思表示即可，无须经他人同意。

继承人放弃继承的意思表示应该在继承开始后遗产分割前以明示的方式作出。继承人在遗产分割前没有作出意思表示的，视为接受继承。

放弃继承的继承人不享有请求分割遗产的权利；同时，对被继承人遗留的债务也不负清偿责任，并且放弃行为的效力溯及继承开始时。

（3）继承权的丧失

继承权的丧失是指继承人因对被继承人或其他继承人作出法律规定的违法行为而被依法剥夺继承权，从而丧失继承权的法律制度。

继承权丧失的法定事由。《中华人民共和国继承法》第七条规定："继承人有下列行为之一的，丧失继承权：（一）故意杀害被继承人的；（二）为争夺遗产而杀害其他继承人的；（三）遗弃被继承人的，或者虐待被继承人情节严重的；（四）伪造、篡改或者销毁遗嘱，情节严重的。"

（二）法定继承

法定继承是指根据法律直接规定的继承人的范围、继承人继承的顺序、继承人继承遗产的份额及遗产的分配原则继承被继承人的遗产。法定继承又称为无遗嘱继承。

1.法定继承的范围和顺序

《继承法》第十条规定："遗产按照下列顺序继承：第一顺序：配偶、子女、父母。第二顺序：兄弟姐妹、祖父母、外祖父母。继承开始后，由第一顺序继承人继承，第二顺序继承人不继承。没有第一顺序继承人继承的，由第二顺序继承人继承。本法所说的子女，包括婚生子女、非婚生子女、养子女和有扶养关系的继子女。本法所说的父母，包括生父母、养父母和有扶养关系的继父母。本法所说的兄弟姐妹，包括同父母的兄弟姐妹、同父异母或者同母异父的兄弟姐妹、养兄弟姐妹、有扶养关系的继兄弟姐妹。"根据上述法律规定，儿媳、女婿不在法定继承的范围内，但如果丧偶儿媳对公、婆，丧偶女婿对岳父、岳母，尽了主要赡养义务的，作为第一顺序继承人。

2.代位继承

代位继承是指被继承人的子女先于被继承人死亡的，由被继承人的子女的晚辈直系血亲代位继承。代位继承人一般只能继承他的父亲或者母亲有权继承的遗产份额。

代位继承必须符合以下条件：第一，被代位人必须先于被继承人死亡；第二，先死亡的被代位人，必须是被继承人的子女；第三，代位继承人必须是被代位人的晚辈直系血亲，代位继承人没有代数限制；第四，被代位人生前必须享有继承权；第五，代位继承只适用于法定继承；第六，代位继承人无论人数多少，原则上只能继承被代位继承人有权继承的份额。

（三）遗赠扶养协议、遗赠、遗嘱继承

1. 遗赠扶养协议

遗赠扶养协议是指遗赠人（受扶养人）与扶养人之间关于扶养人扶养受扶养人，受扶养人将财产遗赠给扶养人的协议。遗赠扶养协议是一种平等、有偿和互为权利义务关系的民事法律关系。

遗赠扶养协议具有以下特征：第一，在双方自愿协商一致的基础上才能成立；第二，有偿、相互附有条件、权利义务相一致；第三，从协议成立之日起开始发生法律效力；第四，效力最高。

签订遗赠扶养协议，应注意以下几点：第一，扶养主体必须是法定继承人以外的公民或集体组织；第二，内容应明确具体写出遗赠扶养双方各自的权利义务；第三，遗赠内容应写明遗赠财产的名称、数量、处所，并提供有效的证明文件；第四，应写明扶养的具体内容、措施和期限。

2. 遗赠

遗赠是指自然人以遗嘱的方式将其个人财产赠与国家、集体或者法定继承人以外的人，而于其死亡后发生效力的民事行为。立遗嘱的人称遗赠人，遗嘱中指定受赠与的人称受赠人，通过遗赠赠与的财物称为遗赠财产。遗赠是单方的、无偿的法律行为，只须遗赠人一方作出意思表示即可成立，并不需要征得受赠人的同意。

3. 遗嘱继承

遗嘱是指自然人生前按照法律的规定处分自己的财产及安排与此有关事务并于死亡后发生法律效力的单方民事行为。

遗嘱有以下几个特征：第一，遗嘱是一种单方的民事行为；第二，遗嘱人必须具备完全民事行为能力；第三，设立遗嘱不能进行代理；第四，紧急情况下，才能采用口头形式；第五，遗嘱是遗嘱人死亡时才发生法律效力的行为。

订立遗嘱的形式包括：自书遗嘱、公证遗嘱、代书遗嘱、录音遗嘱、口头遗嘱。代书遗嘱应当有两个以上见证人在场见证，由其中一人代书，注明年月日，并由代书人、其他见证人和遗嘱人签名。以录音形式设立的遗嘱，应当有两个以上的见证人在场见证。遗嘱人在危急情况下，可以立口头遗嘱。口头遗嘱应当有两个以上见证人在场见证。危急情况解除后，遗嘱人能够用书面或者录音形式立遗嘱的，所立的口头遗嘱无效。遗嘱人以不同形式立有数份内容相抵触的遗嘱，其中有公证遗嘱的，以最后所立公证遗嘱为准；没有公证遗嘱的，以最后所立的遗嘱为准。

【以案说法】

养子女的子女可以代位继承吗？

朱老先生与前妻生有小朱。他与黄女士再婚后，又生有小黄。小朱从小由黄女士抚养长大。后朱老先生和小朱因病去世。前不久，黄女士也因病去世。请问：小朱的儿子能继承黄女士的遗产吗？

小朱的儿子在黄女士去世后，遗产分割前可以要求代位继承黄女士遗产。如有争议，小朱可依法向人民法院提起诉讼。

继承法规定，被继承人的子女先于被继承人死亡的，由被继承人的子女的晚辈直系血亲代位继承。代位继承人一般只能继承他的父亲或者母亲有权继承的遗产份额。《最高人民法院关于贯彻执行〈中华人民共和国继承法〉若干问题的意见》规定，被继承人的养子女、已形成扶养关系的继子女的生子女可代位继承。本案中，小朱由黄女士抚养长大，虽是黄女士的继女，但已与她形成了扶养关系。因此，小朱的儿子可以代位继承其母小朱有权继承的份额。

（四）遗产

1. 遗产范围

根据《继承法》的有关规定，遗产主要包括以下几项：

（1）公民的收入，如工资、奖金、存款利息、从事合法经营的收入等。

（2）公民的房屋、储蓄和生活用品。

（3）公民的树木、牲畜和家禽。

（4）公民的文物、图书资料。公民的文物一般指公民自己收藏的书画、古玩、艺术品等。

（5）法律允许公民所有的生产资料，如农村承包专业户的汽车、拖拉机、加工机具等。

（6）公民的著作权、专利权中的财产权利，即基于公民的著作被出版而获得的稿费、奖金，或者因发明被利用而取得的专利转让费和专利使用费等。

（7）公民的其他合法财产，如公民的国库券、债券、股票等有价证券，复员、转业军人的复员费、转业费，公民的离退休金、养老金等。

构成遗产必须满足下列条件：

（1）遗产必须是财产。

（2）遗产必须是死者生前所有的合法财产。

（3）遗产必须是非专属于死者自身的财产。有些财产依其人身专属性而不具有可继承性，因此不得继承。

2. 遗产分割

根据《继承法》规定，遗产分割原则主要有以下几点：同一顺序继承人继承遗产的份额一般应均等；对生活有特殊困难又缺乏劳动能力的继承人，分配遗产时应给予照顾；对被继承人尽了主要扶养义务或者与被继承人共同生活的继承人分配遗产时，可以多分；有扶养能力和扶养条件的继承人，不尽扶养义务的，分配遗产时，应该不分或少分。

遗产分割的方式：（1）实物分割。遗产为可分物时，各继承人按各自继承的份额对实物进行分割继承。（2）变价分割。对不宜实物分割的遗产，可以将其变卖，换取价金，再由各继承人按照自己应得的遗产份额的比例，对价金进行分割，各自取得与应得遗产份额相对应的价金。（3）补偿分割。对不宜分割的遗产，如果继承人中有人愿意取得该遗产，则由该继承人取得该遗产的所有权。取得遗产所有权的继承人按照其他继承人应继承份额的比例，分别补偿给其他继承人相应的价金。（4）保留共有的分割。遗产不宜实物分割，继承人又都愿意取得遗产，或继承人愿意继续保持遗产共有状况的，则可将其作为共同所有的财产，由各继承人按各自应得的遗产份额，确定该项财产所应享有的权利与应分担的义务。

分割遗产应注意的问题：（1）夫妻在婚姻关系存续期间所得的共同财产，除有约定的以外，分割遗产前，应当先将共同所有的财产的一半分出，划归配偶所有，其余的才是被继承人的遗产。（2）遗产如果在家庭共有财产之中，遗产分割时，应当先分出既不属于被继承人个人财产也不属于被继承人夫妻共同财产的他人的财产。（3）遗产应先扣除被继承人生前所欠的债务或应交的税款。（4）遗产应先扣除被继承人用合法有效的遗嘱方式赠给国家、集体和他人的财产。（5）遗产应当先扣除依法应给予法定继承人之外的，依靠被继承人抚养或者对被继承人尽抚养义务较多的人的份额。（6）遗产应先扣除为胎儿保留的必要的遗产份额。（7）遗产分割应当有利于生产和生活需要，不损害遗产的效用。不宜分割遗产，可以采取折价、适当补偿或者共有方法处理。

三、收养

（一）收养概念及成立

1.收养是指将他人子女收养为自己子女。法律上，收养为视同婚生子女的一种身份契约关系。由于收养将本无真实血缘关系的人，拟制具有亲子关系，因此收养者与被收养者间又称为法定血亲或拟制血亲。收养者称为养父或养母，被收养者则称为养子或养女；被收养者之生父母称为本生父母，而对本生父母而言，被收养者称为出养子女。子女出养后，本生父母的亲权即处于暂时停止状态。

2.收养行为具有以下法律特征：（1）收养是一种民事法律行为；（2）收养是变更亲属身份和权利义务关系的行为；（3）收养只能发生在非直系血亲和没有血缘关系的人之间；（4）收养关系是一种拟制血亲关系。

3.收养人应具备的条件：（1）年满30周岁；（2）无子女；（3）有抚养教育被抚养人的能力；（4）未患有在医学上认为不应当收养子女的疾病。

4.被收养人应当符合的条件：（1）未满14周岁的未成年人；（2）丧失父母的孤儿、查找不到生父母的弃婴和儿童或生父母有特殊困难无力抚养的子女。

5.送养人应当具备的条件：（1）孤儿的监护人；（2）社会福利机构；（3）有特殊困难无力抚养子女的生父母。

6.收养关系成立的条件：（1）收养人、被收养人、送养人应当符合上述法定条件；（2）应当向县级以上人民政府民政部门登记。

7.特殊收养成立的条件

基于收养关系主体身份的多样性，从有利于收养关系和家庭关系的正常发展的需要出发，《收养法》对一些特殊情况下的收养条件，也相应作了特殊规定。

(1) 无配偶男性收养女性的，收养人与被收养人的年龄应相差 40 周岁以上。

(2) 收养三代以内同辈旁系血亲的子女的，《收养法》第七条规定："收养三代以内同辈旁系血亲的子女，可以不受本法第四条第三项，第五条第三项，第九条和被收养人不满十四周岁的限制。华侨收养三代以内同辈旁系血亲的子女，还可以不受收养人无子女的限制。"

(3) 对孤儿、弃儿或者残疾儿童收养的特殊规定。《收养法》规定：收养孤儿、残疾儿童或者社会福利机构抚养的查找不到生父母的弃婴和儿童，可以不受收养人无子女和收养一名的限制。

8.办理收养登记，收养人应当提供以下材料：(1) 收养人的收养申请；(2) 收养人的身份证和户口簿；(3) 收养人所在街道居委会或村委会的证明，证明是当地居民，有收养要求；(4) 收养人所在单位的证明，证明有收入，有经济条件收养；(5) 收养人的体检，证明身体健康，有条件抚养孩子；(6) 收养人所在地派出所的证明，证明收养人无犯罪记录。

(二) 收养的法律效力

收养的法律效力，是指收养关系成立后所产生的一系列民事法律后果。依据《收养法》的规定，收养成立后，会产生如下法律效力：

1.收养的拟制效力。养父母与养子女之间产生拟制直系血亲关系。《收养法》第二十三条规定，自收养关系成立之日起，养父母与养子女间的权利义务，适用法律关于父母子女关系的规定；养子女与养父母的近亲属间的权利义务关系，适用法律关于子女与父母的近亲属关系的规定。

2.收养的解消效力。养子女与生父母以及其他近亲属间的权利义务关系消除。《收养法》第二十三条第二款规定："养子女与生父母及其他近亲属间的权利义务关系，因收养关系的成立而消除。"但是，养子女与生父母之间的血缘关系并不消灭。

3.关于养子女的姓氏。《收养法》第二十四条规定："养子女可以随养父或者养母的姓，经当事人协商一致，也可以保留原姓。"法律的这一规定，属任意性规定，即不强制要求养子女必须改变姓氏。

（三）收养关系的解除

解除收养关系是指通过一定程序对拟制的父母子女关系解除双方之间权利义务关系的行为。

1.解除收养关系的方式

收养关系可以依法成立，也可以依法解除。具体可通过以下两种方式解除：

（1）依当事人的协议而解除

协议解除收养的条件是：①须当事人同意。就被收养方而言，须得养父母同意；就收养方而言，养子女已成年时，经养子女同意即可，养子女尚未成年时，须得养子女的生父母或原送养的监护人同意，养子女已有识别能力的，还须征得其本人的同意。②当事人须对财产生活问题已有适当处理，别无争议。协议解除收养可按公证或登记程序办理。

（2）依当事人一方的要求而解除

一方要求解除收养而另一方不同意的，或双方同意解除收养，但在财产和生活方面有争议的，一般由有关部门进行调解，也可经诉讼程序由人民法院处理。人民法院审理收养案件，首先应对当事人进行调解，帮助当事人达成协议；调解无效时，依法判决。

人民法院处理解除收养的纠纷，应当坚持保护儿童和老人合法权益的原则，保护合法的收养关系，保障收养人和被收养人双方的利益，根据不同情况实事求是地妥善解决。

2. 解除收养关系的效力

收养关系解除后，养子女与养父母及其他近亲属间的权利义务关系即消除，与生父母及其他近亲属间的权利义务关系自行恢复，但成年养子女与生父母及其他近亲属间的权利义务关系是否恢复，可以协商确定。

收养关系解除后，经养父母抚养的成年养子女，对缺乏劳动能力又缺乏生活来源的养父母，应当给付生活费。因养子女成年后虐待、遗弃养父母而解除收养关系的，养父母可以要求养子女补偿收养期间支出的生活费和教育费。

生父母要求解除收养关系的，养父母可以要求生父母适当补偿收养期间支出的生活费和教育费，但因养父母虐待、遗弃养子女而解除收养关系的除外。

【以案说法】

已有小孩的舅舅能否收养年满 14 周岁的外甥女？

吴某今年 15 岁，吴某的母亲朱某于 2013 年身亡，其父亲在 2014 年的一次交通事故中死亡。吴某的父母去世后，暂时和 60 多岁的爷爷奶奶在老家生活。除了爷爷奶奶外，吴某的外公外婆也已经 70 多岁。由于爷爷奶奶年纪大，没能力照顾吴某，家在广州的舅舅朱某提出将吴某过继过来抚养。朱某已经有一个 18 岁的儿子。吴某的爷爷奶奶也同意将吴某过继给朱某抚养。请问：朱某自己已经有一个孩子，过继吴某是否合法，应该办理哪些手续，如果过继了能否将吴某上广州市户口？

如果吴某本人同意的话，朱某可以依法收养吴某。朱某夫妇应当到被收养人吴某的生父或生母的户籍所在地的收养登记机关办理收养登记。办理收养登记时应提交收养申请书，朱某夫妇的居民户口簿和居民身份证，朱某夫妇所在单位或基层组织出具的本人婚姻状况、有无子女和抚养教育被收养人的能力等情况的证明，县级以上医疗机构出具的未患有在医学上认为不应当收养子女的疾病的身体健康检查证明，吴某父母已经死亡的证明，吴某的祖父母同意将吴某送养的书面意见等材料。办理完收养登记后，朱某可向公安机关申请将吴某的户籍迁至广州市。

（1）关于朱某收养吴某是否合法问题

《收养法》第八条规定："收养人只能收养一名子女。收养孤儿、残疾儿童或者社会福利机构抚养的查找不到生父母的弃婴和儿童，可以不受收养人无子女和收养一名的限制。"第十一条规定："收养年满十周岁以上未成年人的，应当征得被收养人的同意。"本案中，朱某有子女，不能再收养子女。但是被收养人吴某系孤儿，不受"无子女"条件的限制。如果朱某有抚养教育吴某的能力，且朱某夫妇未患有在医学上认为不应当收养子女的疾病，吴某的监护人即吴某的爷爷奶奶同意送养的情况下，朱某妻子同意收养、吴某本人同意被收养时，朱某就可以依法收养吴某。

（2）关于登记问题

《收养法》第十五条规定："收养应当向县级以上人民政府民政部门登记。收养关系自登记之日起成立。收养查找不到生父母的弃婴和儿童的，办理登记的民政部门应当在登记前予以公告。收养关系当事人愿意订立的，可以订立收养协议。收养关系当事人各方或者一方要求办理收养公证的，应当办理收养公证。"

（3）关于吴某被收养后能否在广州市办理户口登记问题

《收养法》第十六条规定："收养关系成立后，公安部门应当依照国家有关规定为被收养人办理户口登记。"

第八章　公民与其他矛盾主体纠纷及解决

　　纠纷是一种司空见惯的社会现象，有人存在和活动的地方，就可能引发纠纷。面对形形色色的纠纷，如何进行积极预防，做到遇事不慌、处事不惊，迅速把握问题的所在，或者化干戈为玉帛，或者任凭风吹雨打，也岿然不动，做到以不变应万变，都是一门关于有理有据、灵活应对的高深学问。因此，对于每一个公民来说，了解一些常见的社会纠纷及其应对策略，是十分有必要的。

　　纠纷通常是民商事领域居多，发生的概率较高。按照纠纷发生的具体领域、类型和处理要点的不同，公民纠纷可分为一般民事纠纷、商事纠纷及其他与行政活动有关的纠纷。本章从上述三个分类，对公民常见的纠纷特征、处理方式进行基本的介绍，希望对公民应对相关纠纷、防范风险有所裨益。

一、公民一般性民事纠纷及解决

（一）公民名誉侵权纠纷及解决

　　名誉，是指人们对于公民或法人的品德、才干、声望、信誉和形象等各方面的综合评价。名誉权是人格权的一种。这些被维护的名誉是指具有人格尊严的名声，是人格的重要内容，受法律的保护。

1. 名誉权依法保护原则

宪法对隐私权的保护。宪法是我国的根本大法，第三十八条规定："中华人民共和国公民的人格尊严不受侵犯。禁止用任何方法对公民进行侮辱、诽谤和诬告陷害。"

名誉侵权主要有下列几种方式：侮辱、诽谤、泄露他人隐私等。

侮辱是指用语言（包括书面和口头）或行动，公然损害他人人格、毁坏他人名誉的行为。如用大字报、小字报、漫画或极其下流、肮脏的语言等形式辱骂、嘲讽他人，使他人的心灵蒙受耻辱等。

诽谤是指捏造并散布某些虚假的事实，破坏他人名誉的行为。如毫无根据或捕风捉影地捏造他人作风不好，并四处张扬、损坏他人名誉，使他人精神受到很大痛苦。

侮辱、诽谤是常见的名誉侵权行为，《中华人民共和国民法总则》第一百一十条规定，自然人享有生命权、身体权、健康权、姓名权、肖像权、名誉权、荣誉权、隐私权、婚姻自主权等权利。法人、非法人组织享有名称权、名誉权、荣誉权等权利。对法人名誉的侵害，主要表现在散布有损法人名誉的虚假消息，如虚构某种事实，诬说某工厂的产品质量如何低劣，以图用不正当的竞争手段搞垮对方，等等，这些都是侵害法人名誉权的侵权行为。

2. 捏造事实进行文学创作可构成名誉侵权

文学创作领域不存在特殊的构成侵害名誉权、隐私权的标准，即判断作品是否侵害特定人名誉权、隐私权的标准。如果作品中存在侮辱、诽谤（包括传播不利于受害人名誉权的虚伪事实或者作出不利于受害人名誉权的不当评价）特定人的情况，加害人存在过失，特定人造成了名誉损害的后果以及侮辱诽谤行为与损害后果之间的因果联系，就构成对特定人的名誉权侵害。

3. 网络侵权应承担民事责任

网络也是国家法治管控空间的一部分，在这样的空间也不能允许侵害他人人格权的侵权行为存在，即使是"弱者"也没有上网"骂街"的权利。网络空间尽管是虚拟的，但通过网络所折射出来的人的一举一动却是实实在在的。作为现代传播媒介的网络空间，既是人们传播信息和交流的场所，更是一个应当受到道德规范和法律约束的健康有序的交流空间。利用互联网辱骂他人，或者捏造事实诽谤他人，侵犯他人合法权益的，应当承担民事责任。

【以案说法】

案例一：王某诉刘某及《女子文学》等四家杂志侵害名誉权纠纷案。王某与不正之风进行斗争的事实被河北一家日报社报道。该报道发布后，刘某毫无事实根据，撰文声称该报道失实，在其个人作品中以严重侮辱性语言侮辱王某人格，并将作品投送几家杂志社。后《女子文学》等四家杂志将刘某作品发表，或转载。王某向法院起诉刘某及《女子文学》等媒体侵犯其名誉权。法院认为：刘某利用自己的作品，凭空侮辱原告人格，而且一稿多投，进一步扩散影响，通过杂志发表、转载该侵害名誉权的作品，使影响进一步扩大。以上行为均严重侵害原告的名誉权，判决被告立即停止侵害、赔礼道歉、恢复名誉、消除影响，并向原告支付精神损害赔偿金。

案例二：原告到被告下属的超级市场购物，被告工作人员怀疑两位原告偷拿东西，于是在公众场合训问二人，并根据市场内所贴的公告，对原告进行搜查，但是未查到任何属于市场所有的东西。原告起诉被告侵犯其名誉权。法院认为被告无权张贴要求原告将自己的手提包打开供被告工作人员查看的公告；被告工作人员在没有确凿证据的情况下，在公众场合用带有贬义的话语询问原告是否偷拿东西，并根据市场内所贴的公告对原告的包裹、衣服等进行搜查。上述行为使原告感到自己的社会地位已遭贬低，而且也实际影响了对原告的品德、声望、信用等方面的社会评价。原告的名誉因此而受到损害。被告工作人员是在工作岗位上履行被告为其规定的工作职责时对原告实施侵权行为，因此，其侵权民事责任应由被告承担。在法院查清事实、分清是非后，双方自行和解。被告愿向原告表示歉意并向原告各支付 2000 元的经济损失和精神损害赔偿，原告撤诉。

案例三：原告张某，网名某某静；被告俞某，网名某某道、大跃进。二人各自以虚拟的网名登录网站参加活动，后在现实生活中通过聚会相互认识，并相互知道网名所对应的人的真实身份，且张某的某某静的网名及真实身份还被其他网友所知悉。被告多次在网站的公开讨论版块上发表署名"大跃进"的文章辱骂某某静，原告在被侵权后也曾在网站上发表过损害被告名誉的文章。原告起诉被告侵犯其名誉权。法院认为：被告主观上有侵犯原告名誉的故意，客观上有毁损他人名誉的事实，鉴于某某静这一网名的真实身份已被他人所知，双方的交流已不再局限于虚拟的网络空间，交流的对象也不再是虚拟的人，这就不可避免地影响了他人对张某的评价，被告应当承担侵权的民事责任。法院又考虑到原告在被侵权后，也发表过侵害被告名誉的文章，应适当减轻被告的责任。最终判决被告停止对原告的侵害，向原告赔礼道歉，并支付精神损害抚慰金1000 元。

（二）公民人身侵权纠纷及解决

人身权指与人身相联系或不可分离的没有直接财产内容的权利，亦称人身非财产权。

1.致害物的管理人应承担民事责任

《中华人民共和国民法总则》第一百二十条规定："民事权益受到侵害的，被侵权人有权请求侵权人承担侵权责任。"如果建筑物或者其他设施以及建筑物上的搁置物、悬挂物发生倒塌、脱落、坠地造成他人损害的，他的所有人或者管理人疏于管理、未尽到管理义务的，应该作为侵权人对其管理物的致害结果承担相应的赔偿责任，除非管理人有足够证据证明，管理人在现有条件下已经采取了一切必要措施和手段，但仍未能阻止损害结果的发生。

2.经营者需承担的安全保障义务

服务场所的经营者所从事的是一种营利性的活动，能够从中得到收益，尽管有的消费者并不一定接受服务支付费用而只是参观甚至路过，但是作为整体的消费者群无疑会对经营者支付费用而使其获利。根据收益与风险相一致的原则，经营者应当对在服务场所内的所有人的安全承担保障义务。另外，经营者能够了解服务设施、设备的性能以及相应的管理法律、法规的要求，了解服务场地的实际情况，更能预见可能发生的危险和损害，更有能力采取必要的措施。根据危险控制理论，经营者也应当对服务场所承担安全保障义务，经营者承担上述安全保障义务存在过错的，应当根据过错承担相应的责任。

3.雇佣者需对其雇员承担安全保障义务

法律针对劳动者之生命、健康和身体保护有以下基本原则：（1）不采取适当的劳动保护措施，造成劳动者人身损害的，雇主应当承担赔偿责任；（2）雇主不对雇员进行就业培训以及进行安全检查和监督，发生事故造成雇员人身损害时，雇主应当承担赔偿责任；（3）发包人不对独立承包人的雇员的劳灾事故承担人身损害赔偿责任；（4）承揽关系不属于劳动雇佣关系，发包人不对承包人劳动过程中的人身损害承担赔偿责任，但是得依据公平原则予以适当补偿。雇员本人的过失一般不能成为减少或者免除赔偿金的理由。

【以案说法】

　　案例一：原告王某之夫马某下班后骑自行车回家，突遇大风把护路树吹断，将马某的头部砸中，后马某抢救无效死亡。经查明，此路段的护路树属千阳县公路管理段管辖，路旁的护路树被虫蛀枯死已三年之久，在上级批文采伐后被告未采取积极措施，致使发生了这次事故。马某之妻王某遂向人民法院提起诉讼，要求被告承担侵害马某生命权的民事责任。法院认为，根据《中华人民共和国民法通则》第一百二十六条"建筑物或者其他设施以及建筑物上的搁置物、悬挂物发生倒塌、脱落、坠落造成他人损害的，它的所有人或者管理人应当承担民事责任，但能够证明自己没有过错的除外"的规定，被告对马某的死亡提不出没有过错的证明，应当承担侵权的民事责任。《中华人民共和国民法通则》第一百一十九条规定："侵害公民身体造成伤害的，应当赔偿医疗费、因误工减少的收入、残废者生活补助费等费用；造成死亡的，并应当支付丧葬费、死者生前扶养的人必要的生活费等费用。"被告因其过错造成了马某的死亡，被告并无免责事由，其行为与损害事实之间有因果关系，因此被告应该承担侵害生命权的民事责任。判决被告千阳县公路管理段赔偿原告王某生活费17020元，丧葬费1500元，自行车修理费150元，死者医药费214.23元。

　　案例二：原告王某、张某之女王翰入住四星级银河宾馆。当日下午某犯罪分子进入宾馆伺机作案，按门铃待王翰开门后，即强行入室将其杀害并抢劫财物。银河宾馆未对犯罪人进行访客登记，对其行踪也未能引起注意。双方就赔偿问题发生纠纷，诉至法院。法院认为，由于刑事犯罪的突发性、不可预测性和犯罪手段的多样化，作为宾馆来说，尽管认真履行保护义务，也不可能完全避免此类刑事案件在宾馆内的发生，宾馆能证明自己确实认真履行了保护义务后，可不承担责任。案件中，虽然银河宾馆装备着探视器、自动闭门器和安全链条等设施，并配有告示提醒，但并未认真负责地教会旅客在何种情形下使用以及如何使用。结合双方陈述及提供的证据，无法认定宾馆在安全保障义务上存在过错，因此无须承担侵权赔偿责任，但结合具体情况，王翰的死亡与宾馆疏于关注与照顾有一定关系，判决被告银河宾馆给付原告补偿18万元。

案例三：何某与某县建设局达成口头协议，由何某为建设局印制并悬挂标语。在悬挂标语的过程中，何某误把建设局三楼平台上落满灰尘的采光玻璃当成水泥平台而跳向平台，结果踩碎玻璃摔成重伤，经抢救无效身亡。何某之妻周某、之子、之母孔某起诉，要求建设局予以赔偿。法院认为，何某与建设局之间形成的是加工承揽的法律关系，何某有印制及悬挂标语的义务。在悬挂过程中，由于何某将落满灰尘的采光玻璃按照一般常识判断为水泥平台，以致发生了坠落身亡的事故。对死亡结果的发生，建设局没有过错。由于何某是在为建设局提供服务的过程中遭受损害，判决建设局给付原告经济损失29182.80元。

（三）公民财产侵权纠纷及解决

财产权，是指以财产利益为内容，直接体现财产利益的民事权利。财产权可以金钱计算价值，一般具有可让与性，受到侵害时需以财产方式予以救济。

1.侵权人有赔偿的义务

财产损害赔偿是公民、法人实施违法行为，侵害国家的、集体的和其他公民的财产权，并造成财产损害后果，依法应当承担的赔偿损失的民事责任。

《中华人民共和国宪法》第十二条规定："社会主义的公共财产神圣不可侵犯。国家保护社会主义的公共财产。禁止任何组织或者个人用任何手段侵占或者破坏国家的和集体的财产。"第十三条规定："公民的合法的私有财产不受侵犯。国家依照法律规定保护公民的私有财产权和继承权。"

《中华人民共和国民法总则》第一百一十四条规定："民事主体依法享有物权。物权是权利人依法对特定的物享有直接支配和排他的权利，包括所有权、用益物权和担保物权。"

2.受害人有索赔的权利

侵害财产权的行为，是一种常见的侵权行为，这种侵权行为的侵害客体是财产权，而财产所有权是我国公民一项最主要的财产权，这种权利一旦受到侵害，势必造成财产所有人经济利益的损害，使所有人对财产所有权权能丧失，所以当财产所有人，即受害人在利益受到损害时，享有向侵权人索赔的权利。

3.赔偿的方式包括返还原物、恢复原状以及赔偿实际损失等

对财产权造成损害，可以返还的，应当返还原物、恢复原状并按照实际损失给予赔偿。如果对财产已经进行了处置，原物已经不存在或已为他人所有，恢复原状已不可能，便应给予金钱赔偿，金钱赔偿的具体数额与原物恢复的价值相当。

【以案说法】

案例一：出租车司机李某应旅客王某的要求将其送往火车站。王某下车时不小心将钱包丢在了出租车上，李某发现后，打开一看，内有 5000 元现金，此时，他正好从收音机里得知某大学的学生因患白血病而向社会求助，李某就产生了将这笔意外之财捐给患病的学生的想法，于是就将这拾到的 5000 元现金寄给了这位大学生用以治病。王某上了火车后发现钱包不见了，经回忆钱包可能丢在了出租车上，于是他根据票上的车号找到了李某，要求返还钱包中的 5000 元现金。李某说钱已经捐给了患白血病的大学生，自己并没有得到利益，并拿出汇款存根为凭证，因而拒绝返还钱款。王某向人民法院提起了诉讼，要求李某返还 5000 元现金。法院依据有关法律规定，经调解后，李某自愿返还王某 3000 元，王某愿意放弃剩余的 2000 元。

案例二：2010 年 5 月 10 日，被告西安雄图工程机械有限公司在向顾客运送一辆重达 32 吨大型起重机途中，将起重机停放在原告李某家门前，李某认为被告车辆压坏其院坝地面及地下室墙体，双方为此产生纠纷，导致该车辆在原告家院坝停放长达 21 天。在协调无果后，5 月 31 日，李某诉至汉滨区法院，要求雄图公司赔偿其房屋维修费用 5 万元。诉讼过程中，考虑到李某的房屋损失较小且难以确定，而雄图公司因车辆延期交付需承担的违约责任高达十多万元，法院依法进行了调解，由雄图公司适当给李某补偿损失 1 万元，且已当庭履行完毕。

案例三：宁某在某市有一套住房，产权归其所有。2005 年初，宁某去省城儿子家暂住，将自己的房子租给王某，租期 3 年。2008 年 3 月房屋租期届满，宁某返回故里，要求王某腾房。王某以找不到其他住房为由，拒绝腾房。宁某只得同意王某再租 1 年，他们夫妇到女儿家暂住，1 年后王某还不肯腾房。宁某无奈，只好一纸诉状将王某告到法院，要求王某返还其住房。法院经审理认为，王某的行为是侵犯公民合法财产及其所有权的违法行为，依法判决被告王某返还侵占的原告之房屋，并赔偿原告经济损失 3000 元。

二、公民常见合同纠纷及解决

（一）公民房屋租赁合同纠纷及解决

房屋租赁是指出租人以口头或订立书面合同的形式将房屋交付承租人占有、使用与收益，由承租人向出租人支付租金的行为。

1. 租赁合同的效力

（1）当事人就未取得所有权的房屋订立租赁合同仍然有效。

承租人无权以出租人在订立租赁合同时对租赁房屋没有所有权为由，要求确认房屋租赁合同无效。

（2）当事人就经济适用住房等政策性保障住房订立租赁合同有效。

承租人无权以租赁房屋为经济适用住房或限价商品住房为由，要求确认房屋租赁合同无效。

（3）当事人就未经工程竣工或消防验收合格的房屋订立租赁合同有效。

承租人无权以租赁房屋未办理工程竣工或消防验收，或者经验收不合格为由，要求确认房屋租赁合同无效，但租赁房屋因出租人原因未经工程竣工或消防验收合格致使房屋不符合使用条件的除外。

2. 转租的处理

（1）转租时房屋租赁合同无效、履行期限届满或解除，出租人有权要求次承租人返还房屋。

房屋租赁合同无效、履行期限届满或解除，转租合同亦不能履行，出租人既可以依据合同约定要求承租人返还房屋，也可以房屋物权人名义要求次承租人（实际使用房屋的承租人）腾退房屋。

（2）房屋转租合同解除后，次承租人无权要求出租人赔偿装饰装修损失。

因房屋租赁合同无效、履行期限届满或解除导致转租合同解除，次承租人无权要求出租人赔偿装饰装修损失，次承租人应当依据合同的相对性向承租人主张权利。

（3）房屋租赁合同无效、履行期限届满或解除后，出租人有权要求承租人和次承租人支付逾期腾房的房屋使用费。

房屋租赁合同无效、履行期限届满或解除后，承租人和次承租人逾期腾退房屋给出租人造成损失，出租人有权要求承租人和次承租人共同支付逾期腾房的房屋使用费的，房屋使用费可依出租人请求参照租赁合同约定、转租合同约定或当时当地同地段房屋的租金标准酌情确定。

3. 租赁合同解除的处理

（1）房屋租赁合同解除的具体时间以解除通知送达之日为合同解除日。

租赁双方中一方当事人行使合同解除权，通知对方当事人解除合同，解除合同通知送达之日即为合同解除之日。如果对方有异议致双方形成诉讼，法院审理后认为当事人行使合同解除权符合合同约定或法律规定的，解除通知送达之日同样为合同解除之日。

（2）承租人单方要求解除租赁合同的，应承担违约责任。

承租人在租赁合同履行期限内拒绝接收房屋，或者单方搬离租赁房屋并通知出租人收回房屋的行为，属于以自己的行为表明其不再履行租赁合同，其拒绝接收或搬离房屋的行为不符合合同法规定的解除条件，承租人应参考剩余租金、空租等因素承担出租人的实际损失。承租人拒绝履行租赁合同给出租人造成损失的，应当承担赔偿损失的违约责任，一般以合同约定的三至六个月的租金为宜。

（3）出租人单方要求解除租赁合同的，除非合同有明确规定，否则不发生效力。

出租人因自身事由主张解除租赁合同并且收回房屋的，不符合合同法规定的法定解除条件，承租人要求继续履行合同的，租赁合同应继续履行，不能发生解除的效力。

【以案说法】

　　案例一：某小区商铺所有人将商铺出租，与承租人约定租期为3年，按年支付租金。第一年租金在签订合同之后立即支付，但第二年，承租人迟迟不予支付租金，承租人却以所有人未取得房屋所有权证书为由，要求确认租赁合同无效。后经法院裁定，租赁合同有效，承租人未及时支付租赁费用，构成违约，解除双方签订的租赁合同，并判令承租人依照租赁合同的约定向出租人支付违约金。

　　案例二：某安置小区户主与承租人达成租赁意向后，承租人当场拿出事前备好的房屋租赁合同进行签订，合同中仅约定任何一方违约都要支付违约金10000元，对是否允许房屋转租未作出具体约定。合同签订后，承租人对房屋进行了转租，并由次承租人实际使用，次承租人与承租人签署的转租租赁期限长于原租赁合同，租赁合同到期后，次承租人不愿搬离，并要求出租人承担损失，经协商后，由承租人承担次承租人提前搬离的相关损失。

（二）公民物业管理合同纠纷及解决

物业管理是指物业管理企业接受业主、业主委员会或者其他组织的委托对物业进行维护、修缮、管理，对物业区域内的公共秩序、交通、消防、环境卫生、绿化等事项提供协助管理、服务的有偿行为。

1. 相邻权的处理

相邻权是指两个或两个以上相互毗邻的不动产所有人或占有使用人之间，一方行使不动产的占有、使用、收益、处分权时，享有要求另一方提供便利或接受限制的权利。相邻权是根据《民法通则》的有关规定提出来的。《民法通则》第八十三条规定："不动产的相邻各方，应当按照有利生产、方便生活、团结互助、公平合理的精神，正确处理截水、排水、通行、通风、采光等方面的相邻关系。给相邻方造成妨碍或者损失的，应当停止侵害，排除妨碍，赔偿损失。"

2. 物业使用的合理限制性

《上海市居住物业管理条例》第二十七条规定："业主、使用人应当遵守法律、法规的有关规定，按照有利于物业使用、安全以及公平、合理的原则，正确处理供水、排水、通行、通风、采光、维修、环境卫生、环境保护等方面的相邻关系。"第二十九条第二款规定，"物业管理企业应当对装修住宅活动进行指导和监督，发现违反本条例第二十八条的行为，应当劝阻制止"。公民只能在法律规定的限度内自由行使占有、使用、收益、处分个人财产的权利。应当本着安全、合理的原则使用物业，并遵守法律、法规及业主公约的有关规定。同时还应当顾及相邻各方的利益，以不损害公共利益和他人权益为前提。物业管理公司有权根据物业管理条例及小区管理公约对业主采取制止措施，维护其他业主的合法权益。

【以案说法】

案例一：27 岁的刘某（女）与 30 余岁的张某（女）系某小区楼上楼下的邻居。楼下因不满楼上邻居下水管破裂溅水多日不修发生纠纷，两个女人口舌之争后竟大打出手，互相撕扯对方的衣服头发，更为过分的是一方居然要脱掉对方的裤子。瘦弱的刘某被打得脸眼肿胀，头部受伤，整日昏昏沉沉，住院治疗了半个月。法院判决张某一次性赔偿刘某医疗费、营养费、误工费、护理费等 4000 元。

案例二：住在 19 楼的业主卫某，在自己卫生间的东墙开窗，将厚厚的外墙打穿。物业公司多次上门加以阻止，卫某不听劝阻，继续施工安装窗户，致使 19 层到底层的墙面被泥浆污染。物业公司将卫某告上法庭。法院最终判决卫某在法院判决生效之日起十日内拆除东墙上的窗户，恢复原状，清洗 19 层到底层因破墙开窗引起的墙面污染。

案例三：某业主顾某购买了一只占地面积约 8.9 平方米、可放水约 4.2 吨的巨型浴缸，准备安装在其居住的第 29 层的物业内，遭到了周围业主的强烈反对。物业管理公司向有关专家进行了咨询，以房屋楼板无法承受浴缸使用时的重量为由，制止顾某吊装巨型浴缸。后业主诉至法院，法院以长期使用巨型浴缸对大楼的楼板强度及承重结构造成危害，使大楼存在潜在的安全隐患为由，判决顾某要求将自己所有的浴缸搬入自己物业内的诉讼请求不予支持。

（三）公民借贷合同纠纷及解决

借贷合同，是当事人约定一方将一定种类和数额的货币所有权移转给他方，他方于一定期限内返还同种类同数额货币的合同。其中，提供货币的一方称贷款人，受领货币的一方称借款人。

1. 民间借贷合同的生效

现金及转账支付的情况下，自借款人收到借款时或转账资金到达借款人账户时，借款合同生效。

2. 民间借贷合同的失效

套取金融机构信贷资金、向本单位职工集资取得的资金又高利转贷给借款人，且借款人明知的情形下订立的借贷合同无效；出借人知道借款人借款用于违法犯罪活动仍然提供借款的，订立的借款合同无效。

3. 民间借贷合同的年化利率应不超过 24%

借贷双方约定的利率未超过年利率 24%，出借人有权请求借款人按照约定的利率支付利息；超过年利率 36% 部分的利息应当被认定无效，借款人有权请求出借人返还已支付的超过年利率 36% 部分的利息。

【以案说法】

案例一：刘某向王某借款人民币 10 万元，借款期限 2 年，年利率 15%，王某以电汇形式向刘某账户中汇入现金的时间为 2013 年 10 月 13 日，但刘某向王某实际出具的借条的收款日期为 2014 年 2 月。2015 年 10 月，刘某逾期不归还欠款，王某诉至法院，刘某认为借款期限应当自 2014 年起算，尚未到达还款期。王某提交了银行转账记录，证明该笔借款的实际到账生效日为 2013 年 10 月 13 日，故人民法院支持了王某的诉讼请求，判定刘某归还借款并承担逾期利息。

案例二：2008 年 2 月 4 日，被告王某因需资金周转，由被告朱某担保向原告青田威宏投资有限公司借款，双方经协商签订《借款合同》。合同约定：借款金额 30 万元，借款期限从 2008 年 2 月 4 日至 2008 年 3 月 3 日止，借款利息按月利率 3.25%计算；朱某提供连带保证，保证期限 2 年。收到款项后，被告王某、朱某在借款借据上签名确认。借款期限届满后，被告朱某于 2008 年 9 月 29 日偿付了 10000 元，原告对余款多次催讨未果，故诉至法院。人民法院认为，原告青田威宏投资有限公司属于实业投资公司，不具备向社会公众发放贷款的资格和条件，而被告王某既不是原告公司员工，也不属于原告公司的特定人员。因此，原告向王某发放贷款的行为属于以借贷名义向社会公众发放贷款，违反了法律禁止性规定，原告与王某之间的借款合同属非法无效合同，法律不予保护。被告朱某自愿在借款合同上为王某的借款承担担保责任，担保合同成立，由于借款主合同属于非法无效合同，导致担保从合同无效，因原告未能证明朱某在担保过程中负有过错责任，故朱某不承担民事责任，故驳回了原告的诉讼请求。

案例三：张某向李某借款人民币 10 万元，借款期限 2 年，年利率 20%，且李某在向张某汇入金额时，直接扣除了 10 万元借款 2 年的利息，仅仅提供了借款人民币 6 万元，后张某逾期未还，李某诉至法院，要求张某归还本金 10 万元。法院认定李某在提供借款时扣除利息的行为无效，认定该借款的实际本金为 6 万元人民币，以李某实际给付的本金为准，判决张某按照本金 6 万元，年化利率 20%承担还款责任。

（四）公民房屋买卖合同纠纷及解决

房屋买卖合同是一种特殊的买卖合同，它是指出卖人将房屋交付并转移所有权于买受人，买受人支付价款的合同。转移所有权的一方为出卖人或卖方，支付价款而取得所有权的一方为买受人或者买方。

1. 房屋买卖合同纠纷管辖

普通房屋买卖合同的纠纷，可以由合同双方自行约定法院管辖地。特殊类的房屋买卖合同纠纷，如政策性房屋买卖合同纠纷，按照不动产纠纷确定管辖，即由房屋所在地法院管辖。

2. 预约销售合同具有独立法律效力

当事人双方签订认购书、意向书等书面协议，约定在将来一定期限内签订正式合同。这种现象在商品房销售过程中十分普遍。商品房买卖的认购书等预约合同，如已获履行的，该预约合同即为商品房买卖合同，二者具有同等法律效力，即认购书、订购书、预定书、意向书、备忘录等预约合同具备独立的契约效力。简言之，预约合同独立于正式合同，即使正式合同尚未签署，合同当事人也有权依据预约合同追究违约方的违约责任。

3. 虚假售楼广告的认定

出卖人对其开发的商品房及相关设施所作的说明和允诺具体确定，并对商品房买卖合同的订立以及房价的确定有重大影响的，足以让买受人产生信赖而签订商品房买卖合同，即使该说明和允诺没有明确订立在合同之中，也应认定为合同内容，当事人违反合同内容的，应承担违约责任。为了避免不必要的麻烦，买受人在签订合同时，最好要求开发商将售楼广告的内容写入合同中，使其成为合同内容的一部分，以便在商品房实际交付时出现与售楼广告载明的内容不符的情况时向出卖人追究责任。同时，消费者在买房时，对销售商的口头承诺可以录音或录像，以备出现纠纷时作为指证开发商的证据。当然，妥善保存相关的售楼广告更是必不可少的防范措施。

【以案说法】

案例一：徐某与某开发商就 A 市限价商品房销售签署了《商品房买卖合同》，约定管辖法院由买受人住所地人民法院管辖。合同签署后，徐某依约支付了首付购房款 30 万元人民币，开发商迟迟没能依照合同约定交付房屋，徐某要求解除合同并返还购房款，并承担违约责任。双方未达成一致共识，徐某向其住所地 B 区人民法院提起诉讼。B 区人民法院立案后，被告开发商提出了管辖权异议，认为由于双方签署的是政策性商品房买卖合同，不适用于合同约定管辖条款，故应由房屋所在地 C 区人民法院管辖。B 区人民法院经审查后，认为被告的管辖权异议成立，故裁定将案件移送 C 区人民法院审理。

案例二：王某与某开发商就购买某在建商品房事宜签署了《购楼意向书》，意向书明确了房屋销售单价。意向书签署后，王某依约支付诚意金 2 万元人民币，并约定双方在开发商取得商品房预售许可证后，由双方另行正式到房管部门签署网签备案的正式《商品房销售合同》。此后，该楼盘开盘后，价格一路飙升，开发商以其无权在取得预售备案之前对房屋进行销售为由，要求解除《购楼意向书》。后王某诉至法院，要求履行《购楼意向书》并签署《商品房销售合同》。法院认为《购楼意向书》具有独立的法律效力，当事人双方应信守约定履行，且现被告已依法取得了商品房预售许可证，被告的解约事由不存在，故判令驳回了原告的诉讼请求。

案例三：某开发公司在售房广告和宣传资料中允诺拥有"首创私家游艇码头，浪漫情缘后花园"等内容，并在售楼处公开悬挂商品房建设用地规划许可证，公开展示建设用地规划范围，但实际上所建游艇码头和后花园系租赁他人的土地而建。工商局对此广告行为认定为虚假并给予罚款处罚。购房人杨某得知后，起诉要求赔偿。法院认为，开发公司在售房广告和宣传资料中允诺的内容，在售房时建好的游艇码头和后花园，系租赁他人土地而建，开发公司对此事实予以隐瞒。据此，开发公司的行为对杨某购房的选择及房屋价格的确定有一定的影响，开发公司应对给杨某造成的损失承担补偿责任。开发公司在售楼处公开悬挂商品房建设用地规划许可证，公开展示了建设用地规划范围，杨某作为买受人在交易中忽略了对该事实进行审查，主观上存在一定过失，应承担自己不谨慎民事行为的法律后果。综合房地产市场的现状及当事人的过错程度，开发公司可对杨某给予适当补偿，判决开发公司应按杨某在商品房买卖合同中约定的购房价款的 2% 给予补偿。

（五）公民劳动合同纠纷及解决

劳动合同是指劳动者与用人单位之间确立劳动关系，明确双方权利和义务的协议。订立和变更劳动合同，应当遵循平等、自愿、协商一致的原则，不得违反法律、行政法规的规定。劳动合同依法订立即具有法律约束力，当事人必须履行劳动合同规定的义务。

1. 劳动合同期限

法律规定合同期限分为三种：有固定期限，如 1 年期限、3 年期限等均属这一种；无固定期限，合同期限没有具体时间约定，只约定终止合同的条件，无特殊情况，这种期限的合同应存续到劳动者到达退休年龄；以完成一定的工作为期限，如劳务公司外派员工去另外公司工作，两个公司签订了劳务合同，劳务公司与外派员工签订的劳动合同期限是以劳务合同的解除或终止而终止，这种合同期限就属于以完成一定工作为期限的种类。用人单位与劳动者在协商选择合同期限时，应根据双方的实际情况和需要来约定。

2. 违反劳动合同的责任

一般约定有两种违约责任形式：一是一方违约赔偿给对方造成经济损失，即赔偿损失的方式；二是约定违约金的计算方法，采用违约金方式应当注意根据承受能力来约定具体金额,避免出现显失公平的情形。违约,不是指一般性的违约,而是指严重违约,致使劳动合同无法继续履行,如职工违约离职,单位违法解除劳动者合同等。根据《劳动合同法》第八十七条规定,用人单位违反本法规定解除或者终止劳动合同的,应当依照本法第四十七条规定的经济补偿标准的二倍向劳动者支付赔偿金。根据《中华人民共和国劳动合同法实施条例》第二十六条规定,用人单位与劳动者约定了服务期,劳动者依照劳动合同法第三十八条的规定解除劳动合同的,不属于违反服务期的约定,用人单位不得要求劳动者支付违约金。

3.用人单位拒签劳动合同的责任

用人单位拒绝与劳动者签订劳动合同的,用人单位应当赔偿劳动者双倍工资。用人单位自用工之日起满一年不与劳动者订立书面劳动合同的,视为用人单位与劳动者已订立无固定期限劳动合同。此时用人单位不与劳动者订立无固定期限劳动合同的,应当自订立无固定期限劳动合同之日起向劳动者每月支付二倍的工资。用人单位拒绝与劳动者订立劳动合同,后将劳动者辞退的,应当赔偿劳动者经济补偿金,若属于违法辞退,则需要向劳动者支付经济赔偿金。

【以案说法】

案例一:张某主张其在某科技公司服务至 2011 年 6 月 17 日其工作年限已达到 10 年,但 2012 年 3 月某科技公司与张某签订了《劳动合同书》,张某认为《劳动合同书》是某科技公司提供的格式合同文本,只是看了一下,觉得没有异议,就在上面签字了,故某科技公司应与其签订无固定期限的劳动合同,否则就应支付未签订无固定期限劳动合同的二倍工资差额。2012 年 6 月 18 日,张某向某科技公司发出辞职信,提出 2012 年 6 月 25 日与某科技公司解除劳动关系，辞职理由是某科技公司未依法与其续订无固定期限劳动合同和未向其支付未续订无固定期限劳动合同的二倍工资差额。张某据此主张某科技公司应支付其解除劳动合同经济补偿金。某科技公司不同意支付张某解除劳动合同经济补偿金，张某向法院起诉。法院认为劳动者主张订立的固定期限劳动合同无效的，应就订立固定期限劳动合同的过程存在欺诈、胁迫或乘人之危之类的无效情形承担举证责任，张某未举证证明某科技公司与其签订固定期限劳动合同时存在欺诈、胁迫或乘人之危等导致张某意思表示不真实的情况，且双方已实际按该固定期限劳动合同履行了很长一段时间，张某亦未提出任何异议。在此情况下，双方订立的固定期限劳动合同应属合法有效，故驳回张某诉讼请求。

案例二：2010年6月，张某应聘某公司的商务拓展专员。在面试和入职时，应公司要求，张某填写了《应聘人员求职登记表》和《员工入职登记表》，在表格的婚姻状态一栏内，张某均填写为未婚。2010年7月5日，张某与公司签署了为期三年的劳动合同。其中合同附件的《员工手册》规定，劳动者入职时须向公司提供包括结婚证在内的各项材料，如有虚假，公司有权与其解除劳动合同。张某签字确认其已详细阅读了合同附件的内容，知道合同附件将作为合同的组成部分。2010年11月19日，张某因怀孕后先兆流产向公司请假两周，并向公司提交了结婚证，上显示张某在入职前，于2009年3月2日即已登记结婚。2010年12月16日，公司以张某隐瞒真实婚姻状况，违反了《劳动合同书》和《员工手册》的规定为由，与其解除了劳动合同，张某提起诉讼。法院审理后认为，除法律明确规定的情形外，用人单位与劳动者关于单方解除劳动合同的特别约定，应属无效。从商务拓展岗位的职责来看，张某的婚姻状况既不会影响公司正常的经营管理，也不会影响张某正常履行劳动合同，不属于与劳动合同直接相关的事项，因此张某隐瞒真实婚姻状况不构成严重违反公司规章制度，也不构成以欺诈手段使公司在违背真实情况下订立劳动合同。因此，判决公司不享有劳动合同解除权，应当继续履行与张某之间的劳动合同。

案例三：李某于 2004 年 5 月 18 日入职某公司，从事服务岗位工作，最后一份劳动合同期限自 2008 年 7 月 1 日起至 2012 年 3 月 31 日止。2008 年 4 月 30 日，李某成为第三届工会委员，任职期限至 2013 年 5 月 31 日。2013 年 4 月 27 日，某公司通知李某劳动合同期限届满，劳动关系终止。2013 年 6 月 14 日，李某提起劳动仲裁，要求某公司支付未签订劳动合同二倍工资赔偿 84082.9 元。某公司辩称：双方签署的《劳动合同书》期限因工会法规定自动延长，不存在未依法与员工签订劳动合同的情况，劳动合同因工会职务任期自动顺延，因此，在劳动合同法定顺延期间，仍应视为在原劳动合同期限内，无须再签订书面劳动合同，劳动者也不能再以法定顺延期间未签订书面劳动合同而向用人单位主张双倍工资。法院认为，某公司并未提供已将公司工会延长任期的情况告知李某的证据，且并未提供为李某办理劳动合同续延手续的其他证据，故认定公司存在未签署劳动合同的情形，判令公司双倍支付劳动报酬。

（六）公民委托理财合同纠纷及解决

委托理财是指个人或公司接受客户委托，通过投资行为对客户资产进行有效管理和运作，在严格遵守客户委托意愿的前提下，在尽可能确保客户委托资产安全的基础上，实现资产保值增值的一项业务。通常情况下，人们把个人与个人之间、个人与公司之间的委托投资也称为委托理财。

1. 非金融机构的"保底条款"约定是有效的

"保底条款"是指人们对各种委托理财合同中委托人向受托人作出的保证本金不受损失、超额分成、保证本息最低回报、超额分成、保证本息固定回报和超额归受托人等约定的统称。实践中，保底条款可分为保证本息固定回报条款、保证本息最低回报条款和保证本金不受损失条款三种。按照民法私法领域的意思自治原则，保底条款系双方真实意思表示，除违反法律和行政法规的相关规定的情形以外，应认定其为有效。金融性委托理财可以分为以金融机构作为受托人的委托理财和非金融机构作为受托人的委托理财。基于对金融机构经营风险监管的需要，我国有关法律和法规对特定的金融机构受托人承诺保底收益加以禁止。除此之外的委托理财保底条款与现行法律或行政法规的强制规定并不抵触，因此非金融机构的"保底条款"约定是有效的，双方应当信守执行。

2. 禁止证券公司从业人员代买股票

证券公司从业人员包括管理人员和经营人员持有、买卖股票，为法律所禁止，因此如果投资者私下全权委托公司从业人员代其买卖股票，因受托人不具有合法的证券市场投资资格，在法律上为无效民事行为。因为双方均有过错，若有损失，受托的证券公司从业人员如能举证证明其交易指令确已下达到场内，而交易损失是市场风险所致，损失后果只能由委托从业人员的投资者自负。需要说明的是，证券公司从业人员是私下接受投资者委托，不是以公司名义进行的，所以证券公司对上述双方无效民事行为并不承担相应后果。

🔊【以案说法】

　　案例一：原告高某与被告吴某签订一份股票投资代理合同，约定由高某出资 10000 元，交给被告吴某全权代理股票买卖。双方约定，如有盈利，由双方按五五分成；如有亏损，由被告吴某全部承担。同时约定，该代理只保本不保利，合同期限为1年。合同签订后，原告高某依照合同约定，开通了证券账户，并存入10000元。一年后经结算，高某账户亏损6086.32元。由于双方对损失赔偿未能达成一致意见，原告高某将被告吴某诉至法院。法院经审理认为，委托合同系指委托人和受托人约定，由受托人处理委托人事务的合同。依据原、被告合同约定的内容，双方应属委托合同关系。原、被告均应按照合同的约定，履行各自义务。结合本案，被告在接受原告委托炒股期间亏损6086.32元，其应按照双方约定的内容对原告予以赔偿。承办法官对双方当事人进行调解，并劝解原告高某，股市风险不可预计，吴某并非有意造成损失，最终双方当事人顾及以往委托投资的合作关系，达成一致意见，由吴某赔偿原告高某损失3000元。

案例二：2007年9月21日，刘某与兴业武宁支行签订《兴业银行2007年第七期万利宝——"兴业基金宝"人民币理财协议书》约定，刘某参加该理财计划，接受银行提供的投资理财服务。理财启动日为2007年9月26日至2008年9月30日，到期一次性支付，该理财产品预期收益率为8%—25%，上不封顶。合同用粗体黑字提示：刘某声明已知晓本协议书风险，明确本理财计划为委托代理性质，同意接受本理财计划的投资方案与资产运作方式，愿意承担投资风险等。合同签订后，刘某按约定将8.5万元存入银行指定的账户。2008年9月，因理财产品到期发生了亏损，该理财产品净值仅为0.7—0.8，所剩余本金仅为6.4万余元。刘某认为在一年里银行未让自己悉知真相，告知风险和按约支付投资收益，致使自己蒙受重大经济损失，请求判令赔偿理财本金损失及利息、赔偿精神损失计6万余元。法院认为，在刘某与兴业银行签订的协议中，有风险提示的部分，"本产品为非保本浮动收益型投资产品，投资风险可能导致客户收益甚至本金遭受损失"。此段文字以书面的形式，提示了投资风险，而刘某不能证明银行未对客户作过风险提示义务。刘某作为一名具有完全民事行为能力的自然人，在购买理财产品时，对所投资风险应有清醒的认识。刘某没有仔细阅读协议内容，应视为是放弃自己的知情权，责任属自己，遂判决对刘某之诉不予支持。

三、公民其他纠纷及解决

（一）公民产品质量纠纷及解决

产品责任又称产品侵权损害赔偿责任，是指因产品有缺陷造成他人财产、人身损害，产品制造者、销售者所应承担的民事责任。因产品质量缺陷导致的纠纷即产品质量纠纷。

1. 缺陷产品的认定

所谓"产品缺陷"，《中华人民共和国产品质量法》第四十六条规定："本法所称缺陷，是指产品存在危及人身、他人财产安全的不合理的危险；产品有保障人体健康和人身、财产安全的国家标准、行业标准的，是指不符合该标准。"主要情形为：（1）设计缺陷，即由于产品在设计上就存在问题，导致产品即使在正常使用中也存在危险。例如，家庭中日常使用的液化气灶，因其储存钢罐的结构或安全系数在设计上存在不合理的问题，有可能导致它在正常使用中爆炸的，则该产品存在设计缺陷；（2）制造缺陷是指在加工、制作、装配等制造过程中未按照相关要求进行操作而导致的危险；（3）未执行国家标准及行业标准而导致的潜在危险。

2. 生产者的责任属于严格责任

生产者的责任被称为严格（或绝对）的责任，即生产者要对任何一个缺陷产品所引起的损失负责，无论该缺陷是如何形成的。原告无须证明生产者有过错便可提出产品责任赔偿请求。生产者的抗辩理由为：（1）未将产品投入流通；（2）产品投入流通时，引起损害的缺陷尚不存在。否则，生产者不得以任何理由对其缺陷产品产生的损害进行抗辩。

3. 生产者和销售者之间的连带责任关系

《中华人民共和国产品质量法》第四十三条规定：因产品存在缺陷造成人身、他人财产损害的，受害人可以向产品的生产者要求赔偿，也可以向产品的销售者要求赔偿。属于产品的生产者的责任，产品的销售者赔偿的，产品的销售者有权向产品的生产者追偿。属于产品的销售者的责任，产品的生产者赔偿的，产品的生产者有权向产品的销售者追偿。由此可见，缺陷产品生产者与销售者之间虽有明确的责任界限，但当面对缺陷产品受害人时，缺陷产品的生产者和销售者之间就存在连带责任关系。生产者、销售者内部如何承担责任、如何追偿是他们的内部关系问题，但不得因此影响对受害人的责任承担，而受害人可以选择其中之一承担侵权责任。

【以案说法】

案例一：原告在被告处购得"白塔"牌冷藏柜一台，被告派人调试后投入使用。后原告单位职工王某某手握冷藏柜把手开箱取食物时，因箱体带电而触电身亡。经查，带电的原因是因为冷藏柜的磁力起动器安装错误。于是，原告以被告出售不合格的产品导致员工死亡为由向人民法院提起诉讼，要求追究被告的产品责任。法院审理查明，被告出售给原告的冷藏柜质量严重不合格，并导致了原告员工的死亡，因此应该承担给原告造成的一切损失。侵害公民身体造成伤害的，应当赔偿医疗费和因误工减少的收入，造成死亡的，并应赔偿丧葬费和死者生前抚养的人必要的生活费等费用。并且退还原告货款及运费共计 17900 元，付给原告安葬死者及死者生前抚养的人的生活费、抚慰金共计 213986.90 元，支付死者亲属误工损失、交通费等共 14152.03 元。

案例二：2000 年 5 月，原告项某到被告山东济南某汽车有限公司处购买了价款为 3000 元的珠峰 ZF125—18 两轮摩托车一辆。2000 年 8 月 5 日，原告驾驶该摩托车在下班回家途中，与骑自行车的马某发生碰撞，造成马某及原告受重伤的交通事故，马某因抢救无效死亡。济南市公安局交通警察大队作出的交通事故认定书认为，原告驾驶的机动车不符合 GB7258—1997 标准（指摩托车前大灯光线偏低，光度不够）是事故发生的原因之一，原告对此事故应承担主要责任。2001 年 3 月 31 日，原告因犯交通肇事罪，被海盐县人民法院判处有期徒刑一年，宣告缓刑一年，并赔偿受害人家属 35000 元。原告可以据《产品质量法》要求厂家赔偿损失，因产品存在缺陷造成人身、他人财产损害的，受害人可以向产品的生产者要求赔偿，也可以向产品的销售者要求赔偿。本案中造成交通事故的主要原因是因为摩托车的灯光设计存在缺陷，虽然该产品缺陷没有直接造成产品使用者损害，但却间接地致使第三人受到身体伤害，依据产品质量责任的构成要件，该产品缺陷与损害结果之间存在因果关系，故生产厂家应承担相应的赔偿责任。

（二）公民医疗纠纷及解决

医疗纠纷是指在医方与患方之间产生的因医疗过错、违约而导致的医疗损害赔偿及医疗合同违约等纠纷。

1. 医疗事故的赔偿范围

医疗事故是指医疗机构及其医务人员在医疗活动中，违反医疗卫生管理法律、行政法规、部门规章和诊疗护理规范、常规，过失造成患者人身损害的事故。医疗事故中赔偿义务人给予受害者的赔偿项目包含：医疗费、误工费、住院伙食补助费、陪护费、残疾生活补助费、残疾用具费、丧葬费、被扶养人生活费、交通费、住宿费、精神损害抚慰金等，对患者人身造成的损害程度等级不同，赔偿的费用也不同。医疗事故赔偿按照政府统计部门公布上一年度相关统计数据确定。因此在计算医疗事故各项赔偿金额时应该查清相关数据，以便于确定赔偿项目计算标准。

2. 医疗诊疗机构及医务人员的责任

医疗机构及其医务人员在实施诊疗行为前，应当根据诊疗方案可能给患者带来的医疗风险，对患者的病情、体质和既往病史等信息进行详细检查和询问，据此作出相应的风险预测和风险控制，并应将拟采取的诊疗方案和医疗风险等重要信息以明确、合理的方式告知患者，如未尽到询问和告知义务造成患者人身伤害的，应当承担相应的赔偿责任。

因医务人员诊疗行为不符合国家医疗行业协会等机构确定的常规诊疗操作规范，给患者造成损害；或依照当下医疗水平，应当发现而未能发现患者症状病因，未能及时开展对症救治，延误诊疗，造成患者损害的，医疗机构应当承担相应的赔偿责任。

【以案说法】

案例一：陈某因乳腺癌曾于 2004 年 1 月到被告南京市浦口区某医院做左乳癌根治术，术后做了两个疗程的化疗。2006 年 3 月，陈某感觉胸口、胸骨、右乳根部疼痛，被告诊断为肋间神经痛并多次实施针灸、推拿治疗。5 月初，陈某卧床不起，颈部僵硬，生活不能自理，疼痛也一直没有任何缓解。经江苏省中医院诊断后，陈某家属获知，陈某在做乳癌手术后，癌症并没有根治，2006年3月开始的胸口、胸骨、乳根疼痛是由于癌细胞转移扩散所致。2006年7月，陈某因病于家中死亡。原告认为，即使医疗行为不构成医疗事故，但被告的医疗行为存在明显过错，致使挽救陈某生命、提高生存质量的机会错失，被告应予赔偿，要求赔偿死亡赔偿金、精神抚慰金等170000余元。被告认为，案件不构成医疗事故，且被告没有过错，被告和陈某的死亡结果也没有因果关系，陈某系因癌症复发死亡，被告没有赔偿义务。后经法院主持调解，原、被告达成一致意见，由被告补偿原告10000元，诉讼费由被告承担。

案例二：患者欧某系某市人民医院护士。2013年11月25日，患者欧某下班回家沐浴不幸摔倒在地，随即被家人送至某市中心医院急诊科。家属反映患者脑部受伤请求进行CT扫描检查未获准。接诊医生诊断患者休克性病因为心源性。11月26日患者被转至重症科，家属再次请求进行头部CT扫描检查再次被拒。12月3日在上级医院医生参加的会诊后即对患者进行了头部CT扫描检查，诊断为：1.蛛网膜下腔出血；2.弥漫性脑水肿。12月6日患者欧某因"中枢性呼吸循环衰竭"死亡。医患双方因死亡原因及赔偿数额无法达成协议，患者家属将某市中心医院告上法庭。法院认为，医院在诊疗过程中未及时采取医疗手段发现死者的脑出血事实，存在诊疗过错，一审判决被告医院赔偿原告欧某各项经济损失372084.82元。

（三）公民交通事故纠纷及解决

交通事故是指机动车辆在道路上因过错或者意外造成人身伤亡或者财产损失的事件。交通事故不仅是由不特定的人员违反交通管理法规造成的，也可以是由于地震、台风、山洪、雷击等不可抗拒的自然灾害造成。交通事故纠纷是指公民在处理交通事故过程中引发的纠纷。

1.机动车与非机动车发生事故，机动车一方无法证明非机动车存在过错的，应承担全部责任

根据《道路交通安全法》第七十六条第一款第（二）项的规定："机动车与非机动车驾驶人、行人之间发生交通事故，非机动车驾驶人、行人没有过错的，由机动车一方承担赔偿责任；有证据证明非机动车驾驶人、行人有过错的，根据过错程度适当减轻机动车一方的赔偿责任；机动车一方没有过错的，承担不超过百分之十的赔偿责任。"根据上述规定，机动车与非机动车驾驶人、行人之间发生交通事故的，证明非机动车驾驶人、行人有过错和机动车一方没有过错的举证责任均在机动车一方。因此，机动车一方没有证据证明非机动车驾驶人、行人有过错的，就应认定非机动车驾驶人、行人没有过错，由机动车一方承担全部赔偿责任。法律之所以这样规定，是因为机动车能快速移动，具有较大的危险性，而这一危险性只有机动车才能有效控制。机动车上路与非机动车驾驶人、行人相遇时，应主动让行，并与非机动车驾驶人、行人保持安全距离。

2.机动车借用人发生交通事故的责任承担

根据《侵权责任法》第四十九条规定："因租赁、借用等情形机动车所有人与使用人不是同一人时，发生交通事故后属于该机动车一方责任的，由保险公司在机动车强制保险责任限额范围内予以赔偿。不足部分，由机动车使用人承担赔偿责任；机动车所有人对损害的发生有过错的，承担相应的赔偿责任。"《最高人民法院关于审理道路交通事故损害赔偿案件适用法律若干问题的解释》第一条规定："机动车发生交通事故造成损害，机动车所有人或者管理人有下列情形之一，人民法院应当认定其对损害的发生有过错，并适用侵权责任法第四十九条的规定确定其相应的赔偿责任：（一）知道或者应当知道机动车存在缺陷，且该缺陷是交通事故发生

原因之一的；（二）知道或者应当知道驾驶人无驾驶资格或者未取得相应驾驶资格的；（三）知道或者应当知道驾驶人因饮酒、服用国家管制的精神药品或者麻醉药品，或者患有妨碍安全驾驶机动车的疾病等依法不能驾驶机动车的；（四）其它应当认定机动车所有人或者管理人有过错的。"

【以案说法】

案例一：2010年9月17日下午，石某驾驶小型普通客车沿市区双南线由南往北行驶，行经双南线与六虹桥路路口由南向西转弯时，遇金某推自行车行走在路口西侧人行横道上，双方发生碰撞，造成金某受伤及自行车损坏的交通事故。交警部门无法查清事故当事人违反交通信号通行规定的情况，对本次交通事故责任不作认定。金某起诉要求石某赔偿。法院认为，因案件系机动车与非机动车之间发生的事故，在机动车一方没有证据证明非机动车一方有过错的情况下，应认定机动车一方负全责，由石某承担全部赔偿责任。

案例二：2010年9月24日凌晨，童甲未取得机动车驾驶证，醉酒后驾驶童乙所有的轿车碰撞停放在道路路缘的变型拖拉机尾部，造成两车不同程度损坏及王某等三人不同程度受伤的道路交通事故。王某将童甲、童乙等诉至法院。法院认为，童乙作为肇事车辆所有人，在童甲未取得机动车驾驶证的情形下仍然向其出借车辆，未尽到对借用人驾驶资格审查义务，主观上存在过错，应当为事故损害后果承担相应的责任，故而判决童乙对超出交强险限额部分的损失承担15%的赔偿责任。案件中的童乙未核实童甲是否具有驾驶资格即将车辆出借给童甲驾驶，该情形符合上述司法解释第（二）项的规定，应当认定童乙对本案损害的发生有过错。机动车所有人出借车辆时应当十分谨慎，不仅要认真检查机动车是否具备安全驾驶的性能，同时也要对借用人的驾驶资格和能力进行仔细审查。

第九章　公民的法律权利及其行使

　　每一个公民的法律权利都与其息息相关，公民有哪些法律权利，权利的具体内容有哪些，这些权利有没有界限，应该通过什么途径来行使权利，这些都是人们生活中的重要问题。学龄儿童的学区划分是否和受教育权有关、老百姓就医过程中会涉及哪些法律权利、老人有权要求政府提供多少养老服务？这些问题都是人们生活中的基本问题，都会延伸到本章讨论的公民享有多少权利，怎么行使权利等根本问题。

一、公民法律权利概述

　　不管是"天赋人权"还是"为权利而斗争"，都彰显着权利于人类社会中的重要地位和不可替代性。"权利"一词最早在现代意义上使用源于19世纪中叶，学者将《万国律例》（*Elements of International Law*）翻译成中文时，将"权利"作为"right"的译文。现代意义上的权利，就有利益、资格、自由、法律上的力等意思。对权利的学术定义纷繁复杂，《牛津法律便览》的"权利"词条直截了当地把权利说成"一个严重地使用不当和使用过度的词汇"。

经济发展和社会进步也伴随着人们权利观的发展。公民权利可以从多个维度理解。一种说法是，公民权利指作为一个国家的公民所享有的公民资格和与公民资格相关的一系列政治、经济和文化权利。选举权、被选举权等与政治活动参与密切相关的权利一般归入政治权利。国有土地使用权等可以纳入经济权利的范畴。文学艺术创作权利等可以被认为属于文化权利。根据我国宪法规定，我国公民享有如下权利和自由：有选举权和被选举权；有言论、出版、集会、结社、游行、示威的自由；有宗教信仰自由；有人身自由不受侵犯、人格尊严不受侵犯、住宅不受侵犯的权利；有通信自由和通信秘密受法律保护的权利；有对任何国家机关和国家工作人员提出批评和建议，并对他们的违法失职行为有向国家机关提出申诉、控告或者检举的权利；有劳动的权利（义务）；有休息的权利；在年老、疾病或者丧失劳动能力情况下有从国家和社会获得物质帮助的权利；有受教育，进行科学研究、文学艺术创作和其他文化活动的权利；妇女在政治的、经济的、文化的、社会的和家庭的生活等各方面享有同男子平等的权利。

上面的说法把"权利"和"公民"紧密联系，是国家和公民关系维度下的理解。如果从公民和公民、公民和其他组织关系维度进行理解，公民权利可以包括人身权和财产权。人身权包括生命权、健康权、姓名权、肖像权、名誉权、荣誉权、婚姻自主权等。财产权包括物权、债权等。此外，还有一些如知识产权等复合型权利，兼有人身权、财产权的内容。总之，公民权利内涵丰富，种类繁多，不同的权利内涵决定了权利主体可以享有不同的利益、资格和能力。

【延伸阅读】

《中华人民共和国民法通则》

第九十八条：公民享有生命健康权。

第九十九条：公民享有姓名权，有权决定、使用和依照规定改变自己的姓名，禁止他人干涉、盗用、假冒。

第一百条：公民享有肖像权，未经本人同意，不得以营利为目的使用公民的肖像。

第一百零一条：公民、法人享有名誉权，公民的人格尊严受法律保护，禁止用侮辱、诽谤等方式损害公民、法人的名誉。

第一百零二条：公民、法人享有荣誉权，禁止非法剥夺公民、法人的荣誉称号。

第一百零三条：公民享有婚姻自主权，禁止买卖、包办婚姻和其他干涉婚姻自由的行为。

平时，我们提到权利时，也会涉及自由、利益等词，这些与权利密切相关，但在法律意义上有所区别。有些场合下，权利表现为一种利益，比如张三对某套房屋享有财产权，就意味着张三可以享有因为这套房屋所带来的收益，如租金等。但利益并不全都是权利。有些利益并不是法律所承认的权利。比如因为城市规划变更的原因，某地块从城郊土地变为接近某交通枢纽的地块，土地增值迅速。这个地块使用权人因土地增值所带来的利益就不是法律上所承认的权利，也就是说，假如因为城市规划再次发生变更，原来的土地增值消失了，地块的使用权人不能主张利益受损，要求获得损失补偿。是否被法律所承认就是可否从法律上提出保护的主张，并且获得法律的认可和救济。显然，并非所有的利益都受法律认可且保护，可以说权利是法律认可和保护的利益。在有些情况下，权利又体现为一种自由，如人身自由权，实质上人身自由不受限制的权利，本质上是排除他人干涉、妨碍的自由。有些权利的实现要求别人积极作为，比如债权的实现，要求你的债务人为一定的给付，但自由权的实现却要求别人不作为，不妨碍、不干涉、不阻挠、不破坏。在法律认可的权利中有一类就属于自由。

【以案说法】

孙某等三人与玄某探矿权权属纠纷案①

（一）基本案情

孙某等三人于 2004 年投资承包奈曼旗青龙山镇向阳所村林地，承包期 15 年，用于开发铁矿。孙某等三人委托玄某办理勘查许可证，并将委托勘查合同书、林地承包合同书、存款证明、探矿权申请登记书等相关资料及办证资金 114 万元交付玄某。2005 年 12 月 28 日，经内蒙古自治区国土资源厅批准，通辽市国土资源局对奈曼旗青龙山镇向阳所一带铁矿普查探矿权实行挂牌出让，并予以公告。玄某将办证资料上孙某的名字篡改成自己的名字，并私刻"辽宁省第四地质大队"的公章伪造勘查合同，用孙某等三人交给他的办证资金，以奈曼旗北方建筑公司（该公司法定代表人为玄某）名义竞标，将勘查许可证办至玄某自己名下；2006 年 2 月 13 日，内蒙古自治区国土资源厅向玄某颁发了《矿产资源勘查许可证》。孙某等三人提起诉讼，请求：确认案涉《矿产资源勘查许可证》归孙某等三人所有。

（二）思考

上述案例中涉及的探矿权属于哪种权利？孙某等应当通过何种途径寻求救济？

需要注意的是，权利与权力二者容易混淆。在法律术语中，两者内涵截然不同。权力是指国家凭借对资源的控制和支配，通过强制力以使公民、法人或其他组织服从其意志的一种特殊力量或影响力。强制性是权力

---

① 北大法宝，http://pkulaw.cn，2017 年 1 月 20 日最后访问。

的最大特征。权力主体一般是国家、人民以及法律授权的组织，权利的主体一般是公民、法人或其他组织。权利受到侵害时只能请求国家强制力保护，而权力则可以依靠自身的强制力获得其主体意志的实现，因此权利和权力在日常生活中不得混用。

与权利直接对应的是义务，权利和义务是法律关系的两大基本要素。权利往往伴生义务，权利主体在行使自身权利的同时需要履行相应的义务。二者互相依存，不可分割。一般认为，社会总的权利和义务是等量的，权利义务对立统一，因此有维权意识的同时也要有义务履行意识。

关于公民权利的来源有很多种说法，最常被提到的有两种。一种说法是权利是与生俱来的，"天赋人权"，每个人在作为人的意义上都享有某些权利，不可转让、不可剥夺。这种说法的根据就是自然法。自然法的观念认为平等、公正等关于正义的基本和终极的原则是宇宙中本身存在的，是权利的依据。另一种说法是权利来自于实定法的授予，这是实证主义法学派的观点。他们认为法是国家主权者的命令，是一个"封闭的逻辑体系"。权利是受到实定法保护的利益。权利的基础是现行有效的立法，而不是道德、自然正义等观念。不管采用哪种观点，公民知悉自身权利，能有效行使并保护自己的权利并不侵犯他人权利，是最重要的"权利观"。

权利也不是一成不变的。随着社会的进步和发展，社会利益结构日益复杂化，会出现承认和保护新的利益的需求。比如环境权就是在人类经历了严重的环境危机后才逐步受到法律的承认和保护的。有说法认为真正意义上的环境保护措施是在20世纪才出现的，因此环境权被写入立法也是较晚近的事。有些新型权利随着时代变迁产生，也有一些权利随着时代的发展，其内涵逐渐缩小。比如对土地的所有权，历史上土地的所有权可以涵盖地上空间和地下空间，所有权人在上述范围内有绝对的占有、使用、收益、处分权利。而随着时代的发展，空间的综合利用日益成为趋势，因为公共利益的需要，限制土地所有权的范围成为常态。总之，需要用流变的、发展的眼光看待权利。

二、公民法律权利的基本内容

公民法律权利涉及多个方面，可以有多种分类，比如可以有对世权和对人权、人身权和财产权等。以下分公民—国家关系、公民—公民或其他组织关系两个板块分别介绍公民权利。

公民—国家关系之下的权利主要有平等权，选举权和被选举权，言论、出版、集会、结社、游行、示威自由，宗教信仰自由，个人自由权，监督、批评建议、检举揭发权，物质帮助权，受教育权等。

（一）公民—国家关系下的公民权利

1. 平等权

中华人民共和国公民在法律面前一律平等。凡是我国公民，不分民族、种族、性别、职业、家庭出身、宗教信仰、教育程度、财产状况、居住期限等，一律平等地享有法律所规定的权利，任何人或组织不能有超越宪法和法律的特权。平等权是宪法上的重要基本权利，有很高的宪法地位，甚至可以被提升为平等原则。围绕平等权从古至今发生过很多重要的案例，比如美国发生的黑人平权案件，尤其是争取教育平等的布朗诉托皮卡教育局案至今仍有影响力。又比如在世界范围内，同性恋者为争取权利也基于平等权提起多项诉讼。随着我国经济的发展，权利诉求也日益凸显，在招生、就业等关系民生的领域都发生过多起基于平等权的诉讼。

【以案说法】

布朗诉托皮卡教育局案①

20 世纪 50 年代早期，琳达·布朗是一位住在堪萨斯州托皮卡的学生。她和她的姐姐泰瑞·琳每天都要沿着石岛铁路调车厂走一英里的距离到公共汽车站，然后搭车到距离家里有五英里之远的黑人学校蒙罗小学。琳达·布朗尝试取得离她家较近的萨姆纳小学的入学许可（该学校离她家只有几个街区的距离），以免通勤之苦，却遭到托皮卡教育局基于种族的因素驳回入学申请，原因是萨姆纳小学是一个只给白人小孩子读的学校。在当时堪萨斯州的法律允许（但非强制要求）人口大于 15000 的城市可以依据种族的不同而设置种族隔离的学校。基于这样的法律规定，托皮卡教育局设立了种族隔离的公立中小学，然而相对于堪萨斯州内，当时其他附近社区的许多公立学校并无此种设立种族隔离学校的制度。琳达·布朗的爸爸奥利弗·布朗作为第一原告对托皮卡教育局提起集体诉讼，该诉讼由其他有同样背景的家庭（合奥利弗·布朗共有十三位家长及他们的二十位小孩子）一同参加，要求校区停止种族隔离的政策，主张种族隔离的学校已经侵害了琳达·布朗依据宪法第十四条修正案所保障的同等保护权。他们在理由中指出，尽管教育当局设置了隔离但"平等"的学校，但是这些措施实际上的目的，是对黑人实施永久的次等待遇，只提供次等的设备与服务，以达成压迫黑人的效果。

平等权并非主张对所有情况一视同仁，对所有对象一律均等对待。相

---

① 百度百科，http://baike.baidu.com，2017 年 1 月 20 日最后访问。

反，平等权包含了不同对待的内涵。简单地说，就是同等情况同等对待，不同情况不同对待。在判断同与不同时，实际上隐含了一个"区分要素"。比如以性别来区分，男性和女性是不同的；以是否属于人类来区分，男性和女性就是相同的。在贯彻平等权保护时，有些区分要素是被明确禁止的，比如上面提到的民族、种族、性别、职业、家庭出身、宗教信仰、教育程度、财产状况、居住期限等。有些区分要素则是被法律允许的，比如国家招聘录用时，由于岗位需要对应聘者的能力、资质提出资格条件、能力、资质等要求，可以成为合法的"区分要素"。因此在理解平等与否这个问题时，不能将平等权进行片面解释，将其等同于均等化待遇。

【相关链接】

中考加分案①

2006 年初，漳州市政府出台了《关于全面推进民营经济发展的若干意见》，规定自 2006 年起，凡是经市政府办审核公布的 2005 年度漳州市民营企业前 100 名纳税大户，其控股企业主的子女中考均可享受 20 分的照顾。外商子女也参照执行。此举引起舆论哗然，有人认为该加分政策完全违背了为考生提供平等受教育机会的升学政策制定原则。

2. 选举权和被选举权

年满十八周岁的中华人民共和国公民，不分民族、种族、性别、职业、家庭出身、宗教信仰、教育程度、财产状况和居住期限，都有选举权和被选举权。选举权和被选举权是政治权利的重要内容，因此被剥夺政治权利的人，不能行使选举权和被选举权。在我国选举按如下程序开

---

① 张建飞、俞丹:《实用法律基础》，法律出版社 2010 年版，第 74 页。

展：选民登记、产生代表候选人、开展选举。选民和原选举单位对选出的代表有监督、罢免权。对破坏选举的行为，依法应受到行政处罚直至刑事制裁。《中华人民共和国全国人民代表大会和地方各级人民代表大会选举法》(《选举法》)最早于 1953 年制定，1979 年重新修订，其后经过六次修改或修正。农村和城市居民每一代表所代表的人口数之比先后经历了 8：1 到 5：1 到 4：1 直至 1：1 的漫长过程，切实体现了城市、农村居民选举权的平等保护。

【相关链接】

《选举法》的修改[①]

选举人大代表的城乡人口比例，是《选举法》中的一个重要内容。1953 年制定第一部《选举法》时，我国的城镇人口比重较低，只有 13.26%。为了体现工人阶级在国家政治生活中的领导地位和工业化发展方向，《选举法》对农村和城市选举每一代表所需的人口数作了不同的规定：全国人大代表的选举，各省按每 80 万人选代表 1 人，直辖市和人口在 50 万以上的省辖市按每 10 万人选代表 1 人。这样规定，符合我国的政治制度和当时的实际情况。

1979 年修订的《选举法》基本上延续了 1953 年的规定，对于选举人大代表的城乡不同人口比例未做大的修改，但对不同层级规定得更加明确：全国为 8：1，省、自治区为 5：1，自治州、县、自治县为 4：1。

1982 年修改《选举法》时，对城乡按不同人口比例选举人大代表的规定进行了修改完善，增加规定：县、自治县境内，镇的人口特多或者企事业组织职工人数比例较大的，经省、自治区、直辖市

---

① 禅城人大网，http://www.chancheng.gov.cn，2017 年 1 月 20 日最后访问。

人大常委会决定，农村每一代表与镇或企事业组织职工每一代表所代表的人口数之比可以小于 4∶1，直至 1∶1。

1995 年修改《选举法》，将全国和省、自治区农村与城市每一代表所代表的人口数比例，与自治州、县一样，统一修改为 4∶1。

2004 年修改《选举法》，未对选举人大代表的城乡人口比例作出新的规定。2010 年，随着我国的工业化、城镇化进一步加速，农村经济文化水平大幅提高，社会结构发生深刻变化。我国城镇人口比重已由 1995 年的 29.04% 上升为 2010 年的 47.5%。按照党的十七大提出"要坚定不移地发展社会主义民主政治，扩大人民民主，保证人民当家作主，建议逐步实行城乡按相同人口比例选举人大代表"的要求，自 2008 年开始，全国人大常委会法工委即着手研究《选举法》的修改。2010 年 3 月 14 日，中华人民共和国第十一届全国人民代表大会第三次会议通过了《全国人民代表大会关于修改〈中华人民共和国全国人民代表大会和地方各级人民代表大会选举法〉的决定》，并予以公布施行。这是第五次对《选举法》进行修改。实行城乡按相同人口比例选举人大代表，是这次《选举法》修改的重要内容和最大亮点。

2015 年《选举法》进行最近一次修改，就代表资格审查、境外资助等问题进行明确，不涉及城乡代表比例问题。

3. 言论、出版、集会、结社、游行、示威自由

言论、出版、集会、结社、游行、示威自由也可统称为政治自由，是公民参与国家政治生活所必不可少的自由。公民通过上述自由表达意见、想法，参加政治生活。

虽然现代民主社会中，政治自由被置于相当重要的位置，但政治自由仍需要受到各类限制。世界范围的所有国家几乎都对政治自由设有限制。

以言论自由为例，明显地煽惑叛乱、诽谤、发布与国家安全相关的秘密等言论向来受到限制甚至禁止。因为同任何权利或自由一样，权利的行使以不侵害他人权利为限，一旦言论伤及国家利益、集体利益或其他个人利益，不同权利之间便发生冲突，需要以强制手段恢复既有的权利秩序和生活秩序。因此，政治自由的行使不能突破权利既有的界限。

【以案说法】

美国焚烧国旗案

在 1989 年的"焚烧国旗案"里，法院如果认为被告的行为构成"象征性言论"，那么只要不属于淫秽或挑衅等"非保护"类型，它就受到宪法第一修正案的保护。1984 年，共和党在达拉斯举行全国大会。詹森等大约 100 名反对里根当局的示威者，在大街上游行并高呼政治口号。当示威者来到市政厅门前，詹森接过一面美国国旗，使之浸上煤油并开始焚烧。示威者一边焚烧，一边欢呼歌唱："美国——红、白、蓝，我们对你吐痰。"在示威者散去后，一位旁观者收集了国旗的残体，并把它埋葬在自家后院。几名目击者在审判中证实，他们受到严重冒犯，但没有人受到任何人身伤害或威胁。此后，詹森因焚烧国旗而违反了德克萨斯州的有关法律，并被州法院判服 1 年监禁和 2000 美元罚款。德州的刑事上诉法院推翻了定罪，并认为惩罚损坏国旗的州法违反了宪法第一修正案。最终，联邦最高法院以 5：4 表决维持了这一判决。①

4.监督、批评建议、检举揭发权

中华人民共和国公民对于任何国家机关和国家机关工作人员有提出批

---

① 张千帆：《宪法学导论——原理与应用》，法律出版社 2014 年版，第八章。

评和建议的权利；对于任何国家机关和国家机关工作人员的违法失职行为，有向有关国家机关提出、控告或者检举的权利，但是不得捏造或者歪曲事实进行诬告陷害。由于国家机关和国家工作人员侵犯公民权利而受到损失的人，有依照法律规定取得赔偿的权利。上述权利也可统称为请愿权。

【相关链接】

最高检举报网首日被"点"瘫[①]

2009 年 6 月 22 日，最高人民检察院将全国举报电话统一为12309，同时将举报网站网址更新为 www.12309.gov.cn，更新首日该网站一度陷入瘫痪。网站工作人员称，因点击率过高，网站一时难以运行。6 月 22 日 10 时许，记者点击该网站发现，网站首页无法显示或画面无法完全展开。12309 举报电话工作人员表示，由于首日点击率太高，网站还需适应。下午 3 时左右，网站恢复正常。目前已有最高检、北京市检察院、上海市检察院开通了网上举报中心。最高检表态称，网络举报将做到件件有回应。现在，纪委、法院、检察院系统均开通了网上举报中心。从最高检举报网站的设置来看，它还将给网民提供交流沟通的空间。

就北京市统计看，2004 年至 2008 年，北京市检察机关共奖励举报有功个人 67 人、有功单位 107 个，发放奖金 51.92 万元，个案最高奖励金额为 9.8 万元。北京市检察院也在王府井、金融街等地举办"举报宣传周"，向市民传授举报知识。

监督、批评建议和检举揭发的对象可以非常广泛，包括对国家机关和国家机关工作人员的违法行为、失职行为，请愿人主观上认为其有侵害自

---

① 《新京报》2009 年 6 月 23 日。

身权益的，或对其行为有批评和建议的，都可以行使上述权利。上述权利在司法救济制度不发达时，对保障民众获得权利救济具有非常重要的意义。随着司法救济制度的不断发展，高度专业化的司法救济成为权利救济的核心通道，请愿权的传统功能也在逐渐弱化，成为一种补充性的救济途径。

在行使上述权利时，公民不得捏造或歪曲事实进行诬告。任何诬告行为会涉及其他公民、法人、组织的名誉权，依照权利行使的基本原理，任何权利主体不得损害他人权利，因此不得诬告构成上述请愿权行使的内在限制。

5. 宗教信仰自由

中华人民共和国公民有宗教信仰的自由，任何国家机关、社会团体和个人不得强制公民信仰宗教或者不信仰宗教，不得歧视信仰宗教的公民和不信仰宗教的公民。宗教信仰自由包括如下内容：（1）每个公民都有按照自己的意愿信仰宗教的自由，也有不信仰宗教的自由；（2）有信仰这种宗教的自由，也有信仰那种宗教的自由；（3）有在同一宗教里信仰这个教派的自由，也有信仰那个教派的自由；（4）有过去信教而现在不信教的自由，也有过去不信教而现在信教的自由；（5）有按宗教信仰参加宗教仪式的自由，也有不参加宗教仪式的自由。宗教是一种对社会生活作出超自然解释的社会意识形态，就其本质而言，是与马克思主义的世界观相对立的。但宗教的存在具有民族性、群众性等特征，对国家统一、民族团结有重要意义；同时宗教信仰本质上属于精神自由，精神自由是最核心的自由，是法所不能任意干涉的领域。

【延伸阅读】

1. 我国刑法规定的非法剥夺公民宗教信仰自由罪，是指国家机关工作人员非法剥夺公民的宗教信仰自由，情节严重的行为。

2. 美国宪法第一修正案中规定，国会不得制定关于设立国教或禁止宗教自由之法律。

在享有宗教信仰自由的同时，也要注意区分精神自由和行为自由。宗教活动除了内心信仰，还有外在的各类宗教行为。国家保护正常的宗教活动。任何人不得利用宗教进行破坏社会秩序、损害公民身体健康、妨碍国家教育制度的活动。宗教团体和宗教事务不受外国势力的支配。一旦进入行为领域，不再属于纯粹的内心精神自由，行为自由就需要受到限制，包括社会秩序、公民身体健康、国家教育制度等都构成宗教活动的外在限制。因此，很多国家都规定了"政教分离"原则，即宗教与国家、政治等相互分离。国家力量不援助、助长、压迫各宗教团体。

6. 文化活动自由

中华人民共和国公民有进行科学研究、文学艺术创作和其他文化活动的自由。国家对于从事教育、科学、文学、艺术和其他文化事业的公民的有益于人民的创造性工作，给予鼓励和帮助。科学研究、文艺创作、文化娱乐活动、教育活动等都属于文化活动自由权利的范围。一般而言，文化活动自由属于思想自由的范畴。

7. 个人自由权

广义的个人自由包括人身自由、住宅不受侵犯，通信自由和通信秘密。公民的人身自由不受侵犯。任何公民，非经人民检察院批准或者决定，或者经人民法院决定，并由公安机关执行，不受逮捕。公民的住宅不受侵犯，禁止非法搜查或者非法侵入公民的住宅。公民的通信自由和通信秘密受法律保护。除因国家安全或者追查刑事犯罪的需要，由公安机关或者检察机关依照法律规定的程序对通信进行检查外，任何组织或者个人不得以任何理由侵犯公民的通信自由和通信秘密。

【延伸阅读】

美国宪法第五修正案中规定：未经正当法律程序，不得剥夺任何人的生命、自由或财产。正当程序在西方有很长的思想源流和发展历史。

人身自由、住宅不受侵犯、通信自由和通信秘密并不意味着个人自由权是绝对权，任何限制个人自由的行为都受到禁止。实际上，个人自由权的本质在于，任何涉及公民人身自由、通信自由以及住宅不受侵犯权的行为都必须要符合法定的或正当的程序。正当程序防止恣意侵害个人自由的行为发生，也保证在国家安全、追查犯罪等需要时，可以依法限制个人自由。比如依法受到刑事处罚、被判处有期徒刑的刑事案件被告人，其人身自由被剥夺就是符合法定程序的。又如在特定情况下，公安、国安等部门可以依法对公民的通信内容进行检查，以维护社会秩序，保护公共利益。

【相关链接】

非典时期的"隔离措施"①

2003 年 4 月 28 日，辽宁省人民政府发布《关于进一步加强非典防治工作的通告》，规定凡来自非典多发区的各类人员必须立即自觉向住地居民委员会、村民委员会或住地所属单位报告，在住地相对封闭接受医学观察 10 天，不得随意外出。沈阳市进一步规定，这些人员将被隔离到政府指定的 9 家宾馆入住，并且住宿、餐饮自理。

思考：上述做法是否侵害公民的人身自由？

8. 人格尊严

中华人民共和国公民的人格尊严不受侵犯。禁止用任何方法对公民进行侮辱、诽谤和诬告陷害。人格权指与个人的个人价值具有基本关联性的、不可侵犯的权利，主要包括名誉权、姓名权、肖像权、隐私权等。某些情况下，还可以包括构成人格本质的个人生命、身体、精神以及与个人生活相关联的利益等。②

---

① 原新利主编：《宪法与农民生活》，甘肃文化出版社 2011 年版，第 157 页。
② 参见许崇德：《宪法》，中国人民大学出版社 2014 年版，第五章第五节。

【以案说法】

美国的隐私权案例①

1965 年的格鲁斯沃德诉康涅狄格州案率先打开了宪法对隐私权保护的突破口，该案挑战的是康涅狄格州的一项禁止避孕的法律。该法律禁止任何人为避孕而使用任何药物或用具，违者将处以至少 50 美元罚款，或 60 天到 1 年的监禁。另外，任何人为避孕提供帮助或建议，也将被当作主犯处理。一名医生和耶鲁大学的医学教授，因向已婚夫妻发放避孕器具和药物，而各被罚款 100 美元。州的上诉法院肯定了这一决定。败诉者来到联邦最高法院，宣称康州法律违反了第十四条修正案的正当程序条款。他们的诉求得到了最高法院的支持，最高法院以康州的法律侵犯公民的隐私权为由推翻了康州的禁止使用避孕措施的法律。通过该案，最高法院提出了婚姻隐私不受法律干涉。该案后，隐私权成了妇女在争取平等的斗争中所使用的首要法律原则。

9. 财产权

公民的合法的私有财产不受侵犯。国家依照法律规定保护公民的私有财产权和继承权。国家为了公共利益的需要，可以依照法律规定对公民的私有财产实行征收或者征用并给予补偿。有恒产者有恒心，公民的合法私有财产具有宪法地位，受到保护。一般认为私有财产权事关公民人格的形成，也关系到市场经济的发展。我国对公民私有财产权的保护分三个层次：首先，肯定财产权的受保护地位。国家通过作为、不作为保障公民私有财产权不受侵犯。其次，坚持合法保护原则。国家对私有财产权的保护

---

① 王秀哲：《美国隐私权的宪法保护述评》，《西南政法大学学报》2005 年第 5 期。

以合法为前提。国家通过立法对财产进行区分，符合法律意志的合法私有财产权受到保护。最后，公民私有财产权在公共利益需要的情况下，可以被征收或征用，同时国家要给予被征收人补偿。征收条款构成私有财产权的外在限制，体现了公共利益和私有财产权保护之间的价值序位，即为了公共利益的需要，公民私有财产权应让位于公共利益，但同时，公民所做的这种特别牺牲需要得到补偿。

【相关链接】

最高人民法院今天发布人民法院征收拆迁十大典型案例①

最高人民法院 2014 年 8 月 29 日发布人民法院征收拆迁十大典型案例。最高人民法院新闻发言人孙军工介绍说，这批案件均为 2013 年 1 月 1 日以后作出的生效裁判，涉及国有土地上房屋征收和违法建筑拆除，有的反映出个别行政机关侵害当事人补偿方式选择权、强制执行乱作为等程序违法问题，有的反映出行政机关核定评估标准低等实体违法问题以及在诉讼中怠于举证问题，这些行政行为有的被依法撤销，有的被确认违法；同时，也有合法行政行为经人民法院审查后判决维持。这批案件对于指导人民法院依法履职，统一裁判尺度，保障民生权益具有重要意义。

10. 劳动权

"中华人民共和国公民有劳动的权利和义务。"② 劳动权是指国家需要积极提供劳动机会和劳动保障条件，劳动义务是指有劳动能力的人有通过自身的劳动维持个人生活的责任。具备劳动能力是享有劳动权的内在界限。劳动兼有权利和义务两种性质。需要注意的是，劳动权不意味着公民

① 《最高法发布征收拆迁十大典型案例》，《法制日报》2014 年 8 月 29 日。
② 《中华人民共和国宪法》第四十二条。

对请求国家提供劳动机会具有权利。国家义务更多体现在提供劳动保障，尽量创造就业条件等。因此《宪法》第四十二条第二款规定"国家通过各种途径，创造劳动就业条件，加强劳动保护，改善劳动条件，并在发展生产的基础上，提高劳动报酬和福利待遇"。劳动权作为一种社会经济权利，实现程度也受到一国经济社会发展条件的制约。

11.休息权

"中华人民共和国劳动者有休息的权利。"[1] 休息和劳动密切相关，是劳动权中派生的权利。国家作为休息权对应的义务主体需要制定具体的休假制度并保证其执行，此外，还需要提供休息休养设施。与劳动权类似，休息权也是社会经济权利，其实现程度受到一国经济社会发展条件的制约。

12.物质帮助权

中华人民共和国公民在年老、疾病或者丧失劳动能力的情况下，有从国家和社会获得物质帮助的权利。国家发展为公民享受这些权利所需要的社会保险、社会救济和医疗卫生事业。物质帮助权在有些国家被叫作生存权，即人应当有以具备人的价值的方式生存的权利。我国宪法中对生存权的规定较为具体，限定于公民年老、疾病或者丧失劳动能力的情况。物质帮助权也属于抽象的社会经济权利，国家负有通过立法、出台各类制度落实物质帮助权的义务，但公民不能直接请求国家实现上述权利。物质帮助权的实现程度需要和一国的社会、经济发展状况相结合。

【相关链接】

高福利国家之辩[2]

高福利国家"从摇篮到坟墓"的社会福利一度吸引了世人艳羡

---

[1] 《宪法》第四十三条。
[2] 参见李义平:《过高福利是经济发展的陷阱》，《人民日报》2015年8月11日。

的目光。但 20 世纪 80 年代以来，高福利国家经济的徘徊不前，逐渐使人们改变了看法。经合组织专门就高福利带来的危机作过研讨，其议题为"危机中的福利国家"。

2016 年 1 月，时任财政部部长楼继伟在《人民日报》刊文指出，要防止超出财政承受能力，以拔苗助长的方式推进社会保障制度建设和提高保障待遇水平，避免重蹈一些国家陷入"高福利陷阱"的覆辙。

13.受教育权

中华人民共和国公民有受教育的权利和义务。接受教育是公民人格发展的重要环节。受教育权的主体一般是儿童、青少年及其监护人。监护人有使学龄儿童接受教育的义务。因此受教育权是权利义务合一的权利。受教育权要求国家提供足够的公平机会、足够的良好的设施等。受教育权的实现同样取决于一国的经济社会发展状况。

【延伸阅读】

1986 年，中国颁布实施了《中华人民共和国义务教育法》（《义务教育法》），按其规定，学校对接受九年义务教育的学生免收学费。之后，国务院出台的《义务教育法实施细则》中允许实施义务教育的学校收取杂费，即在校学生学习生活所必需的部分公共性杂项费用，主要用于学生饮水、照明、取暖以及课桌维修等项费用支出。经修订后，新《义务教育法》于 2006 年 9 月 1 日实施，并于 2015 年进行修订。新法确立了"两免一补"政策，即免交杂费和书本费等一切行政性收费，其中包括在校学生学习生活所必需的部分公共性杂项费用，并提供一定数额的补助。

（二）平等主体法律关系下的权利

公民与其他公民、组织之间居于平等地位时，其法律关系不同于公民—国家关系。平等主体之间的法律关系遵守一系列单独的原则，如意思自治、诚实信用等，法律关系主体之间互相平等，一般不存在"命令—服从"关系。法律尊重民事主体的意思，遵从"意思自治"，符合实定法的意思表示，能产生法律效力。在平等的民事法律关系之下，一般认为公民享有如下权利。

1.物权

物权是指权利人在法律规定的范围内对物享有的直接支配并排斥他人干涉的权利。物权的"支配"包括四个部分，占有、使用、收益、处分，即物权主体对物权的行使对象有占有、使用、收益、处分的权利。物权属于绝对权，可以对抗权利主体以外的所有人，任何人不得妨碍权利人行使物权，不得侵害物权。根据不同的分类标准，物权有所有权、用益物权、担保物权，动产物权与不动产物权，主物权与从物权等不同分类。例如，国有土地使用权属于用益物权，对房屋的抵押权属于担保物权。汽车和备胎的关系中，对汽车的物权属于主物权，对备胎的物权属于从物权。不同类别的物权有不同的权利内涵，也有各自的权利行使规则。当然，不管对物权进行何种分类，仍然要遵守"物权法定"的原则，即物权的种类和内容不能由民事法律关系主体自由设定，而应遵循已有的法定种类和内容。

公民所享有的物权是公民宪法上的财产权在民法上具体化的表现之一。法治发展历史上，如古罗马时期，曾十分强调物权的绝对性。随着市场经济的不断发展，传统的绝对权观念受到挑战。现代社会，物权的绝对性呈现相对化趋势。相邻权、区分共有等民法上的限制以及公法上的征收条款都使传统的物权绝对性显得相对化。

【相关链接】

《中华人民共和国物权法》(《物权法》)出台背景和原因①

改革开放以来，我国先后制定了民法通则、土地管理法、城市房地产管理法、农村土地承包法、担保法等法律，对物权作了不少规定，这些规定对经济社会发展发挥了重要作用。

随着改革的深化、开放的扩大和社会主义经济、政治、文化、社会建设的发展，为了适应全面贯彻落实科学发展观、构建社会主义和谐社会的要求，有必要依据宪法，在总结实践经验的基础上制定物权法，对物权制度的共性问题和现实生活中迫切需要规范的问题作出规定，进一步明确物的归属，定分止争，发挥物的效用，保护权利人的物权，完善中国特色社会主义物权制度。

概括地说，制定物权法是坚持社会主义基本经济制度的需要，是规范社会主义市场经济秩序的需要，是维护广大人民群众切身利益的需要，是实现 2010 年形成有中国特色社会主义法律体系的需要。

2. 债权

法律上的债和生活中不一样。法律上的债是按照合同约定或法律规定，在当事人之间产生的特定的权利和义务关系，包括债权和债务。所以债权是在债的关系中，一方得请求对方为特定给付的权利。与物权相比，债权具有相对性，只能请求特定的相对方为特定给付。同时，债权的行使受到期间限制，以督促债权人及时行使请求权，否则过了时效，就不能再寻求保护。通常，债可以包括合同之债、侵权之债、无因管理之债和不当

---

① 《全国人大常委会法制工作委员会负责人就物权法的有关问题答记者问》，全国人大常委会 2007 年 3 月 27 日发布。

得利之债。合同是平等主体的自然人、法人、其他组织之间设立、变更、终止民事权利义务关系的协议。典型的双务合同中，合同双方互负债权债务。侵害他人的生命权、健康权、姓名权、名誉权、荣誉权、肖像权、隐私权、婚姻自主权、监护权、所有权、用益物权、担保物权、著作权、专利权、商标专用权、发现权、股权、继承权等人身、财产权益等的，构成侵权，侵权法律关系中，受害人对侵权人享有债权，可以请求侵权人承担损害赔偿责任。没有合法根据，取得不当利益，造成他人损失的，构成不当得利，受损人对得利人享有将其取得的不当利益返还的债权。没有法定的或者约定的义务，为避免他人利益受损而进行管理或者服务的，构成无因管理。管理人对受益人享有要求受益人偿付由此而支付的必要费用的权利。

【以案说法】

承揽合同纠纷案①

　　2002 年 10 月 2 日，李某与家乐装饰有限公司签订了家庭居室装饰工程施工合同。合同约定，由家乐公司为李某装修一套四居室住房，工期 45 天，装修费 4.3 万元。家乐公司于 2002 年 12 月 2 日装修完毕，李某未经验收就于 2003 年元月搬了进去。入住新房后不久，他发现屋门开始裂缝，墙面也在开裂，于是找到家乐公司，要求赔偿 1.8 万元。家乐公司不愿赔偿，并向李某索要未付清的房屋装修费 3000 元。双方协商无果，闹上法庭。法院认为，双方签订的家庭居室装饰工程施工合同属双方真实意思表示，并且未违反有关法律规定，属于有效合同，双方均应全面履行。李某在保修期内提出质量问题，家乐公司应无偿予以修理，赔偿损失。同

---

① 陈年冰编著：《民法条文释义与典型案例》，陕西人民出版社 2007 年版，第 253 页。

时，李某应履行合同义务，于判决生效后支付家乐公司 3000 元装修余款。

点评：上述装修合同属于承揽合同。双方形成合同之债，家乐公司既需要按照合同约定履行合同义务，达到施工质量，完成施工工程，又可以请求李某履行装修款支付义务，属于双方互负债务互享债权的双务合同之债。

3. 继承权

继承是指自然人死亡后，由法律规定的或遗嘱指定的人依法取得死者遗留的财产的法律制度。公民合法的私有财产继承权受国家保护。继承包括法定继承和遗嘱继承。在我国，法定继承（无遗嘱继承）的继承人范围包括配偶、子女、父母、兄弟姐妹、祖父母、外祖父母。其中第一顺序继承人为配偶、子女、父母。丧偶的儿媳对公、婆，丧偶的女婿对岳父、岳母，尽了主要赡养义务的，作为第一顺序继承人。先由第一顺序继承人继承，没有第一顺序继承人的，由第二顺序继承人继承。同一顺序继承人不分男女都享有平等的继承权。

【以案说法】

最高人民法院指导案例 50 号：李某、郭某阳诉郭某和、童某某继承纠纷案摘要①

基本案情：1998 年 3 月 3 日，原告李某与郭某顺登记结婚。2002 年，郭某顺以自己的名义购买了涉案建筑面积为 45.08 平方米的 306 室房屋，并办理了房屋产权登记。2004 年 1 月 30 日，李某和郭某顺共同与南京军区南京总医院生殖遗传中心

---

① 最高人民法院《关于发布第十批指导性案例的通知》（法〔2015〕85 号），2015年 4 月 23 日发布。

签订了人工授精协议书，对李某实施了人工授精，后李某怀孕。2004 年 4 月，郭某顺因病住院，其在得知自己患了癌症后，向李某表示不要这个孩子，但李某不同意人工流产，坚持要生下孩子。5 月 20 日，郭某顺在医院立下自书遗嘱，在遗嘱中声明他不要这个人工授精生下的孩子，并将 306 室房屋赠与其父母郭某和、童某某。郭某顺于 5 月 23 日病故。李某于当年 10 月 22 日产下一子，取名郭某阳。原告李某无业，每月领取最低生活保障金，另有不固定的打工收入，并持有夫妻关系存续期间的共同存款 18705.4 元。被告郭某和、童某某系郭某顺的父母，居住在同一个住宅小区的 305 室，均有退休工资。2001 年 3 月，郭某顺为开店，曾向童某某借款 8500 元。南京大陆房地产估价师事务所有限责任公司受法院委托，于2006 年 3 月对涉案 306 室房屋进行了评估，经评估房产价值为19.3 万元。

争议焦点：夫妻关系存续期间，双方一致同意利用他人的精子进行人工授精并使女方受孕后，男方反悔，而女方坚持生出该子女的，该子女是否属于夫妻双方的婚生子女？

裁判结果：江苏省南京市秦淮区人民法院于 2006 年 4 月 20 日作出一审判决：涉案的 306 室房屋归原告李某所有；李某于本判决生效之日起 30 日内，给付原告郭某阳 33442.4 元，该款由郭某阳的法定代理人李某保管；李某于本判决生效之日起 30 日内，给付被告郭某和 33442.4 元、给付被告童某某 41942.4 元。一审宣判后，双方当事人均未提出上诉，判决已发生法律效力。

裁判要旨：依据《最高人民法院关于夫妻离婚后人工授精所生子女的法律地位如何确定的复函》的规定，在夫妻关系存续期间，双方一致同意进行人工授精，所生子女应视为夫妻双方的婚生子女，父母子女之间权利义务关系适用《中华人民共和国婚姻法》的有关规定。所以，只要是在夫妻关系存续期间，并且夫妻双方一致同意的，所生子女均应视为夫妻双方的婚生子女。另外，《民法通则》第五十七条规定："民事法律行为从成立时起具有法律约束力。行为人非依法律规定或者取得对方同意，不得擅自变更或者解除。"因此，在女方坚持的情况下，男方反悔的行为属于无效民事行为，并不会影响到该子女的合法地位。所以，夫妻关系存续期间，双方一致同意利用他人的精子进行人工授精并使女方受孕后，男方反悔，而女方坚持生出该子女的，该子女属于夫妻双方的婚生子女。

4.知识产权

知识产权是指民事主体基于智力的创造性活动取得成果后，依法享有的专有权利。著作权、商标权、专利权都属于知识产权。著作权是指创作作品以后，依法享有的署名、发表、出版、获取报酬等权利。作品不论是否发表，都享有著作权。专利权是指权利人对发明、实用新型、外观设计依法享有的专有权。商标权是指商标注册后所取得的商标专用权利。知识产权的客体是无形的财产，主要是智力成果，具备人身权和财产权双重属性，同时著作权的保护也受到地域、时间等的限制。

【相关链接】

最高人民法院发布中国法院知识产权司法保护状况（2015年）[①]

最高人民法院知识产权庭庭长宋晓明介绍，2015年，人民法院始终重视发挥知识产权司法保护主导作用，知识产权司法审判

[①]　法制网，www.legaldaily.com.cn，2017年1月20日最后访问。

持续推进并呈现出新面貌：一是案件数量持续增长。截至2015年底，全国法院新收各类知识产权一审案件130200件，比2014年上升11.73%。审结各类知识产权一审案件123059件，同比上升11.68%。其中审结民事一审案件101324件，同比上升7.22%；审结行政一审案件10926件，同比上升123.57%；审结涉知识产权刑事一审案件10809件，同比基本持平。二是专利和技术类案件增长较快，涉及尖端、前沿技术的疑难复杂案件不断增多。2015年，人民法院新收专利和技术合同民事一审案件13087件，同比上升22.1%。三是不正当竞争案件显著增加，涉及互联网或者计算机技术的不正当竞争案件和知识产权侵权案件比较突出。2015年，新收不正当竞争案件民事一审案件2181件（其中垄断民事案件156件），同比上升53.38%。四是涉及知名企业品牌利益保护和市场份额的商标纠纷案件，涉及著名影视文化作品的著作权侵权纠纷案件等也不断增多，引发极大的社会关注。五是保护力度不断加强。人民法院以充分实现知识产权的市场价值为目标，通过积极合理适用知识产权临时措施、科学计算损害赔偿数额、依法运用民事强制措施等手段，提高知识产权司法救济的及时性、便利性和有效性。

5.人身权

人身权是指与权利主体人身不可分离且无财产内容的民事权利。人身权包括人格权和身份权，具体可以涵盖生命权、健康权、姓名权、肖像权、名誉权、荣誉权、婚姻自主权等。人身权与权利主体人身密切相关，随主体消亡一并终止，不得转让，不能继承，具备绝对权的特征，任何第三人都不得侵害特定主体的人身权。

【以案说法】

范冰冰与毕成功、贵州易赛德文化传媒有限公司侵犯名誉权
纠纷案——"影射"者的责任：从信息接受者的视角判断①

2012年5月19日，香港《苹果日报》刊登一篇未经证实的关于内地影星章子怡的负面报道。2012年5月30日，毕成功转发并评论其于2012年3月31日发布的微博。主要内容是，前述负面报道是"MissF"组织实施的。2012年5月30日，易赛德公司主办的黔讯网新闻版块之"娱乐资讯"刊登了《编剧曝章子怡被黑内幕，主谋范冰冰已无戏可拍》一文，以前述微博内容为基础称："……知名编剧毕成功在其新浪微博上揭秘章子怡被黑内幕，称范冰冰是幕后主谋……"之后，易赛德公司刊载的文章以及毕成功发表的微博被广泛转发、转载，新浪、搜狐、腾讯、网易等各大门户网站以及国内各知名报刊均进行了相关转载及衍生性报道，致使网络上出现了大量对于范冰冰的侮辱、攻击性言论及评价。范冰冰起诉，请求易赛德公司和毕成功停止侵权、删除微博信息、公开赔礼道歉并赔偿精神抚慰金50万元。毕成功则辩称，"MissF"指的是在美国电影《致命契约》中饰演"ClaryFray"的美国女演员莉莉·科林斯（Lily Collins）。

北京市朝阳区法院和第二中级人民法院认为，在一定情况下，毁损性陈述有可能隐含在表面陈述中（即影射）。这时并不要求毁损性陈述指名道姓，只要原告证明在特定情况下，具有特定知识背景的人有理由相信该陈述针对的对象是原告即可。从毕成功发布的微博的时间、背景来看，易让读者得出"MissF"涉及章子怡报道

———————
① 中国法院网，http://www.chinacourt.org，2017年1月20日最后访问。

一事。从毕成功该微博下的评论、《编剧曝章子怡被黑内幕，主谋范冰冰已无戏可拍》一文以及后续大量网友的评论和相关报道来看，多数人认为"MissF"所指即是范冰冰。毕成功虽于 2012 年 6 月 4 日发表微博，称其未指名道姓说谁黑章子怡，但该微博下的大量评论仍显示多数网友认为仍是范冰冰实施的所谓"诬陷计划"，而毕成功并未就此作出进一步明确的反驳，否认"MissF"是范冰冰。毕成功提交的证据未能证明"诬陷计划"以及莉莉·科林斯与"诬陷计划"的关系，且毕成功在诉讼前面对大量网友认为"MissF"就是指范冰冰时，也从未提及"MissF"是指莉莉·科林斯，故毕成功有关"MissF"的身份解释明显缺乏证据支持。易赛德公司作为网络服务提供者应对其主办的黔讯网发布的新闻负审查、核实义务，《编剧曝章子怡被黑内幕，主谋范冰冰已无戏可拍》一文系由易赛德公司主动编辑、发布，但事前未经审查、核实，故由此所产生的责任理应由易赛德公司自行承担。综上，毕成功和易赛德公司应分别承担赔礼道歉、赔偿精神抚慰金 3 万元和 2 万元。

(三) 主体特定的公民权利

上文介绍的权利是由所有主体平等享有，不区分性别、年龄、民族、种族等因素。与此同时，我国立法为了对某些特定群体实行特别保护规定特定的权利。比如为了促进性别平等，专门出台了《中华人民共和国妇女权益保障法》(《妇女权益保障法》)。[①] 前全国人大常委会委员长吴邦国曾指出："依法保障妇女合法权益，落实男女平等基本国策，是构建和谐社会的重要任务。"《妇女权益保障法》着力于保障妇女的合法权益，促进妇女

---

① 1992 年 10 月 1 日实施，2005 年 8 月 28 日修正。

在政治、经济、文化、社会和家庭生活等各方面享有同男子平等的权利。实质上该法是平等权在性别平等领域的具体化。此外，我国还出台了一系列专门的立法用以保障特定主体的权益。《中华人民共和国老年人权益保障法》用于保障老年人合法权益，发展老龄事业，弘扬中华民族敬老、养老、助老的美德；《烈士褒扬条例》用于弘扬烈士精神，抚恤优待烈士遗属；《军人抚恤优待条例》用于保障国家对军人的抚恤优待，激励军人保卫祖国、建设祖国的献身精神，加强国防和军队建设。《中华人民共和国残疾人保障法》用于维护残疾人的合法权益，发展残疾人事业，保障残疾人平等地充分参与社会生活，共享社会物质文化成果。特殊保护并不违反平等原则，这是不同情况不同对待，恰好是平等权原理适用的体现。

三、公民权利行使的原则、规则和限度

公民对权利的享有不仅取决于立法上对各类权利的具体规定，还取决于法律的执行、公正的司法等环节。良好的法治发展程度和水平意味着从立法、执法、司法到公民守法各个环节都运行良好，形成闭环和良性循环，不断推进公民权利的保护和社会和谐。公民作为权利主体，除了要求"供给侧"提供良好的法治环境和权利保障水平以外，在自身行使权利时也应注意遵循某些原则和规则，把握某些限度。

(一) 确立权利保障的法治维度

首先，所有法律权利都以有效的立法为基础，不存在超越法律的权利，不被法律保护的利益不是合法利益。任何权利既有内在界限，也可能存在外在限制，因此对权利的主张不能超出上述边界。作为一般原理，任何权利的行使不得侵害他人权利或利益，因此法律所认可、保护的公民权利也必然对不同主体之间的权利进行权衡比较，并设计了优先序位等各类

制度防止权利冲突。权利保障法治化首先要求法律执行者、实施者、守法者共同信奉法治价值，遵守法律规定。如果立法者不尊重法治，则法律将有不公平等风险。如果执法者不尊重法治，则良法无法被实施，徒有书面上的权利，没有行动中的权利。如果守法者不信奉法治，则权利主张没有固定的界限，权利冲突最后成为丛林战场，需要以实力取胜。如果司法者无视法治精神，则权利救济无望，公正司法无望。可见，从内心感知法、尊重法、信任法是达成良好立法、执法、司法、守法的前提。权利保障只有被置于好的法治环境下，才能成为保护公民权利的护身符。

（二）树立法治信仰、弘扬法治精神、坚守法治理念、培养法治意识

法律只有被信仰才能被遵守。一旦法治成为一种信仰，人们就会长期持续地、自觉自愿地遵守法律。人民权益要靠法律保障，法律权威要靠人民维护，只有人民内心拥护和真诚信仰法治，才能维持法律权威，防止关键时刻法律意志让位于个人意志，法律价值输给其他价值。

【经典赏析】

苏格拉底之死

根据柏拉图的记述，苏格拉底是一位爱智慧的哲学家，善于雄辩。但是苏格拉底在宗教信仰上和雅典人民发生了冲突，苏格拉底遭到了起诉。起诉苏格拉底的是雅典的三个公民，一个代表演讲家，一个代表诗人，一个代表手工艺人和政治领袖。控告苏格拉底的起诉书称苏格拉底是个做坏事的人，因为他腐蚀青年，教导他的年轻朋友蔑视现行制度。苏格拉底的案件由来自社会各阶层的500名陪审员组成的法庭来审理。在第一次投票前，苏格拉底在法庭上发言丝毫不能博得陪审团同情和宽恕，相反，陪审团被苏格拉底的

自负激怒了。苏格拉底被判处死刑。他忠诚而富有的朋友克里多在千方百计搭救苏格拉底，克里多告诉苏格拉底，他们已经准备好了一笔钱帮助苏格拉底逃跑，但苏格拉底不肯接受这个方案。因为在他看来，法律一旦裁决，便立即生效。因而，即使这项制度的裁判本身是错误的，任何逃避法律的制裁也是错误的。他认为他也没有权利躲避制裁。

苏格拉底说："假定我准备从这里逃走，雅典的法律就会来这样质问我：'苏格拉底，你打算干什么？你想采取行动来破坏我们法律，损害我们的国家，难道能否认吗？如果一个城邦已公开的法律判决没有它的威慑力，可以为私人随意取消和破坏，你以为这个城邦还能继续生存而不被推翻吗？……'法律规定，判决一经宣布就生效。我们能这样说吗？'"苏格拉底终究没有逃走。他在教导雅典人维护自己的城邦和法律，他用自己的接受不公的判决践行他对法律的忠诚和对法律的信仰。

"法治精神是法治的思想内核，是法的价值的体现，是法治思考凝聚而成的思想精华，是法治实践必须奉行的基本原则。"①大力弘扬法治精神，必然包含权利保障等核心法治思想，是使"权利观"深入人心、权利话语彰显的必然途径。如果说法治信仰侧重公民内心的活动，法治精神的大力弘扬则需要外化的各类活动予以体现。在法律规范与法律实践的背后，支撑、引导它们的则是价值理念。法治理念清晰，制度安排才合理；法治理念深入人心，法治才能真正得到实施。中国特色社会主义法治理念主要包括依法治国、党的领导，人民主体、人人平等，公平正义、良法善治等，尤其是以富强、民主、文明、和谐，自由、平等、公正、法治，爱国、敬业、

---

① 蔡玉霞：《树立社会主义法治理念　弘扬法治精神》，学习时报在线版，http://www.china.com.cn/xxsb/txt/2007-11/06/content_9185679.htm，2017年1月20日最后访问。

诚信、友善为主要内容的社会主义核心价值观，需要融入法治建设，[①] 按照这些价值理念来推进法治建设，才能真正建成法治国家。[②] 法治理念决定了所有社会活动主体的主观意识，进而影响其行为和后果。在面对法律价值与其他价值发生冲突、出现公民权利与其他利益发生碰撞时，是否坚守法治理念直接决定了不同的行为路径，也影响到公民的权利保障程度。

为推动全社会树立法治意识，全面推进依法治国、建设社会主义法治国家，党的十八届四中全会通过的《中共中央关于全面推进依法治国若干重大问题的决定》（以下简称《决定》）指出，应"增强全社会厉行法治的积极性和主动性，形成守法光荣、违法可耻的社会氛围，使全体人民都成为社会主义法治的忠实崇尚者、自觉遵守者、坚定捍卫者"。

【经典赏析】

　　法治社会建设不仅有着独立的诉求和丰富的内容，还是有效深度推进法治国家、法治政府建设的基石；不仅是全面推进依法治国的固本之举，而且是法治中国一体建设的重中之重。我国建设法治社会，面临的一大"纠结"是公民权利意识觉醒与维权理性不足的矛盾。[③]

（三）权由法定、权依法使

权由法定、权依法使，是指权利的基础是法律规定，公民权利的主

---

① 2016 年 12 月中共中央办公厅、国务院办公厅印发的《关于进一步把社会主义核心价值观融入法治建设的指导意见》指出，社会主义核心价值观是社会主义法治建设的灵魂。把社会主义核心价值观融入法治建设，是坚持依法治国和以德治国相结合的必然要求，是加强社会主义核心价值观建设的重要途径。

② 王松苗：《彰显中国特色社会主义法治理念》，《求是》2015 年第 10 期。

③ 江必新：《法治社会，从何"治"起》，《人民日报》2014 年 9 月 16 日。

体、权利行使的客体、权利的范围、权利行使的期限、权利救济的途径等都由法律规定。法律未明确规定的情况下，还可以通过法律原则来解读法律权利，在规则出现模糊的情况下，可以采用法律解释技术得出"正解"。司法机关对所有法律争议具备最终裁判权。公民解决权利行使中的任何争议、疑难问题都需要从法律体系内部解决，牢固树立对法律的信仰，自觉运用法律，维护法律尊严和权威，从而从根本上保障法律得到实施、权利获得保障。

（四）正确认识法律和道德的关系

《决定》提出，加强公民道德建设，弘扬中华优秀传统文化，增强法治的道德底蕴。道德和法律的关系较为复杂。一般而言，道德和法律是调整个人行为的两个范畴，二者都属于行为规范，都对行为具有调整作用。但法律以国家强制力为后盾推行，由专门的国家机关负责执行和实施；道德则依靠习惯、舆论等作为惩罚措施。法律规则具备明确性、可预见性，违反法律规则而承受不利后果的概率较大；道德则属于伦理范畴，具备可论辩性，违反道德规则受到不利后果的概率难以确定。道德和法律的调整对象尽管有交叉，但也存在差异。"法律是最低限度的道德"。如交通工具上"对号入座"是法律调整的范畴，而"是否让座"是道德调整的范畴。但有些国家将道德领域的关系写入法律，则可以发展转化。如明确规定持老人证的公民可以优先使用"照顾专座"，则"照顾专座"的让座就不仅是道德问题，而是法律问题。法律和道德虽然存在上述差异，但也有紧密的内在联系。比如法律和道德互相背离，和传统文化背道而驰，则"徒法难以自行"。因此法律本身不能脱离道德所认可的基本价值，尤其是婚姻、家庭、伦理领域的法律问题，需要接纳、认可公众普遍接受的道德准则。与此同时，当法律和道德发生冲突时，需要服从法律。现实生活中，也会出现道德和法律互相冲突的情况。如债权过了诉讼时效，按照法律规定便不能继续主张，不能获得司法救济，转化成自然债务，但从道德上而言，"欠债还钱"是符合道德的，并不受诉讼时效的限制。诉讼时效制度的设计具备法律上的原因，有特定的法律目的，依照法治思维解决债权保障问题时，应遵照法律规定，不受道德认知的干扰。

（五）自觉守法、遇事找法、解决问题靠法

公民维权还需要养成自觉守法、遇事找法、解决问题靠法的思维习惯，破除法不责众、人情大于国法等观念。良好的法治环境下，政府、市场、社会都依赖法治、信仰法治，依法办事蔚然成风，可以缩减交易成本，稳定社会秩序，增进法律权威。反过来，良好法治环境的形成依赖公民养成自觉守法、遇事找法、解决问题靠法的习惯。若国家和社会的每个行动者在遇到问题时，都先选择使用法治以外的办法，企图绕开规则，寻求人情、关系等法外要素，则法治只能成为一种装置和摆设，停留于纸面上，无法落实到实际生活中。社会中长期以来形成的与法治不符的观念，如法不责众、人情大于国法等，需要依靠每个公民的法治实践逐步改善，纠正长期以来的看法和习惯，逐步使全社会形成自觉守法、遇事找法、解决问题靠法的氛围。

四、公民行使权利的途径

"无救济即无权利"，权利设置必然需要配备有效的救济渠道。救济是否及时、有效都关系到救济制度的实效。当下，公民法律权利受到侵害或发生权利纠纷时，可以通过下述途径寻求解决。

（一）调解

任何纠纷解决的首要步骤是协商。双方协商不成，则有必要寻求第三

方介入进行调解。人民调解制度就是我国普遍适用的第三方介入解决纠纷制度。它具有覆盖面广、成本低廉等优势。

为了完善人民调解制度，规范人民调解活动，及时解决民间纠纷，维护社会和谐稳定，我国自2011年1月1日起实施《中华人民共和国人民调解法》，并以此为依据设立人民调解委员会，通过说服、疏导等方法，促使当事人在平等协商基础上自愿达成调解协议，解决民间纠纷。村民委员会、居民委员会设立人民调解委员会。企业事业单位根据需要设立人民调解委员会。人民调解员由人民调解委员会委员和人民调解委员会聘任的人员担任。当事人可以向人民调解委员会申请调解；人民调解委员会也可以主动调解。当事人一方明确拒绝调解的，不得调解。经人民调解委员会调解达成调解协议的，调解协议书自各方当事人签名、盖章或者按指印，人民调解员签名并加盖人民调解委员会印章之日起生效。调解协议书具有法律约束力，当事人应当按照约定履行，经人民调解委员会调解达成调解协议后，当事人之间就调解协议的履行或者调解协议的内容发生争议的，一方当事人可以向人民法院提起诉讼。经人民调解委员会调解达成调解协议后，双方当事人认为有必要的，可以自调解协议生效之日起三十日内共同向人民法院申请司法确认，人民法院应当及时对调解协议进行审查，依法确认调解协议的效力。调解协议经法院确认有效的，一方当事人拒绝履行或者术全部履行的，对方当事人可以向人民法院申请强制执行。人民调解委员会调解民间纠纷，不收取任何费用。有关人民调解相关情况见下表所示。

2013年全国人民调解相关情况

全国各类人民调解委员会总数	82万多个	调解成功率为97.7%
人民调解员数	420多万人	
调解纠纷总数	943万多件	
全国共件行业性、专业性调解组织数	近3.2万个	
调解矛盾纠纷数	98.6万件	

目前，我国正积极推行由有关行政管理部门与司法行政机关协调配合，在道路交通、医疗卫生、劳动争议、知识产权、环境保护、物业管理、互联网、商业保险、旅游等领域建立专业的调解组织。社会团体、行业协会和其他组织也可以设立本行业、专业领域的人民调解委员会。同时，目前正在大力加强专业化、社会化人民调解员队伍建设，根据化解特定行业和专业领域矛盾纠纷的实际需要，推选、聘任具有较强相关专业知识和政策水平、熟悉相关领域法律法规、热心调解事业、具备一定调解技巧的人员，从事行业性、专业性矛盾纠纷调解工作。

（二）诉讼

诉讼是指人民法院根据纠纷当事人的请求，运用审判权确认争议各方权利义务关系，解决纠纷的活动。法院作为独立司法机关所作的生效裁判具有最终效力，也就是既判力。因此，诉讼也被称为公民权利救济的最后一道防线。我国诉讼程序大体可分为民事诉讼、行政诉讼、刑事诉讼三类。民事诉讼主要解决平等主体之间的民事争议。行政诉讼解决行政主体和行政相对人之间的行政争议。刑事诉讼指审判机关（人民法院）、检察机关（人民检察院）和侦查机关（公安机关含国家安全机关等）在当事人以及诉讼参与人的参加下，依照法定程序解决被追诉者刑事责任问题的诉讼活动。我国法院采两审终审制度，特殊情况下，可以对生效裁判申请再审。

在公民—国家关系下，公民法律权益维护主要通过行政诉讼途径。我国行政诉讼的主要目的是保证人民法院公正、及时审理行政案件，解决行政争议，保护公民、法人和其他组织的合法权益，监督行政机关依法行使职权。可以说，控制国家权力即维护公民权利。公民、法人或者其他组织认为行政机关和行政机关工作人员的行政行为侵犯其合法权益，有权提起诉讼。公民和行政主体在行政诉讼中的法律地位平等。人民法院应当保障公民、法人和其他组织的起诉权利，对应当受理的行政案件依法受理。行政机关及其工作人员不得干预、阻碍人民法院受理行政案件。行政案件审理中，依法实行合议、回避、公开审判和两审终审制度。各民族公民都有用本民族语言、文字进行行政诉讼的权利，有进行辩论的权利。公民在提起行政诉讼过程中需要注意，行政诉讼有些特殊规则不同于民事诉讼，如举证规则制度、附带性审查制度等。在行政诉讼中，除了需要有值得救济的权利，还要有符合行政诉讼受案范围的规定。此外，行政诉讼的被告资格、被诉行为的合法性等问题都至关重要。

在公民与其他公民、组织之间的关系中，公民法律权益维护主要通过民事诉讼途径。民事诉讼法的任务，是保护当事人行使诉讼权利，保证人民法院查明事实，分清是非，正确适用法律，及时审理民事案件，确认民事权利义务关系，制裁民事违法行为，保护当事人的合法权益，教育公民自觉遵守法律，维护社会秩序、经济秩序，保障社会主义建设事业顺利进行。人民法院受理公民之间、法人之间、其他组织之间以及他们相互之间因财产关系和人身关系提起的民事诉讼。公民如果要提起民事诉讼，需要符合下列条件：原告是与本案有直接利害关系的公民、法人和其他组织；有明确的被告；有具体的诉讼请求和事实、理由；属于人民法院受理民事诉讼的范围和受诉人民法院管辖。根据《中华人民共和国民事诉讼法》的相关规定，公民作为原告有下列诉讼权利：委托代理人替自己诉讼、有权使用本民族语言、文字进行诉讼；有权申请审判员、书记员、翻译人员、鉴定人、勘验人回避；有权向人民法院申请采取财产保全措施；在追索赡养费、扶养费、抚育费、抚恤金、医疗费、劳动报酬等案件中，有权申请法院裁定先予执行；有权放弃或变更诉讼请求；有权请求法院予以调解；有权查阅和自费复制本案有关材料和法律文书；等等。

当公民权利受侵害达到一定程度，侵害人的行为具备严重社会危害，达到入罪标准时，就构成刑事案件，由检察院代表国家对被告人提起公诉，适用的便是刑事诉讼程序。在三大诉讼程序中，刑事诉讼程序最为复杂，环节最多，程序要求最严格，因为其包括侦查、起诉、审理、执行多个阶段，涉及公安、检察、法院、监狱甚至国安等机构，且直接关系到公民的核心权益。

与其他权利救济途径相比，诉讼是最正式最严格的途径。

(三) 复议

为了防止和纠正违法的或者不当的具体行政行为，保护公民、法人和其他组织的合法权益，保障和监督行政机关依法行使职权，我国建立了行政复议制度。行政复议制度也是解决行政主体和行政相对人之间纠纷的途径。公民、法人或者其他组织认为具体行政行为侵犯其合法权益，向行政机关提出行政复议申请，行政机关受理行政复议申请、作出行政复议决定。在行政复议过程中有三方主体，即复议申请人、复议被申请人和复议机关。复议机关一般是对复议被申请人有监督职能的行政机关，通过行政复议制度纠正下级不合法、不适当的行政行为。行政复议制度也设有受案范围，只有在上述范围之内的，才能立案。除了极少数情形外，多数案件，公民既可以选择行政复议，也可以选择直接起诉，走行政诉讼路径，或者申请复议以后再起诉。

(四) 行政裁决

行政裁决是指行政机关或法定授权的组织，依照法律授权，对当事人之间发生的、与行政管理活动密切相关的、与合同无关的民事纠纷进行审查，并作出裁决的具体行政行为。行政裁决本身属于具体行政行为，可以作为行政诉讼的被诉行政行为。行政裁决相当于行政机关居中对部分民事纠纷进行处理。例如针对开发商的房屋建设行为是否符合规划，可以由规划行政管理部门作为裁决人，对纠纷进行裁决。行政裁决的优势在于其具备专业性，在行业内较有权威，具备良好的解决问题能力。在我国传统观念中，"有矛盾，找政府"仍是认可度较高的行为习惯。因此，通过行政裁决解决纠纷，能以较低的花费达到解决矛盾纠纷、维护自身权益的目的。《决定》指出，健全行政裁决制度，强化行政机关解决同行政管理活动密切相关的民事纠纷功能。未来，需要进一步明确行政裁决的适用范围，健全行政裁决程序并完善行政裁决的救济途径。

（五）仲裁

仲裁是与诉讼并行的一种纠纷解决方式。平等主体的公民、法人和其他组织之间发生的合同纠纷和其他财产权益纠纷，可以申请仲裁。婚姻、收养、监护、扶养、继承纠纷不能申请仲裁。仲裁申请以双方订有仲裁协议或仲裁条款为前提，只有双方自愿达成仲裁合意的情况下，才能选择仲裁。仲裁和诉讼属于平行的救济途径，"或裁或审"，选择走仲裁程序之后，即不能再走诉讼程序，同样去法院起诉被受理后，即不能走仲裁程序。仲裁采取一裁终局制度，裁决作出后，当事人就同一纠纷再申请仲裁或者向人民法院起诉的，仲裁委员会或者人民法院不予受理。仲裁委员会不按行政区划层层设立，可以在直辖市和省、自治区人民政府所在地的市设立，也可以根据需要在其他设区的市设立，一般由市人民政府组织有关部门和商会统一组建，并经省、自治区、直辖市的司法行政部门登记。当事人对仲裁协议的效力有异议的，可以请求仲裁委员会作出决定或者请求人民法院作出裁定。当事人对仲裁协议效力的异议，应当在仲裁庭首次开庭前提出。一般而言，仲裁庭可以由三名仲裁员或者一名仲裁员组成。由三名仲裁员组成的，设首席仲裁员。参与仲裁的双方当事人可各指定者或各自委托仲裁委员会主任指定一名仲裁员，第三名仲裁员由当事人共同选定或者共同委托仲裁委员会主任指定。第三名仲裁员是首席仲裁员。当事人申请仲裁意味着接受仲裁委员会的仲裁规则，遵守仲裁委的仲裁程序和其他相关制度。仲裁不公开进行。当事人协议公开的，可以公开进行，但涉及国家秘密的除外。当事人申请仲裁后，可以自行和解。当事人达成和解协议，撤回仲裁申请后反悔的，可以根据仲裁协议申请仲裁。裁决应当按照多数仲裁员的意见作出，少数仲裁员的不同意见可以记入笔录。仲裁庭不能形成多数意见时，裁决应当按照首席仲裁员的意见作出。裁决书自作出之日起发生法律效力。在特殊情况下，当事人可以向仲裁委员会所在地的中级人民法院申请撤销裁决。

（六）信访

信访是指公民、法人或者其他组织采用书信、电子邮件、传真、电话、走访等形式，向各级人民政府、县级以上人民政府工作部门反映情况，提出建议、意见或者投诉请求，依法由有关行政机关处理的活动。信访是公民行使请愿权的体现。我国最早于 1995 年发布《信访条例》，后经修订，新的《信访条例》于 2005 年 1 月 10 日实施。信访条例的立法目的是为了保持各级人民政府同人民群众的密切联系，保护信访人的合法权益，维护信访秩序。各级人民政府、县级以上人民政府工作部门应当做好信访工作，认真处理来信、接待来访，倾听人民群众的意见、建议和要求，接受人民群众的监督，努力为人民群众服务。县级以上人民政府、县级以上人民政府工作部门及乡、镇人民政府设立信访工作机构，确定机构工作人员，具体负责信访工作。信访人可以对行政机关及其工作人员，法律、法规授权的具有管理公共事务职能的组织及其工作人员，提供公共服务的企业、事业单位及其工作人员，社会团体或者其他企业、事业单位中由国家行政机关任命、派出的人员，村民委员会、居民委员会及其成员提出信访事项。信访人对各级人民代表大会以及县级以上各级人民代表大会常务委员会、人民法院、人民检察院提出信访事项的，需要分别向有关的人民代表大会及其常务委员会、人民法院、人民检察院提出。信访有口头、书面、走访等形式。以走访形式提出信访事项，应当向依法有权处理的本级或者上一级机关提出；信访事项已经受理或者正在办理的，信访人在规定期限内向受理、办理机关的上级机关再提出同一信访事项的，该上级机关不予受理。此外，信访对人数也有要求。多人采用走访形式提出共同的信访事项的，应当推选代表，代表人数不得超过 5 人。信访人提出信访事项，应当客观真实，对其所提供材料内容的真实性负责，不得捏造、歪曲事实，不得诬告、陷害他人。信访人在信访过程中应当遵守法律、法规，不得损害国家、社会、集体的利益和其他公民的合法权利，自觉维护社会公共秩序和信访秩序，不得有下列行为：在国家机关办公场所周围、公共场所非法聚集，围堵、冲击国家机关，拦截公务车辆，或者堵塞、阻断交通；携带危险物品、管制器具；侮辱、殴打、威胁国家机关工作人员，或者非法限制他人人身自由；在信访接待场所滞留、滋事，或者将生活不能自理的人弃留在信访接待场所；煽动、串联、胁迫、以财物诱使、幕后操纵他人信访或者以信访为名借机敛财；扰乱公共秩序、妨害国家和公共安全的其他行为。

【相关链接】

2015 年全国信访增量存量实现"双下降"[①]

2015 年 1 月 1 日，国家信访信息系统建成并使用，信访事项全部放在网上流转、网下办理，实现了受理数据全录入、信访业务全应用、办理过程全公开，信访人可以随时通过国家信访信息系统查询信访事项办理情况和处理结果。2015 年，全国信访总量、进京访数量和集体访数量均出现下降，网上信访比例继续上升。其中，全国信访总量下降 7.4%，进京上访下降 6.5%，网上信访数量分别超过来信来访数量，占总量的 40.1%。

[①]　白阳：《国家信访局：2015 年全国信访增量存量实现"双下降"》，新华网，http://www.xinhuatone.com/detail.jsp?con_id=704193&class_id=53，2017 年 1 月 20 日最后访问。

上述各类权利救济途径有各自的特点和适用对象，适应不同种类的法律纠纷。目前国家正努力构建内部协调、覆盖全面的纠纷解决体系，以提供更有效的权利救济。

（七）法律服务和援助

当公民法律权利受到侵害时，需要寻找法律服务和法律援助，解决法律问题，最大程度保护自身利益。目前，我国正在大力建设基层公共法律服务网络，将律师、公证、基层法律服务、司法鉴定等法律服务资源集中到公共法律服务网中。基层一般设有法律服务中心、乡、村法律服务站点，方便公民就近寻求法律救济。此外，国家也大力培养法律人才队伍，针对基层法律服务，建立社会法律服务者队伍，为公民提供法律咨询等各类法律服务。除了日常的法律服务，我国还有一套法律援助制度，这是由政府设立的法律援助机构组织法律援助的律师，为经济困难或特殊案件的人无偿提供法律服务的一项法律保障制度。民事案件，公民对下列需要代理的事项，因经济困难没有委托代理人的，可以向法律援助机构申请法律援助：依法请求国家赔偿的；请求给予社会保险待遇或者最低生活保障待遇的；请求发给抚恤金、救济金的；请求给付赡养费、抚养费、扶养费的；请求支付劳动报酬的；主张因见义勇为行为产生的民事权益的。各省针对法律援助的范围，还可以增加补充性规定。刑事诉讼中有下列情形之一的，公民可以向法律援助机构申请法律援助：犯罪嫌疑人在被侦查机关第一次讯问后或者采取强制措施之日起，因经济困难没有聘请律师的；公诉案件中的被害人及其法定代理人或者近亲属，自案件移送审查起诉之日起，因经济困难没有委托诉讼代理人的；自诉案件的自诉人及其法定代理人，自案件被人民法院受理之日起，因经济困难没有委托诉讼代理人的。此外，在某些法院指定辩护的刑事案件中，被告人也应当获得法律援助。公民经济困难的标准，由省、自治区、直辖市人民政府根据本行政区域经济发展状况和法律援助事业的需要规定。公民在遇到法律问题时，可以通过咨询上述法律服务机构获得帮助，当符合法律援助条件时，可以向法律援助机构提出援助申请。

五、网络时代的公民权利行使

互联网时代，因虚拟化、技术更新迅速等特色，对公民日常生活带来巨大变化，也对传统法律问题提出新的挑战和思考。如网络时代信息传播的快捷性，使言论的力量被迅速放大，容易在短时间内形成舆论效应，传统的言论自由权是否应受限？互联网时代对信息的快速挖掘及传播容易对传统个人隐私造成影响，数据挖掘等行为是否有法律界限？网络支付等新型结算手段导致的资金安全问题，甚至犯罪问题，其解决方式是否与传统应对方法一致？网络直播等新兴的借助网络形成的业态，是否需要受到特别规范？所有这些疑问都显示网络时代的公民法律权利的内涵及行使方式都会产生变化。

法律权利不因空间虚拟而虚化。尽管网络空间的虚拟使人们日益符号化，公民的言论、交易甚至非法活动都可通过虚拟空间完成，虚拟容易导致人们惯常所遵循的行为界限被虚化、僭越。人们在虚拟世界的行为更容易造成对他人的伤害。泄密、传谣等行为一旦与互联网叠加，便产生更严重的后果。事实上，网络空间的言论表达也有自身的界限，与真实生活空间一样，一旦言论构成诬告、诽谤，或损害他人利益等，都需要承担相应的责任。因此法律权利并不因空间虚拟而虚化。

互联空间的特有规则日新月异。互联时代由于网络技术的不断发展，科技的能量也在日益刷新人们的认知，比如电子商务、网络拍卖、互联网借贷等形式日益成熟，催生出数量庞大的经过互联网包装的"新行为"甚至"新权利"。以网络交易为例，一些交易平台率先建立"七天无理由退换货"制度以从传统业态中吸引顾客,并逐步成为网上交易的新规则。一方面,互联网从业人员利用其技术优势主动逐步建构出新的行为规则,另一方面,由于互联空间的特有虚拟性,也迫使很多新的规则在规则市场互相竞争之下逐步清晰化和稳定化。因此,所有的网络使用者需要日益适应高速发展的互联网新规则,不用一成不变的守旧态度应对新生事物。

互联网呼唤更强的公民主体意识。在互联网环境下,由于网络空间的扁平化和参与成本的极大降低,网民的主体意识不断增强,以低成本方式增进政府和公民的交流,以极高效率实现政府信息的公开等都成为现实。上述互联网带来的便利使公民行使参与权等权利时,其行使方式发生质的变化。公民主体意识的不断增强,也将使其意识到自身的应有权利和应承担的义务,逐步实现公民法治精神的培养和网络环境的理性化。

【相关链接】

国内领先的网络安全公司奇虎 360 公司起诉《每日经济新闻》侵害商誉[①]

2013 年 2 月 26 日,《每日经济新闻》用将近 5 个整版篇幅发表题为《360 黑匣子之谜——奇虎 360"癌"性基因大揭秘》的报道。文章从奇虎 360 所有 APP 产品被苹果全面下架开始说起,称 360 公司在旗下产品安全卫士与安全浏览器软件中,植入非法程序,窃取用户隐私;并引用了多位号称微博"独立调查员"的技术人士的叙述,认为"360 现象对互联网秩序产生严重的破坏力,更是对整个社会产生'癌性浸润'"。

为此,360 公司将《每日经济新闻》诉上法庭,360 公司诉称,《每日经济新闻》的虚假新闻严重损害了 360 公司和产品的商誉,

---

① 《法制日报》2015 年 2 月 6 日。

诉讼请求法院判定《每日经济新闻》商业诋毁，停止侵权并公开赔礼道歉，同时赔偿 360 公司经济损失 5000 万元。360 公司还就此事向国家新闻出版总署（现国家新闻出版广电总局）进行实名举报，相关部门介入调查。

360 公司方面表示，此后，《每日经济新闻》通过多种渠道寻求和解并请求 360 撤诉，但遭到 360 严词拒绝；《每日经济新闻》在 2013 年 7 月间又发布题为《360 棱镜门》的多版报道，再度歪曲事实、恶意诋毁 360 公司及产品。

2014 年 9 月，法院经一审审理后宣判，法院认为，不论是涉案报道的大标题《360 黑匣子之谜——奇虎 360"癌"性基因大揭秘》、小标题"互联网的癌细胞"、"工蜂般盗取用户信息"，还是文中使用的"癌性基因"、"反人类"、"粗暴侵犯同行的基本权益，肆无忌惮地破坏行业规则"、"癌式扩张"等词语，都明显超出了新闻媒体从事正常的批判性报道时应把握的限度，超出了善意的公平评论的范畴。因此，对 360 的商业信誉和产品声誉造成不良影响，构成对 360 名誉权的侵犯。

第十章　公民的法律义务及其履行

　　公民的法律义务一直是法学研究和社会大众关注的核心范畴，然而，无论是在法学研究中，还是在现实生活中，公民的法律义务长期处于"熟悉的陌生人"状态。人们习惯于讨论权利，"为权利而斗争"也已经深入人心，同时往往将法律义务视为法律权利的伴生物。相比权利而言，我们对法律义务的认识显得比较狭隘和肤浅，甚至存在着许多似是而非的观念。但是，在某种程度上，义务与权利一起，成为社会生活及其法律体系的基石。没有无权利的义务，也没有无义务的权利；任何人只有充分履行了其自身对国家和社会的义务，才能更好地享受国家和社会赋予的权利。因此，我们有必要厘清公民法律义务的概念内涵、构成要素以及人们为什么要履行法律义务等基本问题，这对我们推进依法治国，提高全民守法意识具有重要意义。

　　【延伸阅读】

《中华人民共和国民法总则》

　　第六条　民事主体从事民事活动，应当遵循公平原则，合理确定各方的权利和义务。

第十三条　自然人从出生时起到死亡时止，具有民事权利能力，依法享有民事权利，承担民事义务。

第二十六条　父母对未成年子女负有抚养、教育和保护的义务。

成年子女对父母负有赡养、扶助和保护的义务。

第五十七条　法人是具有民事权利能力和民事行为能力，依法独立享有民事权利和承担民事义务的组织。

第六十七条　法人合并的，其权利和义务由合并后的法人享有和承担。

法人分立的，其权利和义务由分立后的法人享有连带债权，承担连带债务，但是债权人和债务人另有约定的除外。

一、公民法律义务的界定

关于法律义务的探讨，古今中外的学者都有涉及。不过，法律义务到底是什么，却仍然很难简单地描述。对此，我们可以从法律义务的概念、特征以及代表性学说理论，全面理解法律义务的一般内涵。

（一）公民法律义务的概念和特征

简单理解公民法律义务的概念，我们可以将其视为国家通过法律的形式要求该国的公民应当做什么或者不应当做什么。不过，长期以来，国内外流传着关于法律义务的种种似是而非的观念。比如，不少学者从法与利益的关系出发，将法律义务界定为当事人或法律关系主体所承担的法律上的一种负担或不利。不过，义务是否就属于负担或不利，明显值得商榷。比如，不私拆他人的信件，不随意进入他人的住宅，就说不上是负担或不利。在某种程度上，法律义务与法律权利是相互依存的，如果说权利和权力两个概念强调的是行为主体的自主与自由的话，那么，义务概念强调的则是主体行为的必须与应当。法律义务是为保障权利和权力的有效运行或实现而由法律设定或当事人约定并通过预设一定的法律责任来保障的、相关主体在一定条件下必须做或不能做的某种行为。①

【相关链接】②

　　车女士带着自己的泰迪犬"欢欢"散步，不想爱犬意外走失。"欢欢"虽然并非高贵的纯种狗，但极通人性，与车女士一家结下了很深的感情。车女士为此茶饭不思，家人及亲戚朋友多次寻找未果，无奈之下在大街小巷分别张贴了"寻爱犬"悬赏启事，声明帮忙找到爱犬的"酬谢1万元"。

　　一周后，来打工的河南小伙子王某联系到车女士，声称捡到一条泰迪犬，并将装扮描述给车女士。车女士据此确认王某捡到的正是自己的爱犬"欢欢"，于是双方相约见面。当王某要求车女士按照启事中所说，支付酬金1万元时，车女士不但拒绝，还说拾得他人财物是不当得利，必须交还遗失者，如果不交则属非法占有，构成侵占。王某见车女士如此不讲诚信，非常生气，就对车女士说，如果你不兑现承诺，我就到法院告你。车女士却说，告也没用，你想侵占我的钱财，告到法院，也是败诉。

　　本案中，车女士张贴的"寻爱犬"悬赏启事是典型的悬赏广告。河南小伙子王某在看到悬赏广告后，将捡到的泰迪犬还给车女士，既完成了悬赏广告中约定的特定行为，悬赏人就有义务支付承

---

① 参见胡平仁：《法律义务新论——兼评张恒山教授〈义务先定论〉中的义务观》，《法制与社会发展》2004年第6期。
② 参见《最高人民法院公报》1995年第2期（总第42期）。

诺的报酬。而车女士所说的不当得利，是指没有合法的根据，因他人财产遭受损失而取得的不正当利益。本案中，车女士通过悬赏广告来寻找遗失物，王某按照广告的要求完成了广告的指定行为，双方约定有法律依据，不属于不当得利。相反，王某与车女士之间形成了具有契约性质的债权债务法律关系。因此，如果车女士不履行承诺，王某依据悬赏启事提起诉讼，要求车女士支付1万元酬金的诉讼请求，应当得到人民法院的支持。

理解公民的法律义务，需要把握它的以下特性：[①]

1.法律性

义务有很多类型，只有纳入法律框架下的义务才能称得上是法律义务，因此，法律性是法律义务区别于一般社会义务的根本特征。法律义务是实证的，是由法律规定的。离开法律的规定而强迫别人作出一定行为，或禁止别人作出一定行为的做法都得不到法律的支持。法律是统治阶级的国家意志的体现，一种行为由法律规定而成为法律义务，就意味着这种行为对于建立和维护国家所希望的社会关系和社会秩序，实现国家所设定的价值目标，具有十分重要的意义。比如，尊老爱幼是中国几千年的传统美德，这也是每一个人应当承担的基本的道德义务，不过，只有在《刑法》中明确了遗弃罪，或者在《未成年人保护法》中明确的保护义务，才能视其为法律义务。同时，法律义务具有法律效果。法律义务是由一定行为而引起的法律关系的重要内容，是法律现象的重要组成部分。法律义务一经设定就受到国家的支持和保护，当事人必须履行义务，否则就要承担相应的法律责任。

---

① 参见郭立新：《法律义务释义》，《中央政法管理干部学院学报》1995年第2期。

【以案说法】

李某赡养义务案①

原告李某，现年75岁，生有二子，李大与李二。1995年李某与李大李二就赡养与继承问题达成了一致协议：李某免除李大的赡养义务，生老病死均由李二一个人负责；李大放弃继承李某的财产，李某的财产全部由李二进行继承。父子三人均在此调解协议上签字认可。十多年来父子三人均相安无事，李某一直随李二生活。但现李某起诉要求李大对其尽赡养义务，要求李大负责其生活起居、生活支出、医疗费用，并且还要承担其从1995年至今所花的医疗费用的二分之一。李大答辩称其赡养义务已经被李某免除并且李二对此也是同意的，故其不应当再对父亲李某承担任何赡养义务。

本案例的争议焦点在于权利人李某能否免除李大的赡养义务？李某与李大李二达成的调解协议是否有效？

对此争议焦点，形成三种不同意见：

第一种意见，李某可以免除李大的赡养义务，调解协议是有效的，并且根据调解协议李某不能再要求李大尽赡养义务。被赡养的权利是一种民事上的权利，与赡养义务是相对的，李某作为完全民事行为能力人可以随意处分自己的权利，其有权利免除子女应对其承担的赡养义务。调解协议是李某与李大李二真实意思的表示，是有效的，无法定事由是不可以被撤销或变更的。

第二种意见，李某不可以免除李大的赡养义务，调解协议是无效的。赡养义务是法定义务，法定义务是不可以被免除的，权利人也无权免除义务人的法定义务，免除法定义务的协议是违法的，故

---

① http://www.110.com/ziliao/article-42889.html，2017年9月16日最后访问。

调解协议也是无效的。李某可以要求李大尽赡养义务并承担以前免除期间的赡养费用。

第三种意见，李某在不损害国家、集体和第三人利益的情况下，可以在征得另一赡养义务人李二同意的情况下免除李大的赡养义务，调解协议是有效的。但如果李某提出不再免除李大的赡养义务时，调解协议则不再发生效力，李大应当从李某要求时对李某尽赡养义务。

我们同意第三种意见。理由如下：

1. 从权利与义务的性质看，权利人可以免除义务人的义务。权利与义务是相对的，权利人可以放弃权利，相对则免除了义务人的义务，但义务人则不可以自行免除义务。被赡养权是一种相对权，也是一种请求权，是被赡养人请求特定义务人为特定行为之权利，赡养是被赡养人与特定赡养人之间的民事法律关系，被赡养权利人的被赡养的权利与赡养义务人的赡养义务是相对的。被赡养权利人可以对自己所应享受的被赡养的权利予以放弃，这是被赡养权利人处分自己民事权利的一种体现，相对应的赡养义务人的赡养义务即被免除。《中华人民共和国宪法》第四十九条第三款规定："父母有抚养教育未成年子女的义务，成年子女有赡养扶助父母的义务。"《中华人民共和国婚姻法》第二十一条规定："父母对子女有抚养教育的义务；子女对父母有赡养扶助的义务。父母不履行抚养义务时，未成年的或不能独立生活的子女，有要求父母付给抚养费的权利。子女不履行赡养义务时，无劳动能力的或生活困难的父母，有要求子女付给赡养费的权利。"赡养义务被确定为一种法定义务，是赡养义务人必须承担的义务，义务人无权随意处分自己所应负的义务。法定义务的规定是将义务人所应承担的义务上升为法律高度，如果其不履行义务则是违反了法律，要承担法律责任，但并不代表法定权利人也不能处分自己的权利，法定权利人仍然享有对自己权利的处分权，其处分自己的权利不应当违反法律。另外，赡养义务是一种具有长期、持续性的义务，这一种义务不同于如给付借款的一次性合同义务。一次性的义务如果被免除即不再存在，权利人也无法再要求义务人履行义务；但持续性的义务被免除的话，被免除期间的义务不再存在，但如果权利人要求恢复义务人的义务，则从要求时起义务人应当重新承担义务。因此，被赡养权利人可以要求赡养义务人尽赡养义务，也可以不要求其尽赡养义务；当赡养义务人的赡养义务被免除后，被赡养人也可以随时要求恢复赡养义务人的赡养义务，赡养义务人自被要求恢复义务时重新承担赡养义务。

2. 从赡养义务的法律规定看，被赡养人免除赡养义务人的赡养义务不得损害国家、集体和第三人的利益。我国赡养老人主要是家庭赡养，如果被赡养人免除赡养义务人的赡养义务后却无人再赡养他，这势必损害国家和社会的利益，损害国家和社会利益的行为是不合法的，是无效的；如果被赡养人在未征得其余赡养义务人的同意的情况下，免除部分赡养义务人的赡养义务，也即损害了未被免除赡养义务的义务人的利益，故这种免除也是无效的。我国《民法通则》第五十八条第四项规定，恶意串通，损害国家、集体或者第三人利益的民事行为无效。因此，被赡养权利人如果因为免除赡养义务人的义务而损害国家、集体或者第三人利益的话，这种免除的民事行为是无效的。

该案例中，权利人李某是与两个赡养义务人李大李二协商一致后免除了李大的赡养义务，李大的赡养义务由李二一个人承担，这种免除是权利人李某自由处分自己权利的表示，并且没有损害第三人李二的利益，也没有损害国家和集体的利益，故三人的调解协议是有效的。在李大被免除赡养义务期间，其应承担的对李某的赡养费用应当由李二负责，故李某不可以就以前所发生的费用再向李大要求承担；但李某可以随时根据法律规定，要求李大继续承担赡养义务，从其要求时，该调解协议中关于免除李大赡养义务的约定即失去效力，李大应当承担对李某的赡养义务，这种赡养责任就是义务法律性的体现。

2. 当为性

通过法律规定成为义务的行为，是国家希望发生或不希望发生的行为。义务是"以观念形式表现在法律、道德等规范中的统治阶级的存在条件（受以前的生产发展所限制的条件）"[①]。比如，我国《宪法》规定，"成年子女有赡养扶助父母的义务"。我国《婚姻法》规定，"子女对父母有赡养扶助的义务。……子女不履行赡养义务时，无劳动能力的或生活困难的父母，有要求子女付给赡养费的权利"。因此，赡养行为是作为义务人的子女应当的作为。公民法律义务的当为性是从统治阶级的利益和价值观念出发，通过国家所规定的行为模式，对于维持统治阶级的社会关系和社会秩序是必须的。做法律义务所要求的行为，是社会存在的一个必要条件。遵守义务规定的行为并非受到国家的赞同，是应当的行为。而不做义务规定的行为，则会受到国家和社会的否定性评价。

3. 必为性

没有无义务的权利，也没有无权利的义务。一个人拥有权利，必须承担相应的义务，否则，国家会施加强制力促使义务的履行。因此，公民法律义务的必为性可从两方面理解。

第一，法律义务是实现在人们相互冲突和重叠的主张中，受法律所承认和保护的。没有法律义务的规定及其履行，权利人的权利主张就不能实

---

① 《马克思恩格斯全集》第1卷，人民出版社1995年版，第491—492页。

现。除非权利人依法自愿免除义务人的义务，或权利要求超过时效期间，义务人都不能拒不履行法律义务。在上述案例中，李某与李大李二就赡养与继承问题达成了一致协议：李某免除李大的赡养义务，生老病死均由李二一个人负责，此时，李大的赡养义务在法律上就不是必须承担的，他因为该协议而免除了赡养李某的责任。但是，当李某起诉要求李大对其尽赡养义务之后，基于法律的相关规定，李某就不能拒绝履行法律上的赡养义务。

第二，义务人没有正当理由而又未履行相应的法律义务时，国家权力机关可通过法律制裁等方式来保证义务的履行。比如，未尽赡养义务，法院通过强制执行，要求义务人按照法定要求履行。

4.受动性

公民法律义务的受动性是相对于权利而言的。法律义务给予义务主体的，只能是根据权利主体的权利主张而作出一定行为（作为或不作为）。比如，合同约定的付款义务，债权人可以要求在期限届满后向本人清偿债务，也可以根据合同约定将债权转让他人。总之，权利主体在法定范围内有主动转让权利或交换权利的自由，而义务主体对行为的选择往往受到权利主体的行为选择的制约，从属于权利主体。即使义务主体积极主动履行所负的义务，也不能改变义务的受动性。

（二）公民法律义务的代表性理论

在法律思想史上，法律思想家从实证的角度出发，对法律义务范畴作出创造性的概括和探索，产生了"制裁论"、"规范论"、"修正的制裁论"等的义务解释理论。简略分析这些理论并通过案例对其予以分析，有助于我们理解和认识公民的法律义务。

1."制裁论"

"制裁论"把制裁作为解释法律义务的基础概念，认为法律的强制性义务的不履行和相应的或随之而来的制裁之间存在着实质联系。"制裁论"指出了法律义务和法律制裁之间的重要关系，揭示了法律义务的必为性。如果未履行有关行为，"制裁的力量"就会随之被权威者强制命令实施；或有关义务之未履行，是一个制裁的理由或根据。比如，公民从事经营活动有依法纳税的义务，如果偷税漏税，相应的处罚就随之而来。"制裁论"可概括为：如果行为 A，就应该施加制裁 B，若避免制裁 B 的出现，就存在不得行为 A 的义务。

但是，从形式逻辑和事实上看，"制裁论"的缺陷显而易见。以上述纳税为例，"制裁"即处罚本质上是因违反第一性义务（依法纳税）而导致的第二性义务，用"义务"来解释法律义务是违背了"定义项不能直接或间接包括被定义项"的形式逻辑规则。事实上，制裁的存在是以法律义务的存在为前提。没有法律义务，制裁就失去了前提。人们应当怎样行为是一回事，人们没有行为时应该做什么是另一回事。人们遵守法律义务的原因是多方面的，"制裁"仅是其中之一。

2."规范论"

"规范论"把规范作为解释法律义务的基础概念，认为义务是在某种情况下的一种行为，其履行是某种规范或规则所要求的。

"规范论"把重心放在履行义务的行为性质上，是从原因出发而推出一个行为是义务的结果。规范或规则所规定的义务是人们应当的行为模式，这种行为模式对于维持社会生活是必需的，遵守义务规定的行为模式并非受到社会的赞扬，服从是社会存在的一个绝对必要的条件。"规范论"使法律义务建立在伦理的基础上，强调了法律义务的当为性，避免了"制裁论"的误区。但是，"规范论"又陷入了另一个误区，它不能明确地把道德性义务和法律义务区分开来。

3."修正的制裁论"

"修正的制裁论"认为，一项义务是一种行为，其履行是某些规则或规范要求的，不履行是施加制裁的理由或根据。每一个法律命令都提出一项义务，履行义务的行为是法律命令要求的，违反它就要招致强制的制裁。

"修正的制裁论"克服了"制裁论"和"规范论"的片面性，把法律义务的当为性和必为性统一起来。但是，由于仅仅限于实证分析，作为完整的法律义务理论，它不能深入说明法律义务的本质。法律义务作为法学的基本范畴不仅表示一种价值判断，而且是一个关系概念，它只有和权利联系起来考察，才能说明法律义务的关联性和手段性。

【相关链接】①

福建三联投资有限公司于 1998 年由福州市经济技术开发区国有资产管理局投资成立，注册资金 7552 万元。1999 年 12 月 29 日，三联公司与福州市经济技术开发服务中心、福建汽车厂签订了《关于开发区三联公司增资扩股协议书》，约定以三联公司现有的资本，采取增资扩股的方式吸收福州市经济技术开发服务中心和汽车厂部分国有资产，将三联公司改组为由国资局、福州市经济技术开发服务中心和汽车厂作为股东共同出资设立的公司。汽车厂以其所拥有的一块土地使用权及其建筑物价值约计净资产权益 13000 万元注入，该项资产总额以资产评估后实际数额为准。汽车厂以净资产 13000 万元作为出资，按每一单位资本认购价格 1.72 元计，可认购三联公司注册资本 7552 万元。随后国资局、福州市经济技术开发服务中心和汽车厂签署三联公司章程约定，三联公司为有限责任公司，注册资本增至 16782 万元人民币，其中国管局出资 7552 万元，占三联公司 45% 的股份，汽车厂出资 7552 万元，占三联公司 45% 的股份，福州市经济技术开发服务中心出资 1678 万元，占三联公

---

① http://www.110.com/ziliao/article-39280.html，2017 年 9 月 16 日最后访问。

司 10%的股份。汽车厂的出资方式是土地和实物资产。2000 年 3 月 13 日，三联公司、福州市经济技术开发服务中心和汽车厂签订的《关于确认开发区三联国有资产运营有限公司增资扩股所注入资产的备忘录》载明：汽车厂注入的资产为位于某地址的 51 亩土地使用权及地上厂房一座，经资产评估有限公司评估，该项资产的净值为 11129 万元，与应注入 13000 万元尚差 1871 万元。

2000 年 11 月 21 日，福建兴通投资有限公司与国资局签订《股权转让合同书》约定，兴通公司出资 2697 万元受让国资局持有的三联公司 16.07%的股权，成为三联公司的股东。随后，三联公司、福州市经济技术开发服务中心、汽车厂及兴通公司对公司章程进行了修正并办理了股东变更登记。2001 年 8 月 8 日，临时股东会议决议同意福州市经济技术开发服务中心将全部股权转让福建嘉祥房地产开发有限公司。但是，汽车厂用于出资的土地使用权及地上厂房没有过户到三联公司名下，现已出售给其他单位。

2002 年 9 月 23 日，兴通公司以汽车厂未按规定履行出资义务构成违约，并对其造成经济损失为由，向福建省高级人民法院提起诉讼。

根据《中华人民共和国公司法》规定，股东负有出资义务。"制裁论"告诉我们，如果未履行出资义务，"制裁的力量"就会随之被权威者强制命令实施；或出资义务之未履行，是承担违约责任、责令改正或追究刑事责任的理由和根据。"规范论"告诉我们，出资是公司法上的法定义务，其履行是公司法规范或规则所要求的。"修正的制裁论"告诉我们，公司依法登记成为社会经济活动的一个主体，公司股东即应根据登记的内容履行出资义务，以保障公司资本之真实和充实；没有适当履行法定的出资义务的，有关主管部门可以责令改正，公司的债权人亦可主张其在出资不足的范围内承担公司债务。

二、公民法律义务相关概念辨析

（一）公民的法律义务与权利

一般而言，权利与义务是相互对立的两极，与权利相对应的概念是义务。显然，它们存在本质的不同，可以从以下方面予以区分。[①]

第一，从行为导向来看，权利是正当的，义务是应当的。换言之，公民的"权利"的行为是"正当的"，比如，未成年人接受教育的行为，是其受教育权的外在体现；公民履行"义务"的行为是"应当的"，比如，赡养父母是理所当然。这里"正当"与"应当"的意义揭示了权利与义务两个概念在实质上的区别。不过，"正当"与"应当"二者本身的区别却是非常微妙和富于启发意义的。

"正当"意指"对的"、"正确"、"可以"。用"正当"来表述一个行为是价值判断。比如，"你向政府提出意见建议是正当的"，这是对"你"的"提出意见建议"这一行为的评价：是对的、正确的、可以的，是国家所赞同的。但是，"正当"本身不包含义务判断的意思，尽管向政府提出意见建议是对的、正确的，但你没有必要一定去提出意见建议，或者说，你没有向政府提出意见建议的必然义务。"应当"不仅意指"对的"、"正确"、"正当"，而且意指"必须"、"只有"、"一定"。用"应当"表述的行为是包含着义务判断。比如，"你依法纳税是应当的"，或者说，"你应当依法纳税"，意味着两个层面的意思：你做出"依法纳税"这一行为是正确的、正当的、对的，是说话人所赞同的；与此同时，你做出"依法纳税"行为是必须的、一定的，是国家所要求的。

---

① 参见张恒山、黄金华：《法律权利与义务的异同》，《法学》1995 年第 7 期。

通常人们只注意"应当"一语所蕴含的后一层意思，而忽略其中的前一层意思。其实，"应当"所蕴含的前一层意思更重要。在一种行为是否正确尚不能确定的情况下，要求这种行为一定被做、必须去做便无根据。只有在一种行为本身是正确的、正当的情况下，才能进一步提出这种行为一定被做、必须去做的要求。因此，"应当"的后一层含义"必须"、"一定"是以前一层含义——"正当"、"正确"为依据和基础的。但是，由于包含着后一层含义，"应当"就不同于"正当"这样的评价判断，而成为一种义务判断。换言之，"应当"是由"正当"加"必须"所构成的义务判断用语。

义务所内含的"应当"有两层意思：

1.义务要求不做的行为或按义务要求必须做的行为，如果行为人按照义务要求不做或完成了，这就是"正确"、"正当"的。比如，赡养老人是必须做的行为。社会之所以评价它们为"正确"、"正当"，就是因为它们（按义务要求的不做或者做）是社会倡导和认可，可能对他人、对社会有利，至少对他人、对社会无害。

2.按义务要求不做的行为或按义务要求必做的行为，如果行为人违反义务要求就是"不正确"、"不正当"的。社会之所以评价它们为"不正确"、"不正当"，就是因为做义务要求不做的行为，或不做义务要求必做的行为，肯定对他人、对社会有害。比如，违反不得盗窃的义务，则对他人和社会有害；违反赡养老人的义务，对老人、对社会有害。社会从自身防卫的角度，评价违反义务为"不正确"、"不正当"，并相应地要求遵守义务的行为是"必须的"。

总之，义务中的"应当"包含两个层次的价值判断：按义务要求的做或不做出行为的是"正当的"，因为它们是无害的，并且可能有利于他人和社会，不按义务要求的做或不做出行为的是"不正当的"，因为它们是肯定有害他人和社会的。由"无害"产生"正当"的评价，由"防害"产生

"必须做的要求"，义务中的"应当"便由"正当"和"必须"合并构成。

由上述分析可见，义务中的"应当"包含着权利中的"正当"，即一种义务行为，同时也是"正当"的行为，而权利中的"正当"不能引申为"应当"，即一种"正当"权利的行为，不是必然被要求的行为。

第二，从强制力的角度看，权利是主体具有选择自由的行为，义务是主体具有必然性的行为。权利主体可以在做、不做、放弃之间进行选择。权利主体的这种选择的自由与权利的"正当"这一要求有关。由于社会评价"权利"行为无论处于哪一种形式都是无害的、正当的，所以，它是社会与他人都不应干涉、阻碍的，权利的诸种行为形式的无害性，是权利主体可以在诸种行为形式中作出自主选择的根据。

义务行为却是义务主体不可选择的行为。按照义务准则，主体对某种行为不做或者对某种行为必须做，这是被规定、被要求的。在这里，主体不能在做、不做、放弃之间进行选择。社会所确定的义务准则，在义务准则所涉及的范围内，已经给每个主体作了行为方式的选择与规定，义务之所以是不可选择的，就是因为义务具有预防伤害的价值。如果行为主体作了违反义务的行为方式选择，就必然会对他人、对社会造成损害。当我们说一个主体所享有的权利是其行为选择的自由时，它也必然是以这一主体已遵循社会所要求的必然性行为为前提的。简言之，义务的必然性行为是权利的自由行为的前提条件。可见，义务的承诺与履行和权利的获得有紧密的相关性。

第三，从行为方式看，权利主体的行为遵循意思自治原则，而义务主体的行为除了强制力保障之外，还基于主体自我良心判断或自我和社会对利益的共同（或趋同）判断。一个主体行使某种权利，他对其权利标示下的行为是做、不做，或放弃，完全取决于他的自主意志，他的自主意志形成的根据就是他对自我利益的判断结果，因为这种权利起码无害于他人和社会，所以，社会不干涉主体的自我利益判断。

　　一个主体履行某种义务当然存在着符合社会要求的因素，但是，符合社会要求不等于被强迫。一个主体若违反义务，根据义务的性质，他可能会受到刑事制裁、民事制裁、行政制裁等，说这是被强制，完全正确。但这是不履行义务而被强制。在实际社会生活中，绝大多数情况下，义务是由主体自觉履行的，对自觉履行义务者，不见得都是被强制。比如，甲的家庭非常和睦，他既恭敬地赡养自己的父母，也慈爱地抚养自己的子女。显然，他的行为完全符合社会义务准则的要求，但是，他作出这些义务行为并不完全是受社会义务准则强制的结果，而是出于自幼耳濡目染的伦理规范和善待他人的良心驱使。

　　义务是必然性行为，对于义务承担者而言，是不可选择的。这种说法实际上是站在社会的立场上对义务人提出的要求。但在实际社会生活中，人们履行义务的意志出发点却不一定都是社会的义务要求，人们由多种动机出发，都可以作出履行义务的行为。义务规范有强制性，这是对一部分有违反义务倾向的人而言的，我们切不可由"义务有强制性"这一命题推论出逆命题，即人们履行义务的行为都是受义务的强制的结果。

　　当一个人作出某种行为并非是外界强迫的结果，而是自我出于某种感情、动机的结果，那么，我们就认为，他作出这种行为的意志是自主的、自由的，正如行使权利者的意志是自由的一样，一部分履行义务者的意志也是自由的。这是义务的履行与权利的行使所具有的共同点。但毕竟存在一部分人履行义务是受义务规范强制的结果，这又是义务履行与权利行使的不同点。①

（二）公民的法律义务与法律责任

　　在法理学上，往往将法律义务定义为"法律所规定的、法律关系主体

---

① 参见张恒山、黄金华：《法律权利与义务的异同》，《法学》1995 年第 7 期。

所承担的某种必须履行的责任"。这样的说法，实际上是把法律义务与法律责任混同了。

法律义务是法律关系的主体所受到的法律上的约束，即义务人必须依照法律规定，作出或不作出一定的行为，以实现或不侵犯他人的合法权利。比如我国法律规定"父母有抚养教育未成年子女的义务，成年子女有赡养扶助父母的义务"，这是法律上对一定义务人应作出一定行为的法律约束；"禁止破坏婚姻自由，禁止虐待老人、妇女和儿童"，这是法律对一定的义务人不应作出一定行为的法律约束。无论作为的义务还是不作为的义务，都是法律上规定的、对义务人行为的一种带有国家强制性的约束，是义务人必须履行的。而法律责任不是指义务人应履行什么法律义务，受到什么法律上的约束，而是指义务人在不履行自己的法律义务，即拒绝遵守法律上的约束时所必须承担的、由此引起的法律后果，所应受到的法律上的处罚。这种处罚因违反法律义务的不同而不同，可分为行政上的、民事上的、刑事上的处罚等。当义务人不履行自己应尽的法律义务时，义务人就变成了责任人，因而也就不能逃脱法律上的追究。相反，当义务人严格履行了自己的法律义务时，义务人就不负法律责任。

因此，虽然法律责任与法律义务有密切的联系，一定的法律责任是违反一定法律义务的结果，但又有明显的区别。法律责任是法律上的惩罚，而法律义务则是法律上的约束。

人们混淆法律义务与法律责任的常见表现就是把法律义务视为法律所规定的责任。但是，如果把法律义务看作是"法律所规定的责任"，那么，这无异于承认存在着两种法律责任：一是作为法律义务的法律责任；二是作为违反法律义务的法律责任。这样在法律概念的含义上就不统一了，而且在实践上人们也将无所适从。在许多法理学教材和某些法学辞典中，在法律义务和法律责任的解释中，普遍存在上述这种不统一。将这两个概念的解释统一起来，最简单的办法莫过于不要把法律义务视为"法律所规定的责任"，而要看作是法律所规定的对义务人的一种约束。只有不受这种约束的义务人，才应使其承担一定的法律责任。

法律责任是不履行法律义务的结果，这是就一般情况而言的，而法律上的无过失责任或称无过错责任，则是一种特殊的法律责任。这种法律责任并不以义务人的特定法律义务为前提。例如，在民法上，在特殊情况下，致害人是否要负一定的法律责任，只依有无损害结果而定。只要有损害结果，即使致害人没有过错，没有违反自己的法律义务，也要承担一定的民事责任，例如从事某些高度危险（如高空、高压、易燃、易爆、剧毒、放射性）业务的无过失责任。[1]

（三）公民的法律义务与道德义务

法律与道德的关系是中西方思想史上经久不衰的话题。大量事实表明，道德义务与法律义务具有相同的起源，都由原始社会的风俗习惯转化而来。道德义务与法律义务同源的属性决定了二者具有共同质的规定性，即道德义务与法律义务在基本内容和精神实质层面上表现出相互包含、交叉、兼容或重合的现象。[2] 具体说来，道德义务与法律义务体系往往包含着相似的行为要求或禁止规范，在任何国家的法律体系之中，都包含着道德和法律一致倡导和要求的行为。

法律义务与道德义务最大的差别在于推动义务履行的强制力的性质不同。在某种程度上可以说，道德是自觉的法律，而法律则表现为强制的道德。道德是一种依靠社会舆论、人们的信念、习惯、传统和教育方式发挥作用的精神力量，它以人们的内心接受为前提。因此，道德义务的履行是依靠人们在长期的道德实践中所形成的道德观念、道德信念、风俗习惯和社会舆论来维护，而不是凭借国家权力机关的强制力来保证实施。从一定

---

① 参见张贵成：《法律义务与法律责任》，《法学》1984 年第 7 期。

② 参见马金霞、张艳慧：《试论道德与法律的内在统一性》，《前沿》2002 年第 4 期。

意义上讲，社会舆论、传统习俗的保障机制也可以理解为外在的强制性力量。不过，这种强制性力量是非制度性的，其对行为主体行为选择的影响程度往往取决于行为主体的道德观念水准，取决于行为主体内心矛盾斗争的结果。而法律义务是由国家制定或认可的，其履行虽然离不开行为主体的意识自觉，但更需要一套具有强制性力量的设施和机制来加以维护。凡是违反法律规定的行为，必须以明文规定的方式通过国家机器予以禁止。任何法律体系，如果没有军队、警察、法庭、监狱等国家强制机器做后盾，就将变成一纸空文，从而失去其存在的意义和作用。所以，作为法律义务维护机制的强制性力量是制度性的。

在社会实践中，法律义务所要求或禁止的行为，在道德义务领域一般也具有同样的要求。法律条文往往包含着人们必须遵守的道德义务要求，从而使道德义务要求也往往具有法律的内容和效力。特别是在现代社会，某些道德义务要求常常诉诸法律形式，通过法律手段实现道德上的要求，如讲究公德等道德义务，就已经纳入中国的法律体系之中，成为公民必须遵守与履行的法律义务。在所有社会中，道德义务与法律义务都有重合的部分，只是法律义务比道德义务要求得更详细、更具体。就道德义务而言，虽然主要靠人们的内心信念和良心来支撑，自律性是其主要特征之一，但是，道德义务作为一种根植于社会关系中的客观要求，也必须有社会舆论的监督和强制。如果一个社会缺乏这种对道德义务的外在性的维护机制，整个社会的道德水准就会滑坡，社会道德风气就会衰败。因此，对道德义务的维护也离不开外在性要求的辅助作用。就法律义务而言，尽管其表现为社会借助国家工具对个体行为的外在定向，外在强制性是其主要特征之一，但是，在任何社会中，绝大多数人都能自觉地遵守法律，违法乱纪的人毕竟是少数，守法是社会中绝大多数成员的内在信念。如果道德义务完全是所谓内在性要求，而无外在性的社会压力，那么它只能是一套名实不符的规则体系。如果法律义务只是所谓外在性的要求，而无内在性的力量，那么它也只能是一套僵化的规则体系。在这种情况下，道德义务与法律义务都难以构建人类社会的良好秩序。

从概念形式上看，道德义务往往以"应当"的形式来表述概念，而法律义务常常以"必须"的形式来界定。道德义务之所以用"应当"来描述，是为了突出其内在价值性，暗喻道德义务的履行是一种自觉行为，包含着个人对他人、对社会价值理想的承认和重视的内涵。法律义务之所以用"必须"来表达，是为了彰显其外在的强制性，即通过明确的制裁、威胁，促进社会成员遵守法律义务。"应当"与"必须"之区别实际上也表明，法律是道德的基本要求，道德要求的层次要高于法律要求的层次。换言之，对内在价值性的依赖决定了道德对于越轨行为具有"治本"的效应，而以"必须"的方式对外在强制性进行强调的法律义务，对于社会成员越轨行为的纠正往往局限于"治标"层面。

从调整范围的角度看，尽管道德义务与法律义务对社会关系的调整存在着共同的"辖区"，但它们的功能发挥也存在着独自的"领地"。[①] 一般而言，由于道德规范的笼统性、模糊性，使其对社会生活的各个领域有着其他规范难以比拟的渗透性，道德关系也因此广泛存在于人们之间的各种关系中。在人类生活中，凡是存在道德关系的领域，道德义务的调整功能就会自然而然地发生作用。而法律义务主要是在处理人们之间的法律关系的领域中发挥作用，调整范围有着明确的限定。值得注意的是，道德义务规范不仅可以对人们的各种具体行为进行干预和控制，而且调整纯粹的内心活动和思想意识领域。当然，法律义务也常常涉及人们的主观世界，但是，法律义务对人们内心世界的干预，不可能独立于具体的行为之外。法律义务规范仅能对那些有行为载体的意识、观念和思想发挥影响，对于无行为载体的不健康的内心活动，法律规范则鞭长莫及。

---

① 王子龙：《论道德与法律之间几个基本维度的问题》，《甘肃高师学报》2003 年第 3 期。

三、公民法律义务的构成要件

对于公民法律义务而言，欲刻画出一幅清晰的逻辑图画，就必须探究法律义务概念的构成要素，即一项法律义务存在所需条件为：法律规范的应当、法律规范所调整的行为和引起法律责任的可能性。这三者通过两个过程有机地结合在一起，缺一不可，它们有机地存在于法律义务之中，并最终构成了法律义务。因此，确定公民的一项法律义务是否存在，需要确定是否存在"应当"、"行为"和"引起法律责任的可能性"三个因素。①

（一）应当

首先，法律义务具有应当的属性。目前，多数学者认为义务意味着"应当"，甚至把义务等同于"应当"或"应当之行为"。但是，如果把"应当"仅仅归结为义务主体的态度和社会的道德共识，那么意味着义务主体的应当行为不具有确定性，因为"应当"之内容会随着社会具体情境的转换而发生变化，而这就与法律义务的重要属性——稳定性、确定性发生了冲突。因此，我们知道"应当"的含义不能局限于此，否则，法律义务与道德义务将无法区分开来。

虽然法律义务往往以道德为基础和前提，但是我们知道，一旦道德的内容经过一定的程序被确认而成为法律上的要求，就会具有稳定性与确定性，即使将来社会中的道德观念发生了变化。况且在一定的程度内，法律义务可以不符合社会的道德观念，此时，不论社会道德观念对待法律义务的态度如何，赞成也好、不赞成也罢，法律义务都依然存在和有效。可见，作为法律义务构成要素的"应当"还具有另外一层含义，即法律义务

---

① 参见钱大军：《法律义务的逻辑分析》，《法制与社会发展》2003年第2期。

不仅存在外在的道德共识与评价，本身还具有规范性。

理解法律义务在规范上的应当性，应当从理解法律科学的性质入手。现实生活中的法律首先并且主要表现为一种规范，因此，规范是法的最基本的存在形式。显而易见，事实与规范是相区别的，事实是一个"是"与"不是"的问题，而规范则是"应当"与"不应当"的问题。德国学者拉德布鲁赫以"所有人必然要死亡"与"你不应杀人"为例，向我们说明了两种不同的法则：必然法则和应然法则。规范就是这样一种应然法则，它包括道德、习惯和法律。因此，以法律规范为对象的学科就具有不同于以事实为对象的学科的性质。[①] 在自然科学、自然法则的陈述中，条件是用"是"与结果相连的；在规范法学、叙述意义的法律规则的陈述中，条件是用"应当"与结果相连的。可以说是法律和法律规范的应当性致使法律义务具有应当性。

因此，法律义务构成要素中的"应当"包括两层含义：一个是价值和道德意义上的应当，法律之外的应当；另一个是规范和逻辑意义上的应当，法律之内的应当。法律之外的应当的主要功能是证明法律和法律义务的正当性与合理性；法律之内的应当是说明法律义务的当为性。法律之外的应当是以"应当"形式表现出来的应当；法律之内的应当是以"是"的存在形式表现出来的应当。人们在解释法律义务时，多从法律之外的应当入手，而忽视了法律之内的应当。而法律之外的应当与法律之内的应当对理解法律义务构成要素的应当都必不可少，否则就会抹杀法律义务的特性，造成对法律义务的误解。[②] 因此，法律义务之所以是"应当"的，不仅是因为法律义务在道德上是应当的，而且是因为法律义务是规范性的——与自然法则的必然性相区别。

---

① ［德］拉德布鲁赫：《法学导论》（中译本），中国大百科全书出版社 1997 年版，第 21 页。

② 参见钱大军：《法律义务的逻辑分析》，《法制与社会发展》2003 年第 2 期。

法律之外的应当和法律之内的应当共同构成了法律义务的应当内涵，而且两者在内容上经常发生关联，甚至法律之内的应当内容往往以法律之外的应当内容为基础，并从外在的应当获得存在的正当性。

可是，两者在内容上并不总是相同，即法律之内的应当并不完全依赖于法律之外的应当，在两者之间还有冲突的可能。

"应当"作为法律义务的构成要素，但是，法律义务不能等同于"应当"或"应当的行为"。原因如下：

第一，"应当"具有复杂的含义，法律义务所蕴含的"应当"只为其中之一。英国著名的法学家迪亚斯认为"应当"一词应具有以下含义：[①]

（1）它可以指缺点，如："你应当更清楚地知道"；

（2）它可以指可能性，如："你应当赢得比赛"；

（3）它可以指建议，如："你应当看那部电影"；

（4）它可以指应做的行为（责任或义务），如："你应当还债"；

（5）它可以指礼俗（适宜的或公认的习俗），如："你应当说'食物'而不应说'挖出的东西'"；

（6）它可以指达到目的的有效方法，如："你想在电话里与××联系，你应当给他打电话"。

以上六种含义并非都与法律义务相关，其中只有第四种含义是关于法律义务的，因此，法律义务和"应当"的概念外延是不一致的，法律义务与"应当"之间不能用等号连接。尽管义务意味着应当，但并不是说所有的"应当"都是义务，或者说并不是所有使用"应当"一语的场合都意味着赋予人以义务。

第二，如果把法律义务等同于"应当"或"应当的行为"，那么，对义务的理解就陷入了"规范论"的误区，可能把法律义务与道德义务混淆

---

① ［英］迪亚斯：《法律的概念和价值》（《法理学》一书的中文节译），《法理学论丛》（第2卷），法律出版社2000年版，第437页。

起来。

第三，法律义务意味着应当，但应当不等于法律义务。说某人负有法律义务，就是说某人应当做某事或不做某事。不过，法律条款用语中的应当和必须并不必然意味着一项义务的设定。[1] 比如，我国《合同法》中规定：法律、行政法规规定采用书面形式的，合同应当采用书面形式。这一法律规定的目的在于指示你的行为——应当采用书面形式，如果你不采用书面形式，将来当你的利益发生损害时，要是你不能提供合法的、有足够说服力的证据，法律将因此而不能提供救济。

综上所述，法律义务首先应具有"应当"的属性，"应当"的属性来自于社会上的道德共识和法律的本性——规范性；其次，法律义务只是意味着"应当"，而不能等同于"应当"或"应当的行为"。

(二) 行为

行为是法律义务的载体和表现形式。法律义务的对象就是法律义务所规范的行为，因为法律的调整对象是由人的意志或者意思外化而成的、并对世界产生影响的行为。"法律义务的内容是人的行为，即能够通过其行为招致制裁或避免制裁的人的行为。"[2] 马克思曾表达过法律只调整行为的观点："只是由于我表现自己，只是由于我踏入现实的领域，我才进入受立法者支配的范围。对于法律来说，除了我的行为以外，我是根本不存在的，我根本不是法律的对象。"[3] 但是，需要注意的是，"(在法律中) 对行为的控制主要是由 (法律) 义务来进行。脱离开行为，就不可能研究 (法律) 义务"。[4] 法律义务的目的在于规范人的行为，因此，行为必然是法

---

① 张恒山：《义务先定论》，山东人民出版社 1999 年版，第 70 页。

② 李桂林、徐爱国：《分析实证主义法学》，武汉大学出版社 2000 年版，第 170 页。

③ 《马克思恩格斯全集》第 1 卷，人民出版社 1995 年版，第 121 页。

④ [英] 迪亚斯：《法律的概念和价值》(《法理学》一书的中文节译)，《法理学论丛》(第 2 卷)，法律出版社 2000 年版，第 441 页。

律义务的构成要素之一。法律义务中的行为，既包括期待行为（即行为模式所要求的行为），又包括现实行为。①

法律义务中的行为是指期待行为，这源于法律义务的规范性。法律义务是要求义务主体应当或必须做的行为，因此，行为首先是作为一种期待而存在，"责任（义务）所要求的行为模式在该场合出现时能被群体的大多数人反复遵循，至少有某些人必须将有关行为看作是整个群体应遵循的普遍准则，即至少有某些人必须内在地接受行为模式。因此可以说，义务是对法律持内在观点的人所期待的理想的应当的行为模式。"② 张恒山先生从米尔恩的观点入手，认为米尔恩实际上揭示了义务并不是人们的实际行为，而是人们的期待行为。他进而把期待行为归结为义务中的行为的非现实性，并讨论了法律义务中的行为的非现实性的原因：

第一，尽管义务是应当做的行为，但在现实生活中并不能完全得到实现或者说肯定有人不履行义务。因此，法律义务中的行为并不是现实中的行为，而是有待人们付诸实践的行为。

第二，尽管现实社会中肯定有人不履行法律义务，不按法律义务的行为模式去做，但并不能因此就否定了法律义务的存在。

第三，法律义务的行为，相对独立于现实中人们的行为。正由于它相对独立于人们的现实行为，它才能够约束人们的行为。

法律义务中的行为首先为期待行为，原因无非就是法律义务的规范性，即"应当"，期待行为与"应当"是相关的，"应当"把义务主体与规范所要求的行为相连。法律义务的目的在于规范人们的行为，没有"应当"，法律义务的目的就无从实现了。可以说，"应当"决定了法律义务中的行为首先表现为期待行为。但法律义务中的行为也决不是到此为止

---

① 参见钱大军：《法律义务的逻辑分析》，《法制与社会发展》2003年第2期。
② ［英］迪亚斯：《法律的概念和价值》（《法理学》一书的中文节译），《法理学论丛》（第2卷），法律出版社2000年版，第438页。

的。否则，法律义务也就有沦为道德义务的可能了。其次，法律义务中的行为同时也包括具体的、现实的行为。法律义务虽然在规范上排除了人们的选择，但在现实生活中，人们对行为却是能够自主选择的，即期待行为与现实行为可以相分离，而且在社会实际生活中两者也必然存在一定程度的分离。这是因为：

第一，法律义务要求义务主体做出与法律义务中的期待行为相应的现实行为，但义务主体可能在实际上选择和做出与这种要求相反或不一致的行为，因此，法律义务之期待行为并不必然转变为与期待行为相符的现实行为。

第二，即使义务主体实际上以自己的意志选择了违背义务所要求的行为或与义务要求不一致的行为，这也不能改变法律义务之期待行为在规范上和实际生活中的存在，即义务并不因为义务主体的现实行为与期待行为相悖或不一致而消失。但是，不能因为二者间的分离，尤其是现实行为可能与法律义务所期待的行为不符，就得出法律义务的行为只能是期待行为的结论。

法律义务的目的在于调整、规范人们的行为，因此，既要以期待行为（模式）指导人们的行为，又要对与期待行为相悖或不一致的现实行为予以法律上的批评性反应。如果现实生活中的具体义务行为完全符合期待行为，那么，社会也就不需要法律这个调控器了，因为道德就可以完全应付了。而且如果现实生活中的具体义务行为完全符合期待行为，那么，社会只能是静止不动或停滞不前。可是社会是运动和发展的，因此，在法律义务的概念中，也包含着与期待行为不一致的现实行为。所以说，法律义务是指义务主体应当采取的行为模式，并且是引起偏离行为模式的行为者承担法律责任的理由，其中应当采取的行为模式是指期待行为，偏离模式行为是指现实行为中与期待行为不符的行为。所以，法律义务中的行为，既包括期待行为又包括现实行为。从现实的角度看，法律义务中的现实行为可能与法律义务中的期待行为一致，但也可能与期待行为不完全符合，甚至是与期待行为相反的行为。与期待行为不一致的行为既包括与期待行为不相符的不法行为即与期待行为相反的行为和规避期待行为之行为，也包括期待行为在社会中变异和发展演变后而形成的行为。①

第三，在期待行为与现实行为之间存在着冲突——"应当"与"是"的冲突。但是，与伦理学中"应当"与"是"之间的冲突不同的是，期待行为与现实行为是相通的，即从期待行为可以推出现实行为应当如何，这必须借助二者冲突的结果——引起法律责任的可能性来解决。通过法律责任的赋予和承担，使期待行为与现实行为合而为一，构成法律义务中的行为。期待行为与现实行为冲突后妥协的结果有两种：一是使实际行为绝大多数符合期待行为，并把少数的偏离行为模式的行为，通过法律责任的承担予以纠正，起到规范人们行为的效果；二是改变期待行为，即改变法律所认可的规范行为模式，当社会中大多数与期待行为不一致的现实行为趋于一致时，立法者和司法者就有改变期待行为模式的可能。②

因此，作为法律义务构成要素之一的行为，是由期待行为与现实行为在相互冲突中共同组成的。两者间的冲突和妥协可以通过改变期待行为实现，这是一种方式；另一种方式则是由引起法律责任的可能性予以实现的。

（三）引起法律责任的可能性

引起法律责任的可能性是法律义务存在的基础，是法律义务的重要构成要素。

首先，期待行为与现实行为共存于法律义务之中，它们之间可能是相互冲突的。这种冲突的解决是在实践中得以完成的，如同在解释法律时一

---

① 参见钱大军：《法律义务的逻辑分析》，《法制与社会发展》2003 年第 2 期。
② 参见钱大军、张成元：《法律解释的必为性和可行性》，《当代法学》2002 年第 7 期。

样。法律义务在规范、价值和社会事实三者之间的相互冲突中，由实际操作者的解释来完成和达致法律义务的真实存在状态。法律义务行为中的期待行为与现实行为间的冲突，是通过法律责任的实际承担来解决的，进而达到法律义务的规范目的。

其次，引起法律责任的可能性是区别真正义务与不真正义务的关键。对于不真正义务而言，它其实是一种带有价值倾向的法律规范所涵盖的"法律义务"，是权利获得保护的一个条件，本身并非是能够引起法律责任的可能性的义务。而真正义务都具有引起法律责任的可能性（至少在逻辑上如此）。所以，具有引起法律责任的可能性对于法律义务的存在是必要的，而且它能够确定法律义务是否是真实的存在。

另外，引起法律责任的可能性是法律义务具有的强制可能性的体现。法律之所以被称为法律，是因为它具有一种可能的制度强制性，这是法律区别于其他社会规范的关键。而在法律中，只有法律义务才能体现法律（法律制度）的这种特性。而法律义务为什么能体现这种特性，就在于它的构成要素之一——引起法律责任的可能性——的存在。因此，"引起法律责任的可能性"是法律义务的构成要素之一。[1]

四、公民法律义务的履行

人们之所以需要履行义务，主要基于三方面的原因：[2]

一是基于权利平等原则以及由此而生的平等对待。所有权利都是平等的，为了使每一个社会成员平等地享有权利，因而权利的行使不能背离它的本性，须以不妨碍、不侵犯他人的权利为限，而他人的权利往往在自身

---

[1]　参见钱大军：《法律义务的逻辑分析》，《法制与社会发展》2003年第2期。
[2]　参见胡平仁：《法律义务新论——兼评张恒山教授〈义务先定论〉中的义务观》，《法制与社会发展》2004年第6期。

面前就以义务的形式体现。实现自身的权利必须以履行义务为前提，否则，权利就会演变成为一种少数人享有的特权，或者会导致人人都无法实现自己的权利。

二是基于社会分工与合作以及由此而生的相互期望和信任。人是渺小而脆弱的动物，社会分工与合作是每个人的内在需要。只有通过社会分工与合作，个体才能获得多方面的最大限度的利益满足；也只有通过社会合作，个体才能渡过意料不到的灾祸与难关。因此，保障权利、关心他人、服从管理、增进公益的法律义务，表面上看是一种外在的强制，实际上都是个体的内在需求。换句话说，促使个人与他人彼此约定和履行法律义务，并赋予共同体以权力，社会合作与分工得以进行，社会共同体也因此获得合法性和超越个人的力量的最根本原因，都在于个人对社会合作与分工的预期利益和相互信任。从此意义上来说，义务既是一种意志行为，其道德性基于自觉、自愿基础上的"自律"，又是一种交易行为，其道德性基于公平交易中的"互惠"。

三是基于法律责任的强制约束力。作为法律义务的延伸，法律责任以其不利后果及背后的公共权力的威慑，成为法律义务履行的有效保障。

从社会层面看，积极主动履行法律义务总是社会义务主体的主流倾向，被迫消极履行的情形只是特殊现象。而在不少人看来，普遍强调外在性要求是法律义务的典型特征，这无疑会造成法律义务在大多数情况下是被动强迫履行的误解。事实上，在任何时代的任何社会中，法律义务规范的调节功能主要是靠义务主体的主动自觉履行来实现的。单靠或主要靠被迫强制方式履行的法律义务规范，要么是本身的设置可能有问题，要么是社会关系已经到了无法维系的地步，这两种情况最终都会导致社会结构的崩溃。

人们履行法律义务的动机不外乎两个方面：一是为了得到一定的法律权利；二是避免受到制裁。法律义务与法律权利往往是直接对应的。如果法律义务的履行没有相应的法律权利作为诱因，履行法律义务的行为是不可思议的；[①] 法律义务的维护又以制度性的强制机制为后盾，对法律义务的违反意味着与国家专政机器的直接对抗，其后果只能是对个体不利。

【以案说法】

儿女尽孝，没有任何附加条件[②]

家在山区农村的顾老汉今年78岁，膝下两男三女，但他之前与老伴王大妈却因养老问题伤透脑筋。由于年老体弱，他和老伴经常需要住院。老两口生病期间，在同一个村小组生活的三个儿女没有露面看望，更谈不上到医院照顾。原来，老两口身边的三个儿女因老人一直没有解决承包土地的经营处置问题闹别扭，干脆对老两口的养老问题不闻不问。无奈，顾老汉在老伴入院治疗后，一纸诉状将身边的三个儿女告上法院，自愿放弃对两个外嫁他乡的女儿的起诉。

一审法院经审理，确认老两口赡养费为每年1万元，扣减两个外嫁女儿应当给付部分，判决三个子女每人每年给付老两口赡养费2000元。

一审判决宣判后，顾老汉夫妇以体弱多病开支较大、赡养费不足提出上诉。然而，令人唏嘘的是，就在老人递交上诉状不久，伤心过度的王大妈因病情加重抢救无效去世。

因王大妈在提交上诉状后死亡，曲靖市中级人民法院依法终结了其追索赡养费的诉讼，变更当事人后继续审理。

二审审理中，顾老汉的三个子女称一审判决的赡养费符合当地生产生活实际，现在母亲去世，理应给付一半。当被问及为何都对

---

① 罗国杰主编：《伦理学》，人民出版社1989年版，第196—197页。
② 来源：中国法院网2016年4月7日。

老人不闻不问不管时，三人均称老人没有解决好相关土地问题，让兄妹之间闹了别扭。

法院二审认为，子女应当履行对父母经济上的供养、生活上的照料和精神上的慰藉义务，该义务不得附加任何条件，不得以任何理由拒绝履行。顾老汉年事已高，无劳动能力和生活来源，一审确认老两口每年1万元即每人每月不足500元确实过低，不能满足其实际需要，依法调整确认给付顾老汉每年赡养费为1万元，扣除老汉两个出嫁他乡女儿的赡养份额，由三个子女每人每年给付老汉赡养费2000元。遂作出撤销一审判决，改判三个子女收到二审判决10日内支付2015年的赡养费各2000元，自2016年起每年7月1日前分别支付当年赡养费2000元。

承办此案的法官说，一位作家说过，"'孝'是稍纵即逝的眷恋，'孝'是无法重现的幸福；'孝'是一失足成千古恨的往事；'孝'是生命与生命交接处的链条，一旦断裂，永无连接。"法律法规对于亲情的约束，重要的意义在于引导、督促和提醒天下儿女，赡养老人是法定义务，无理由无条件。子欲养而亲不在，尽孝需趁早，主动承担起对父母赡养的责任。

第十一章　公民常见违法犯罪行为及其预防

日常生活中，人们的很多行为都蕴藏着被界定为违法行为或犯罪行为进而导致引起法律责任的危险，因此，对于每一个公民来说，了解哪些行为属于违法犯罪行为并对其加以预防是非常有必要的。

按照违反的法律类型和承担责任的不同，违法犯罪行为可分为民事违法行为、行政违法行为和刑事犯罪行为三类。简言之，民事违法行为违反的是民事法律规定，应承担损害赔偿等民事责任；公民的行政违法行为违反的是行政法律规范，应受治安管理处罚等行政制裁；刑事犯罪行为触犯的是刑法，应受人身罚和／或财产罚的刑事处罚。

本章从上述三个分类，对公民常见的违法犯罪行为的基本法律知识展开基础性的介绍，希望以此使读者加深对违法犯罪行为的了解，引以为戒、提前预防。

一、公民常见民事违法行为及预防

(一) 公民侵犯他人人格权的违法行为及预防

人格权,是指民事主体基于其法律人格而享有的、以人格利益为客体的、为维护其独立人格所必需的权利。人格权又可以分为具体人格权和一般人格权。具体人格权包括:生命权、身体权、健康权、姓名权、名称权、肖像权、名誉权、隐私权等;一般人格权包括:人格独立权、人格自由权、人格尊严权。

1.具体人格权

具体人格权,是指民事主体依法对其特定的人格利益享有的权利,包括生命权、身体权、健康权、姓名权、名称权、肖像权、名誉权、荣誉权、隐私权。

身体权与健康权的主要区别为:身体权保护的是自然人身体的完整性和完全性,健康权保护的是自然人的生理、心理机能的正常发挥。

姓名权和名称权的主要区别为:姓名权由自然人享有,名称权由法人或其他组织享有。侵犯姓名权(名称权)的行为仅限于干涉、盗用、假冒。

侵犯肖像权,是指未经允许以营利为目的擅自使用他人肖像。不以营利为目的擅自使用的,如新闻报道,不侵犯肖像权。

侵犯名誉权须满足行为人对特定人(一人或数人)故意或过失实施了侮辱、诽谤的行为,该侮辱、诽谤行为为第三人所知悉,且导致受害人社会评价降低。

侵犯隐私权中的隐私须是与公共利益无关的隐私,若是为了公共利益的需要而披露,不侵犯隐私权。

2.一般人格权

一般人格权，是指自然人对人格自由、人格尊严等一般人格利益予以支配，并排斥他人干涉的权利。加害人只要侵害了人格自由、人格尊严等一般人格利益，情节严重，即使并未侵犯具体人格权，受害人也可以一般人格权受侵害为由，请求加害人停止侵害并承担精神损害赔偿责任。

3.精神损害赔偿

根据最高人民法院《关于确定民事侵权精神损害赔偿责任若干问题的解释》，下列人格利益遭受损害，情节严重的，受害人或者其近亲属可主张精神损害赔偿：人格尊严权、人身自由权，八种具体人格权（生命权、健康权、身体权、姓名权、肖像权、名誉权、隐私权、荣誉权），死者的姓名、肖像、名誉、荣誉、隐私、遗体、遗骨等人格利益。

【相关链接】

侵犯生命权：A 与 B 商量伺机抢劫他人财物，当发现被害人 C 后，用事先购买的尖刀朝 C 身上乱捅并抢得钱财，然后逃离现场，C 被捅伤后因失血过多死亡。

侵犯身体权：A 嫉妒 B 长得漂亮，趁其午休熟睡时偷偷剪掉了 B 的长发。

侵犯健康权：A 和 B 吃饭时恶意劝酒，B 酒精中毒入院治疗。

侵犯姓名权：A 冒充 B，以 B 的名义领取大学入学通知书并在大学读书，毕业后继续使用 B 的姓名应聘到某银行工作。

侵犯名称权：A 为某乳腺疾病医院有限公司，B 为某医学科学院，A 连续多日在某地广播电台的午夜节目中使用 B 名义对外发布医疗服务广告。

侵犯肖像权：A 到 B 影楼拍婚纱照后发现，自己的照片被用在 C 制药公司的一种性药品广告上，经查，C 制药公司是花 300 元从

B 影楼买到该照片的。

侵犯名誉权：A 因贪腐行为被判有罪，B 媒体发布大量文章声称 A 在任期间生活极度糜烂，有情人上百人，经查，B 媒体发布的文章多有不实之处。

侵犯荣誉权：某县决定对见义勇为的 A 授予荣誉称号并颁发奖金，参加颁奖仪式的通知寄出后误被 B 收到，B 趁机冒充 A 领取了荣誉称号和奖金。

侵犯隐私权：A 患有艾滋病，只有朋友 B 知道，B 出于对 A 的嫉妒，故意将 A 患有艾滋病的情况公开。

侵犯人格尊严权、人身自由权：A 商场因怀疑 B 偷拿商品，强行将 B 带到办公室搜身，最终发现 B 没有偷拿。

（二）公民侵犯他人物权的违法行为及预防

物权，是指权利人对特定物或者权利所体现的财产利益所享有的直接支配与排他的权利。物权包括所有权、用益物权和担保物权。

1. 所有权

所有权，是指所有人依法对自己财产所享有的占有、使用、收益和处分的权利。所有权包括国家所有权、集体所有权、私人所有权、建筑物区分所有权等。其中，建筑物区分所有权包括业主对于一栋建筑物中自己专有部分的单独所有权、对共有部分的共有权以及因共有关系而产生的管理权，三种权利"三位一体"。

2. 用益物权

用益物权，是指非所有人对他人之物所享有的占有、使用、收益的排他性的权利。用益物权包括土地承包经营权、建设用地使用权、宅基地使用权、地役权、自然资源使用权（探矿权、采矿权、捕捞权等）。其中，地役权是指以他人不动产供自己的不动产便利之用的意定的用益物权，如某小学为方便老师和学生乘坐地铁，与相邻研究院约定，学校师生有权从研究院道路通行，学校每年支付1万元。地役权通常是有偿的。地役权与相邻权较易混淆，相邻权是指相互毗邻的不动产所有人或使用人之间一方行使所有权或使用权时享有要求另一方提供便利或接受限制的权利，是相邻人容忍义务范围内的且通常为无偿的一种受保护的法益，而非独立的物权。

3.担保物权

担保物权，是指以直接支配特定财产的交换价值为内容，以确保债权实现为目的而设定的物权。担保物权和用益物权的主要区别为：担保物权支配的是物或权利的交换价值，用益物权支配的是物的使用价值。

担保物权包括抵押权、质权（动产质权和权利质权）、留置权。抵押权，是指债权人对于债务人或者第三人不移转占有而提供担保的财产，在债务人不履行债务时，有权就该财产的价值优先受偿的权利。质权，是指债务人或者第三人将其动产或财产权利证书转移给债权人占有，以之作为债务的担保，债务人不履行债务时，债权人有权就该动产或财产权利的价值优先受偿的权利。留置权，是指债权人按照合同的约定占有债务人的动产，债务人不按照合同约定的期限履行债务时，债权人有权留置该动产，并依照法律的规定将动产折价或者以拍卖、变卖后的价款优先受偿的权利。抵押权与质权的主要区别为：抵押标的为动产与不动产，质押标的为动产与权利；抵押物不移转占有，质物移转占有。

在担保物权中，同一财产法定登记的抵押权与质权并存时，抵押权人优先于质权人受偿。同一财产抵押权与留置权并存时，留置权人优先于抵押权人受偿。

【相关链接】

侵犯私人所有权：A 出门前忘记关掉家里的水龙头，水一直渗漏到楼下，将楼下住户地板、衣柜里的物品等浸泡。

侵犯建筑物区分所有权：某栋建筑物一层住户 A 在其所有房屋的临街墙上开挖门、窗。

侵犯土地承包经营权：某村对村集体土地进行二轮承包，A 取得 6 亩集体土地承包经营权，但未实际耕种，而是流转给了 B，该流转未订立书面合同，亦未对 A 的承包经营权进行变更，后 A 要求 B 返还该 6 亩承包地使用权，B 拒不返还。

侵犯宅基地使用权：A、B 夫妻二人在某村盖民房一处，县政府依法为该处宅基地颁发《集体土地建设用地使用证》，土地使用者姓名登记为 A，后 A 去世，该房屋由 B 一人居住；因年久失修，B 决定对房屋进行翻建；在翻建过程中，长子 C 以该房子的宅基地是他的为由前去阻挠，驱散施工人员，并将挖好的地槽填平。

侵犯地役权：某村民委员会将 400 平方米集体土地使用权分为两股，分别转让给 A 和 B；因转让给 A、B 的土地相邻，且转让给 A 的土地另一侧有通行道路，村委会在与 A 签订转让协议时约定，A 在以后建房时应在后墙留 1.3 米作为 A、B 的公共通道，双方签订转让的面积包括该 1.3 米的通道面积；后 A 在建房过程中亦留出了 1.3 米作为公共通道，但房屋竣工后，A 却以该通道系自己购买为由在该通道上安装铁门，致使 B 无法从此通行。

侵犯抵押权：A 厂与 B 银行签订抵押担保借款合同，约定 A 向 B 借款 50 万元，以全部库存商品作为抵押，并于同日办理了抵押登记，后 A 在未告知 C 抵押事实的情况下，将库存商品卖给了 C。

侵犯质权：A 向 B 借款 10 万元，以其汽车质押在 B 处，借款到手后，A 用预留的车钥匙将汽车开走。

　　侵犯留置权：A 向 B 汽车公司贷款购买汽车并在汽车上设定了抵押权。后 A 驾驶该汽车时发生交通事故，汽车被送 C 修理厂修理，由于 A 未支付修理费，汽车被 C 留置。B 在明知汽车已被 C 留置的情况下，未经 C 同意擅自将汽车提走并变卖。

（三）公民侵犯他人知识产权违法行为及预防

　　知识产权，是指人类智力劳动产生的智力劳动成果所有权，包括著作权和工业产权。

　　1. 著作权

　　著作权，又称版权，是指创作文学、艺术和科学作品的作者及其他著作权人依法对其作品所享有的人身权利和财产权利的总称。

　　著作权是自动取得，即作品的创作完成时著作权即产生，而不需再履行任何法定手续。著作权的主体主要有以下几种情况：

作　品	著作权主体
一般作品	属于作者。由法人或者其他组织主持，代表法人或者其他组织意志创作，并由法人或者其他组织承担责任的作品，法人或者其他组织视为作者。如无相反证明，在作品上署名的公民、法人或者其他组织为作者。
合作作品	属于全体作者，对著作权的行使须征得全体合作作者的同意。 可以分割的：作者对于各自创作的部分可以单独享有著作权，但不得侵犯合作品整体的著作权。 不可分割的：由合作作者协商一致行使；协商不成的，无正当理由任何一方不得阻止他方行使转让以外的权利，所得收益应合理分配给所有合作作者。
演绎作品	由演绎者享有，但行使著作权时不得侵犯原作品的著作权。第三人在使用演绎作品时，应征求原作者和演绎作品作者的同意。
汇编作品	由汇编人享有，但行使著作权时，不得侵犯原作品的著作权。

（续　表）

作　品	著作权主体
影视作品	由制片人享有，但编剧、导演、摄影、作词、作曲等的作者享有署名权和依合同获得报酬权。影视作品中的剧本、音乐等可以单独使用的作品的作者，有权单独行使其著作权。
职务作品	由作者享有，但法人或者其他组织有权在其业务范围内优先使用。作品完成两年内，未经单位同意，作者不得许可第三人以与单位使用的相同方式使用该作品。有下列情形之一的职务作品，作者享有署名权，但著作权的其他权利由法人或者其他组织享有，法人或者其他组织可以给予作者奖励：(1) 主要是利用法人或者其他组织的物质技术条件的创作，并由法人或者其他组织承担责任的工程设计图、产品设计图、地图、计算机软件等职务作品；(2) 法律、行政法规规定或者合同约定著作权由法人或者其他组织享有的职务作品。
委托作品	依合同。没有订立合同或合同没有明确约定的，属于受托人，即作者本人。
美术作品	由作者享有，但美术作品原件的所有人享有展览权，此外的其他权利仍由著作权人享有（即仅得到所有权和展览权）。

　　著作权包括著作人身权和著作财产权。著作人身权包括发表权、署名权、修改权、保护作品完整权。著作财产权包括复制权、发行权、出租权、展览权、表演权、放映权、广播权、信息网络传播权、摄制权、改编权、翻译权、汇编权、许可使用权、转让权等。

　　关于著作权的保护期，署名权、修改权、保护作品完整权的保护期不受限制；发表权、复制权、发行权、出租权、展览权、表演权、放映权、广播权、信息网络传播权、摄制权、改编权、翻译权、汇编权等应当由著作权人享有的权利，如为公民的作品，保护期为作者终生及其死亡后 50 年，截止于作者死亡后第 50 年的 12 月 31 日，如为法人或者其他组织的作品、著作权（署名权除外）由法人或者其他组织享有的职务作品，保护期为 50 年，截止于作品首次发表后第 50 年的 12 月 31 日，但作品自创作完成后 50 年内未发表的不再保护。

　　著作权在某些情形下可以合理（免费）使用，即可以不经著作权人许可，不向其支付报酬，但应当指明作者姓名、作品名称，并且不得侵犯著作权人依照本法享有的其他权利。著作权合理使用的情形包括：

1	为个人学习、研究或者欣赏，使用他人已经发表的作品。
2	为介绍、评论某一作品或者说明某一问题，在作品中适当引用他人已经发表的作品。
3	为报道时事新闻，在报纸、期刊、广播电台、电视台等媒体中不可避免地再现或者引用已经发表的作品。
4	报纸、期刊、广播电台、电视台等媒体刊登或者播放其他报纸、期刊、广播电台、电视台等媒体已经发表过的关于政治、经济、宗教问题的时事性文章，但作者声明不许刊登、播放的除外。
5	报纸、期刊、广播电台、电视台等媒体刊登或者播放在公众集会上发表的讲话，但作者声明不许刊登、播放的除外。
6	为学校课堂教学或者科学研究，翻译或者少量复制已经发表的作品，供教学或者科研人员使用，但不得出版发行。
7	国家机关为执行公务在合理范围内使用已经发表的作品。
8	图书馆、档案馆、纪念馆、博物馆、美术馆等为陈列或者保存版本的需要，复制本馆收藏的作品。
9	免费表演已经发表的作品，该表演未向公众收取费用，也未向表演者支付报酬。
10	对设置或者陈列在室外公共场所的艺术作品进行临摹、绘画、摄影、录像。
11	将中国公民、法人或者其他组织已经发表的以汉语言文字创作的作品翻译成少数民族语言文字作品在国内出版发行。
12	将已经发表的作品改成盲文出版。

另外，与著作权有关的还有邻接权，邻接权是指作品传播者对其赋予作品的传播形式所享有的权利。邻接权是与著作权相邻的权利，从属于著作权，包括出版者权、表演者权、录音录像制作者权和（广播电台、电视台）播放者权。

2.工业产权

工业产权，是指人们依法对应用于商品生产和流通中的创造发明和显著标记等智力成果，在一定地区和期限内享有的专有权。在我国，工业产权主要是指商标专用权和专利权。

商标，是指一个经营者的品牌或服务用于区别其他经营者的商品或服务的标记。商标注册人享有商标专用权，受法律保护，驰名商标的商标专用权还会根据驰名商标的驰名程度获得不同程度的跨类保护。侵犯注册商标专用权的行为主要包括：

1	未经注册商标所有人许可，在同一种商品或类似商品上使用与注册商标相同或近似的商标的行为。
2	明知是侵犯注册商标专用权的商品还销售的（销售不知道是侵犯注册商标专用权的商品，能证明该商品是自己合法取得并说明提供者的，不承担赔偿责任）。
3	伪造、擅自制造他人的注册商标标识，或者销售伪造、擅自制造注册商标标识。
4	未经商标注册人同意，更换其注册商标并将该更换商标的商品投入市场的。
5	在同种或类似商品上，将与他人注册商标相同或近似的标志作为商品名称、装潢使用，误导公众的。
6	故意为侵犯他人注册商标专用权的行为提供仓储、运输、邮寄、隐匿等便利条件的。
7	将与他人注册商标相同或近似的文字作为企业的字号或在相同或类似商品上突出使用，易使公众产生误认的。
8	将与他人注册商标相同或近似的文字注册为域名，并且通过该域名进行有关商品交易的电子商务活动，易使公众误认的。

专利，是指受法律规范保护的发明创造，包括发明专利、实用新型专利、外观设计专利。发明是对产品、方法或其改进所提出的技术方案。实用新型是对产品的形状、构造或形状和构造的结合所提出的适于实用的新技术方案。外观设计是对产品的形状、图案或其结合以及色彩与形状、图案的结合所做出的具有美感并适于工业上运用的新设计。专利侵权的情形主要包括假冒专利（用别人的专利号）和冒充专利（以非专利产品冒充专利产品、以非专利方法冒充专利方法）。

【相关链接】

侵犯著作权：A 展览馆委托 B 雕塑家创作了一座巨型雕塑，将其放置在公园入口，委托合同中未约定版权归属，后 A 展览馆仿照雕塑制作小型纪念品向游客出售，并许可 C 博物馆异地重建相同的雕塑。

　　侵犯邻接权：A 电视台经过主办方的专有授权，对篮球俱乐部联赛进行了现场直播，包括在比赛休息时 B 舞蹈演员跳舞助兴的场面，C 电视台未经许可截取电视信号并进行同步转播。

　　侵犯商标专用权：A 公司在所生产的酒上注册了"茅台"商标，B 公司未经 A 许可在自己生产的酒上也使用了"茅台"商标。

　　侵犯专利权：A 公司在不知情的情况下销售侵犯 B 专利的产品，但未能证明该产品来源合法。

（四）公民侵犯他人婚姻家庭权的违法行为及预防

　　婚姻家庭权，是指由婚姻家庭法赋予婚姻家庭法律关系主体所享有的权利的总称。婚姻家庭权从总体上可分为婚姻家庭人身权和婚姻家庭财产权。

　　1.婚姻家庭人身权

　　婚姻家庭人身权，是指与权利主体的人格和身份有关的权利，体现为与主体人身不可分离的利益。与人格有关的主要有婚姻自主权；与身份有关的身份权主要有配偶权、亲权、亲属权等。

　　配偶权是指夫妻一方对于另一方基于配偶身份所享有的权利，包括同居权、扶养权、贞操维护请求权、日常家事代理权、主体资格变更宣告请求权、监护权、离婚权、继承权等权利。

　　亲权是指父母抚养和教育未成年子女的权利，主要包括抚养教育权、财产管理权、符合法定条件时申请宣告子女失踪或死亡的权利以及子女被侵权致死时请求死亡赔偿金的权利。

　　亲属权是指父母与成年子女、祖父母与孙子女、外祖父母和外孙子女以及兄弟姐妹之间的身份权。

2. 婚姻家庭财产权

婚姻家庭财产权，是指基于婚姻家庭关系当事人的身份关系而发生的有关财产利益方面的权利。婚姻家庭财产权包括婚姻家庭关系当事人之间的共同财产权、个人财产权等。

夫妻共有财产与家庭共同财产的主要区别为：夫妻共有财产是指在夫妻关系存续期间的工资、奖金、生产、经营的收益、知识产权的收益、不归夫妻一方的继承或赠与所得的财产和其他应当归于夫妻共同所有的财产；家庭共同财产是指全体家庭成员共同生活期间所创造的，供全体家庭成员生活、生产的财产，可能包括夫妻共同财产，也可能包括父母子女、祖父母孙子女、兄弟姐妹的财产。

夫妻离婚时，一方隐藏、转移、变卖、毁损夫妻共同财产，或伪造债务企图侵占另一方财产的，分割夫妻共同财产时，对隐藏、转移、变卖、毁损夫妻共同财产或者伪造债务的一方，可以少分或不分。离婚后，另一方发现有上述行为的，可以向人民法院提起诉讼，请求再次分割夫妻共同财产，诉讼时效为 2 年，从当事人发现之次日起计算。

【相关链接】

侵犯婚姻自主权：A 的妻子早年因病去世，留下 10 岁的儿子 B 跟 A 相依为命，因为怕孩子受委屈，A 一直没有再婚，转眼间 18 年过去了。后来 A 经人介绍认识了同样单身的 C，两人很投缘，最终决定结婚，B 对此强烈反对，为了防止 A 跟 C 偷偷去办理结婚登记，B 将家里的户口本藏了起来。

侵犯配偶权：A 与 B 是夫妻，A 在婚内与 C 同居导致 A、B 感情破裂最终离婚。

侵犯亲权：A 在 B 医院生产一男孩 C，20 年后，C 在大学参加献血时得知与父母血型不符，经查，当年在 B 医院同时生产的还有另一个产妇 C，B 医院错将两家孩子抱错。

侵犯亲属权：A 在监狱里意外死亡，村委会 B 开具"本人父母双亡，无亲人"的虚假证明，监狱据此将 A 遗体火化，A 的姐姐作为 A 唯一的亲人未能与弟弟"见最后一面"，也未能处理有关丧葬事宜。

侵犯夫妻共同财产权：A、B 是夫妻，家庭月收入均为不足 5000 元，A 的外甥考上大学后，A 瞒着 B 出资 10 万元资助其学费和生活费。

侵犯夫妻一方个人财产权：A、B 是夫妻，两人结婚后，A 将婚前个人购买并使用的电视机、冰箱、电脑等家用电器用于共同家庭生活，后二人因性格不合开始分居，A 回到娘家居住，在此期间，B 趁 A 不在家将上述家用电器全部卖掉。

（五）公民侵犯他人继承权的违法行为及预防

继承权，是指继承人依法取得被继承人遗产的权利。继承权主体，包括法定继承人、遗嘱继承人、受遗赠人、遗赠扶养协议指定的继承人。

1. 法定继承

法定继承，是指在没有遗嘱、遗赠抚养协议的情况下，由法律直接规定继承人的范围、继承顺序、遗产分配的原则的一种继承形式。法定继承又称为无遗嘱继承。在法定继承中遗产按照下列顺序继承：第一顺序，配偶、子女、父母；第二顺序，兄弟姐妹、祖父母、外祖父母。继承开始后，没有第一顺序继承人继承或第一顺序继承人放弃继承的，才由第二顺序继承人继承。丧偶儿媳对公、婆，丧偶女婿对岳父、岳母，尽了主要赡养义务的，可作为第一顺序继承人。

关于法定继承还有两种特殊情况：代位继承、转继承。代位继承，指被继承人的子女先于被继承人死亡时，由被继承人子女的晚辈直系血亲代替先死亡的长辈直系血亲继承被继承人的遗产。转继承，是指继承人在继承开始后，遗产分割之前死亡，其应继承的遗产转由他的合法继承人继承。

遗产分割时，应当保留胎儿的继承份额。胎儿出生时是死体的，保留的份额按照法定继承办理。

对生活有特殊困难的缺乏劳动能力的继承人，分配遗产时，应当予以照顾。对继承人以外的依靠被继承人扶养的缺乏劳动能力又没有生活来源的人，或者继承人以外的对被继承人扶养较多的人，可以分给他们适当的遗产。

对被继承人尽了主要扶养义务或者与被继承人共同生活的继承人，分配遗产时，可以多分。有扶养能力和有扶养条件的继承人，没有尽扶养义务的，分配遗产时，应当不分或者少分。

2. 遗嘱继承和遗赠

遗嘱继承，是指被继承人通过遗嘱的方式，将遗产的全部或部分指定由法定继承人的一人或数人继承。

遗赠，是指被继承人通过遗嘱的方式，将其遗产的一部分或全部赠予国家、集体或者法定继承人以外的人。受遗赠人必须在法定期限内作出受遗赠的明确意思表示，否则视为放弃受遗赠权。

关于遗嘱的效力，公证遗嘱优先，如无公证遗嘱，在后有效遗嘱优先。代书遗嘱应当有两个以上见证人在场见证，由其中一人代书，注明年月日，并由代书人、其他见证人和遗嘱人签名。以录音形式立的遗嘱，应当有两个以上见证人在场见证。遗嘱人在危急情况下，可以立口头遗嘱，口头遗嘱应当有两个以上见证人在场见证，危急情况解除后，遗嘱人能够用书面或者录音形式立遗嘱的，所立的口头遗嘱视为无效。无行为能力人、限制行为能力人、继承人、受遗赠人、与继承人和受遗赠人有利害关系的人等不能作为遗嘱见证人。

3.遗赠扶养协议

遗赠扶养协议，是指遗赠人和扶养人之间关于扶养人承担遗赠人的生养死葬的义务，遗赠人的财产在其死后转归扶养人所有的协议。遗赠扶养协议的扶养人无正当理由不履行协议规定的义务导致协议解除的，不能享有受遗赠的权利，其支付的供养费一般不予补偿；遗赠人无正当理由不履行协议导致协议解除的，应偿还扶养人已支付的供养费用。

遗赠扶养协议具有优先性，继承开始时，遗赠扶养协议应优先于遗嘱继承、遗赠、法定继承办理，遗嘱与遗赠扶养协议相抵触的部分无效。

4.继承权丧失

发生下列四种情形之一的，继承权丧失：故意杀害被继承人的；为争夺遗产而杀害其他继承人的；继承人因遗弃被继承人或者虐待被继承人情节严重而丧失继承权的；伪造、篡改或者销毁遗嘱，情节严重的。

【相关链接】

侵犯法定继承权：A、B的父母去世后留下一套房产，在A、B尚未对该房产进行遗产分割的时候，A擅自以该房产作抵押在某银行办理了贷款，后A无力偿还到期借款，银行起诉要求以抵押的房产抵偿欠款。

侵犯遗嘱继承权：A有两个儿子B和C，A生前曾亲笔书写遗嘱，写明全部遗产由B继承，并签名、注明日期，A去世后，C摹仿A的笔迹伪造一份"新遗嘱"，写明原遗嘱作废且A全部遗产改由C继承。

侵犯遗赠扶养协议继承权：A与B（A的保姆）书面约定，A生前由B照料，死后所居住房屋归B；B一直细心照料A，后A女儿C回国，与B一起照料A，半年后A去世，C认为自己是第一顺序继承人且尽了义务，于是霸占房屋，将B赶出。

二、公民常见行政违法行为及预防

（一）公民扰乱公共秩序的违法行为及预防

扰乱公共秩序的行为，是指行为人扰乱公共秩序情节轻微，尚不够刑事处罚，依照《中华人民共和国治安管理处罚法》（以下简称《治安管理处罚法》）和其他法律法规的规定，应当给予治安行政处罚的行为。根据治安管理处罚法，扰乱公共秩序的行为主要有：

1	扰乱机关、团体、企事业单位秩序的行为。
2	扰乱公共场所秩序的行为。
3	扰乱公共交通工具秩序的行为。
4	影响交通工具正常行驶的行为。
5	破坏选举秩序的行为。
6	扰乱文化、体育等大型群众性活动秩序的行为。
7	散布谣言，谎报险情、疫情、警情的行为。
8	投放虚假的危险物质的行为。
9	扬言实施放火、爆炸、投放危险物质的行为。
10	寻衅滋事的行为。
11	组织、教唆、胁迫、诱骗、煽动他人从事邪教、会道门活动的行为。
12	利用邪教、会道门、迷信活动，扰乱社会秩序、损害他人身体健康的行为。
13	冒用宗教、气功名义进行扰乱社会秩序，损害他人身体健康的行为。
14	故意干扰无线电业务正常进行的，或者对正常运行的无线电台（站）产生有害干扰的行为。
15	违反国家规定，侵入计算机信息系统，或对计算机信息系统功能进行删除、修改、增加、干扰，或对计算机信息系统中存储、处理、传输的数据和应用程序进行删除、修改、增加的行为。
16	故意制作、传播计算机病毒等破坏性程序，影响计算机信息系统正常运行的行为。

（二）公民妨害公共安全的违法行为及预防

妨害公共安全的行为，是指行为人实施了妨害不特定多数人的人身安全和重大公私财产的安全，尚不够刑事处罚，依照治安管理处罚法和其他法律法规的规定，应当给予治安行政处罚的行为。根据治安管理处罚法，妨害公共安全的行为主要有：

1	制造、买卖、储存、运输、邮寄、携带、使用、提供、处置爆炸性、毒害性、放射性、腐蚀性物质或者传染病病原体等危险物质。
2	爆炸性、毒害性、放射性、腐蚀性物质或者传染病病原体等危险物质被盗、被抢或者丢失，未按规定报告的，故意隐瞒不报。
3	非法携带枪支、弹药或者弩、匕首等国家规定的管制器具。
4	盗窃、损毁油气管道设施、电力电信设施、广播电视设施、水利防汛工程设施或者水文监测、测量、气象测报、环境监测、地质监测、地震监测等公共设施。
5	移动、损毁国家边境的界碑、界桩以及其他边境标志、边境设施或者领土、领海标志设施。
6	非法进行影响国（边）界线走向的活动或者修建有碍国（边）境管理的设施。
7	盗窃、损坏、擅自移动使用中的航空设施，或者强行进入航空器驾驶舱。
8	在使用中的航空器上使用可能影响导航系统正常功能的器具、工具，不听劝阻。
9	盗窃、损毁或者擅自移动铁路设施、设备、机车车辆配件或者安全标志。
10	在铁路线路上放置障碍物，或者故意向列车投掷物品。
11	在铁路线路、桥梁、涵洞处挖掘坑穴、采石取沙。
12	铁路线路上私设道口或者平交过道。
13	擅自进入铁路防护网或者火车来临时在铁路线路上行走坐卧、抢越铁路，影响行车安全。
14	未经批准，安装、使用电网的，或者安装、使用电网不符合安全规定。
15	在车辆、行人通行的地方施工，对沟井坎穴不设覆盖物、防围和警示标志的，或者故意损毁、移动覆盖物、防围和警示标志。
16	盗窃、损毁路面井盖、照明等公共设施。
17	举办文化、体育等大型群众性活动，违反有关规定，有发生安全事故危险。
18	旅馆、饭店、影剧院、娱乐场、运动场、展览馆或者其他供社会公众活动的场所的经营管理人员，违反安全规定，致使该场所有发生安全事故危险。

（三）公民卖淫、嫖娼的违法行为及预防

卖淫，是指以营利为目的，自愿和他人发生性关系的行为。嫖娼，是

指以给付金钱等物质利益为手段，与卖淫者发生性关系的行为。根据治安管理处罚法，与卖淫、嫖娼相关的违法行为主要有：

1	卖淫、嫖娼。
2	引诱、容留、介绍他人卖淫。
3	组织播放淫秽音像。
4	组织或者进行淫秽表演。
5	参与聚众淫乱活动。
6	明知他人从事组织播放淫秽音像、组织或者进行淫秽表演，或参与聚众淫乱活动，而为其提供条件。
7	制作、运输、复制、出售、出租淫秽的书刊、图片、影片、音像制品等淫秽物品或者利用计算机信息网络、电话以及其他通讯工具传播淫秽信息。
8	旅馆业、饮食服务业、文化娱乐业、出租汽车业等单位的人员，在公安机关查处吸毒、赌博、卖淫、嫖娼活动时，为违法犯罪行为人通风报信。

三、公民常见刑事犯罪行为及预防

（一）公民交通肇事违法犯罪行为及预防

关于公民交通肇事违法犯罪，《中华人民共和国刑法》（以下简称《刑法》）主要规定有以下 2 个罪名：

	罪名	释义
1	交通肇事罪	违反道路交通管理法规，发生重大交通事故，导致人重伤、死亡或者使公有或私有财产遭受重大损失，依法被追究刑事责任的犯罪行为。
2	危险驾驶罪	在道路上驾驶机动车，追逐竞驶，情节恶劣的；醉酒驾驶机动车的；从事校车业务或者旅客运输，严重超过定额乘员载客，或者严重超过规定时速行驶的；违反危险化学品安全管理规定运输危险化学品，危害公共安全的行为。

　　关于交通肇事罪的立案标准，根据最高人民法院《关于审理交通肇事刑事案件具体应用法律若干问题的解释》（2000 年 11 月 21 日起施行）第二条第一款规定，交通肇事具有下列情形之一的，处 3 年以下有期徒刑或者拘役：（1）死亡 1 人或者重伤 3 人以上，负事故全部或者主要责任的；（2）死亡 3 人以上，负事故同等责任的；（3）造成公共财产或者他人财产直接损失，负事故全部或者主要责任，无能力赔偿数额在 30 万元以上的。第二条第二款规定，交通肇事致 1 人以上重伤，负事故全部或者主要责任，并具有下列情形之一的，以交通肇事罪定罪处罚：（1）酒后、吸食毒品后驾驶机动车辆的；（2）无驾驶资格驾驶机动车辆的；（3）明知是安全装置不全或者安全机件失灵的机动车辆而驾驶的；（4）明知是无牌证或者已报废的机动车辆而驾驶的；（5）严重超载驾驶的；（6）为逃避法律追究逃离事故现场的。

　　交通肇事罪：被告人魏某无证驾驶无牌两轮摩托车，将在道路上的被害人秦某当场撞死，后被告人魏某逃离现场。经公安局交通警察大队认定，被告人魏某负该事故的全部责任。针对上述指控，公诉机关认为，被告人魏某违反交通运输管理法规，致一人死亡，且事故发生后逃逸。后经事故认定，被告人魏某负此事故的全部责任。其行为已触犯《刑法》第一百三十三条之规定，应以交通肇事罪追究其刑事责任。

　　危险驾驶罪：2016 年 4 月 6 日，杨某驾驶重型自卸货车与赵某驾驶的重型自卸货车相撞，造成两车不同程度损坏。经查，杨某驾驶的重型自卸货车非法运输危险品碳化钙，车辆核载 12.355 吨，实载 33.74 吨，超载 173%。杨某因危险驾驶罪被内蒙古自治区乌海市海南区人民法院判处拘役一个月，并处罚金人民币 2000 元。

（二）公民吸毒、贩毒违法犯罪行为及预防

　　关于吸毒、贩毒违法犯罪行为，刑法主要规定有以下 11 个罪名。

	罪名	释义
1	走私、贩卖、运输、制造毒品罪	明知是毒品而故意实施走私、贩卖、运输、制造的行为。走私、贩卖、运输、制造毒品，无论数量多少，都应当追究刑事责任，予以刑事处罚。利用、教唆未成年人走私、贩卖、运输、制造毒品，或者向未成年人出售毒品的，从重处罚。
2	非法持有毒品罪	明知是鸦片、海洛因、甲基苯丙胺或者其他毒品，而非法持有且数量较大的行为。
3	包庇毒品犯罪分子罪	明知是走私、贩卖、运输、制造毒品的犯罪分子，而向司法机关作虚假证明掩盖其罪行，或者帮助其毁灭罪证，以使其逃避法律制裁的行为。
4	窝藏、转移、隐瞒毒品、毒赃罪	明知是毒品或者毒品犯罪所得的财物而为犯罪分子窝藏、转移、隐瞒的行为。
5	非法生产、买卖、运输制毒物品、走私制毒物品罪	违反国家规定，非法生产、买卖、运输制造毒品的原料、配剂，或者携带上述物品进出境，情节较重的行为。
6	非法种植毒品原植物罪	明知是罂粟、大麻等毒品原植物而非法种植且数量较大，或者经公安机关处理后又种植，或者抗拒铲除的行为。
7	非法买卖、运输、携带、持有毒品原植物种子、幼苗罪	指违反国家规定，非法买卖、运输、携带、持有未经灭活的毒品原植物种子或者幼苗，数量较大的行为。
8	引诱、教唆、欺骗他人吸毒罪	以引诱、教唆、欺骗的方法，促使他人吸食、注射毒品的行为。
9	强迫他人吸毒罪	违背他人意志，使用暴力、胁迫或者其他强制手段迫使他人吸食、注射毒品的行为。引诱、教唆、欺骗或者强迫未成年人吸食、注射毒品的，从重处罚。
10	容留他人吸毒罪	为他人吸食、注射毒品提供场所的行为。
11	非法提供麻醉药品、精神药品罪	依法从事生产、运输、管理、使用国家管制的麻醉药品、精神药品的单位和个人，明知他人是吸毒者，而向其提供国家管制的能够使人成瘾的麻醉药品、精神药品的行为。非法是指没有经过国家法律批准或授予的一切行为。

🌀【以案说法】

走私毒品罪：A乘坐航班从某外国抵达我国某机场，通过海关时未申报任何物品，当海关工作人员对其随身携带的行李箱进行检查时，查获三大包药片，经检验，药片均含有亚甲基二氧甲基苯丙胺成分。

非法持有毒品罪：某市公安局接到群众举报，将 A 抓获，并从 A 随身携带的挎包内缴获疑似毒品红色药丸 100 粒；经鉴定，被缴的 100 粒红色药丸主要成分为甲基苯丙胺，净重量为 30 克；经查明，A 本人不吸食毒品，A 的朋友 B 从 A 的家里离开时，对 A 说明在 A 的床底下放了一个背包，背包里是 B 从别人手里拿来存放的毒品，A 不以为意，后 B 被警方抓获，警方找到 A 家，并缴获 A 床底下的毒品。A 构成非法持有毒品罪。

贩卖毒品罪、包庇毒品犯罪分子罪：A 多次从毒贩处购得毒品贩卖，B 在银行办理了一张以自己名字登记的银行卡供 A 贩毒使用，当得知 A 被抓获时，B 将该卡销户并作假证明包庇 A。

贩卖、运输毒品罪、窝藏毒赃罪：A 找到 B，预付 3 万元让 B 帮忙购买毒品，随后，B 到某县购买了 160 克海洛因，将其中的 130 克贩卖给 A（获利 5000 元），剩余的 30 克与其妹妹 C 商量后藏匿于 C 家中。

引诱、教唆他人吸毒罪：A 携带所买的毒品至 B 家中，对 B 宣扬吸食毒品能治感冒、脚痛等病，会产生"飘"的感觉等，并当场演示吸食毒品的方法，引诱、唆使 B 仿效其吸毒的方法吸食毒品。

强迫他人吸毒罪：2014 年 10 月 9 日 18 时许，A 因债务纠纷将受害人 B 胁迫至其家中，用电警棍对 B 进行电击和殴打，而后强迫 B 吸食毒品。当晚 22 时许，被告人 A 又驾车将 B 带至 B 的家中进行控制，期间 A 间断地用电警棍对 B 进行电击和殴打，并强迫其吸食毒品。

容留他人吸毒罪：2015 年 1 月，A 在居住的松阳县西屏街道慧明小区 98 号二楼房间内，先后三次容留 B 吸食甲基苯丙胺，A 亦参与吸食。2015 年 2 月 13 日，A 在住所被抓获，并查获甲基苯丙胺 1.09 克。次日，A 在被刑事拘留后主动交代了容留他人吸毒的犯罪事实。

非法提供麻醉药品、精神药品罪：吸毒人员 A 携带其从同村村民处借来的病例和《麻醉药品使用卡》来到 B 担任院长的乡卫生院，在向 B 单独诉说自己吸毒的情况后，B 同意批准其购买 18 支杜冷丁。

（三）公民赌博、盗窃违法犯罪行为及预防

关于赌博、盗窃违法犯罪行为，刑法主要规定有以下 3 个罪名。

	罪名	释义
1	赌博罪	以营利为目的，聚众赌博或者以赌博为业的行为。
2	开设赌场罪	以营利为目的，为赌博提供场所，设定赌博方式，提供赌具、筹码、资金等组织赌博的行为。
3	盗窃罪	以非法占有为目的，盗窃公私财物数额较大或者多次盗窃、入户盗窃、携带凶器盗窃、扒窃公私财物的行为。犯盗窃罪，为窝藏赃物、抗拒抓捕或者毁灭罪证而当场使用暴力或者以暴力相威胁的，以抢劫罪定罪处罚。

关于赌博罪"聚众赌博"的认定标准，最高人民检察院《关于办理赌博刑事案件具体应用法律若干问题的解释》（2005 年 5 月 13 日起施行）第一条规定，以营利为目的，有下列情形之一的，属于刑法第三百零三条规定的"聚众赌博"：（1）组织 3 人以上赌博，抽头渔利数额累计达到 5000 元以上的；（2）组织 3 人以上赌博，赌资数额累计达到 5 万元以上的；（3）组织 3 人以上赌博，参赌人数累计达到 20 人以上的；（4）组织中华人民共和国公民 10 人以上赴境外赌博，从中收取回扣、介绍费的。

【以案说法】

　　赌博罪：A 纠集 10 余人在某村一居民家中以"推牌九"形式进行聚众赌博活动，事后 A 抽头渔利 3 万元。

　　开设赌场罪：A 在某房屋开设夺宝奇兵动漫城，购置多台具有赌博功能的电子游戏机用于经营，并雇佣多人为其经营管理、收银以及为参赌人员提供上分、购分、退分、兑现赌博现金等服务。

　　盗窃罪：A 凌晨来到某电器行，用木棍将窗户上的防盗网撬开，从窗户内爬进电器行，将电器行内的两台笔记本电脑盗走。

（四）公民金融诈骗违法犯罪行为及预防

　　关于金融诈骗违法犯罪行为，刑法主要规定有以下 8 个罪名。

	罪名	释义
1	集资诈骗罪	以非法占有为目的，违反有关金融法律、法规的规定，使用诈骗方法进行非法集资，扰乱国家正常金融秩序，侵犯公私财产所有权，且数额较大的行为。
2	贷款诈骗罪	以非法占有为目的，编造引进资金、项目等虚假理由、使用虚假的经济合同、证明文件或产权证明作担保，超出抵押物价值重复担保或者以其他方法，诈骗银行或者其他金融机构的贷款、数额较大的行为。
3	票据诈骗罪	以非法占有为目的，明知是伪造、变造、作废的票据而使用，或冒用他人的票据，或签发空头支票、签发无资金保证的汇票、本票，或捏造其他票据事实，利用金融票据进行诈骗活动，骗取财物数额较大的行为。
4	金融凭证诈骗罪	以非法占有为目的，采用虚构事实、隐瞒真相的方法，使用伪造、变造的委托收款凭证、汇款凭证、银行存单等其他银行结算凭证，骗取他人财物，数额较大的行为。
5	信用证诈骗罪	以非法占有为目的，采用虚构事实或隐瞒真相的方法，利用信用证诈骗财物，数额较大的行为。

（续　表）

	罪名	释义
6	信用卡诈骗罪	以非法占有为目的，使用伪造的信用卡、使用以虚假的身份证明骗领的信用卡、使用作废的信用卡、冒用他人的信用卡或者以恶意透支的方法进行诈骗活动，骗取财物数额较大的行为。
7	有价证券诈骗罪	使用伪造、变造的国库券或者国家发行的其他有价证券，进行诈骗活动，数额较大的行为。
8	保险诈骗罪	以非法获取保险金为目的，违反保险法规，采用虚构保险标的、保险事故或者制造保险事故等方法，向保险公司骗取保险金，数额较大的行为。

【以案说法】

集资诈骗罪：A 明知自己没有还款能力，而以银行转贷、付企业工程款等需要资金为名，以高息回报为诱饵，骗取 30 名社会不特定人员借款，大部分用于偿还债务、支付高利息、投资期货等，除以还本付息名义归还部分款项外，实际骗得 6000 多万元。

贷款诈骗罪：A 以环保治理、修路、进料等为由，在 B 银行贷款 50 余万元，均用于个人挥霍。

金融凭证诈骗罪：A 持一张伪造的付款方为 B、收款人为 C（A 控制的公司）的 D 银行《结算业务申请书》，至 D 银行办理划款手续，骗取 B 的银行账户内资金 100 万元。

信用证诈骗罪：A 以虚假的"B 公司"的名义，分别与有进出口权的 C 公司签订进口委托代理协议；后 C 经某银行开具一单金额为 50 万美元的远期信用证，A 遂使用伪造的商业发票、质保书、提单等信用证随附单据，将信用证项下的资金全部贴现并骗取。

信用卡诈骗罪：A 办理了一张信用卡并使用该信用卡进行透支消费，本金累计 2 万余元，经发卡银行多次催收，A 始终躲着不和银行工作人员见面，也不予归还欠款。

保险诈骗罪：A 无证驾驶一辆小轿车与一辆大货车发生追尾，

致小轿车前部、大货车后部不同程度损坏；事故发生后，A 电话联系 B 赶至现场，要求 B 冒名顶替为事故发生时的小轿车驾驶员，并指使 B 拨打 C 保险公司电话报案，谎称 B 驾驶投保车辆发生事故；在 A、B 的编造隐瞒下，某交通警察支队出具道路交通事故认定书，认定 B 负全部责任；后 A 为获得理赔，向 C 保险公司提交机动车辆保险索赔申请书、机动车维修结算清单、维修费发票等材料骗取保险金 20 万元。

（五）公民贪污、受贿违法犯罪行为及预防

关于贪污、受贿违法犯罪行为，刑法主要规定有 17 个罪名，具体又可分为贪污犯罪和贿赂犯罪两类。

1.贪污犯罪

贪污犯罪主要包括以下 6 个罪名。

	罪名	释义
1	贪污罪	国家工作人员和受国家机关、国有公司、企业、事业单位、人民团体委托管理、经营国有财产的人员，利用职务上的便利，侵吞、窃取、骗取或者以其他手段非法占有公共财物的行为。
2	挪用公款罪	国家工作人员，利用职务上的便利，挪用公款归个人使用，进行非法活动的，或者挪用公款数额较大、进行营利活动的，或者挪用数额较大、超过 3 个月未还的行为。
3	巨额财产来源不明罪	国家工作人员的财产或者支出明显超过合法收入，差额巨大，本人不能说明其来源是合法的行为。本罪在主观上是故意，即行为人明知财产不合法而故意占有，案发后又故意拒不说明财产的真正来源，或者有意编造财产来源的合法途径。
4	隐瞒境外存款罪	国家工作人员违反国家规定，故意隐瞒不报在境外的存款，数额较大的行为。

	罪名	释义
5	私分国有资产罪	国家机关、国有公司、企业、事业单位、人民团体，违反国家规定，以单位名义将国有资产集体私分给个人，数额较大的行为。该罪是单位犯罪，依法只处罚私分国有资产直接负责的主管人员和其他直接责任人员。
6	私分罚没财产罪	司法机关、行政执法机关违反国家规定，将应当上缴入国库的罚款财产以单位的名义或者以集体的名义或者其他巧立名目的名义分配给个人的行为。该罪是单位犯罪，本罪的犯罪主体是特殊主体，即必须具备依法享有罚没权的司法机关、行政执法机关才能构成本罪主体，其他单位不构成本罪主体。

2.贿赂犯罪

贿赂犯罪主要包括以下 11 个罪名。

	罪名	释义
1	受贿罪	国家工作人员利用职务上的便利，索取他人财物，或者非法收受他人财物，为他人谋取利益的行为。
2	单位受贿罪	国家机关、国有公司、企业、事业单位、人民团体索取或非法收受他人财物，为他人谋取利益，情节严重，或者在经济往来中，在账外暗中收受各种名义的手续费的行为。该罪是单位犯罪，对单位判处罚金，并对其直接负责的主管人员和其他直接责任人员判处刑罚。
3	利用影响力受贿罪	国家工作人员的近亲属或者其他与该国家工作人员关系密切的人，通过该国家工作人员职务上的行为，或者利用该国家工作人员职权或者地位形成的便利条件，通过其他国家工作人员职务上的行为，为请托人谋取不正当利益，索取请托人财物或者收受请托人财物，数额较大或者有其他较重情节的行为。
4	非国家工作人员受贿罪	公司、企业或者其他单位的工作人员利用职务上的便利，索取他人财物或者非法收受他人财物，为他人谋取利益，数额较大的行为。
5	行贿罪	为谋取不正当利益，给国家工作人员以财物（含在经济往来中，违反国家规定，给予国家工作人员以财物，数额较大，或者违反国家规定，给予国家工作人员以各种名义的回扣、手续费）的行为。

（续　表）

	罪名	释义
6	单位行贿罪	单位为谋取不正当利益而行贿，或者违反国家规定给予国家工作人员回扣、手续费，情节严重的行为。该罪是单位犯罪，对单位判处罚金，并对其直接负责的主管人员和其他直接责任人员判处刑罚。这里的"单位"，包括公司、企业、事业单位、机关、团体，与单位受贿罪不同，并不仅仅局限于国有公司、企业、事业单位、机关、团体，还包括集体所有制企业、中外合作企业、有限公司、外资公司、私营公司等。
7	对单位行贿罪	为谋取不正当利益，给予国家机关、国有公司、企业、事业单位、人民团体以财物，或者在经济往来中，违反国家规定，给予上述单位各种名义的回扣、手续费的行为。
8	对非国家工作人员行贿罪	为谋取不正当利益，给予公司、企业或者其他单位的工作人员以财物，数额较大的行为。
9	对外国公职人员、国际公共组织官员行贿罪	为谋取不正当商业利益，给予外国公职人员或者国际公共组织官员以财物的行为。
10	为利用影响力行贿罪	为谋取不正当利益，向国家工作人员的近亲属或者其他与该国家工作人员关系密切的人，或者向离职的国家工作人员或者其近亲属以及其他与其关系密切的人行贿的行为。
11	介绍贿赂罪	向国家工作人员介绍贿赂，情节严重的行为。

【以案说法】

贪污罪：A 为 B 国有公司总经理，A 发现 B 国有公司将从 C 公司购进的货物转手出售给 D 公司时即可赚取 300 万元，A 便让其妻子注册成立 E 公司，并利用其特殊身份让 C 公司与 B 国有公司解除合同后，再将货物卖给 E 公司，E 公司由此获利 300 万。

挪用公款罪：A 恳求 B（国有公司财务主管）从单位挪用 10 万元供他炒股，1 个月内一定归还，并将一块名表送给 B，后 B 做假账将 10 万元交予 A。

受贿罪、巨额财产来源不明罪：A 为某县国土局局长，其利用管理土地整理开发项目的职务之便，为项目承建商在项目实施、拨款、验收等方面提供帮助，非法收受项目承建商财物累计100万元，另有200万元巨额财产不能说明来源。

隐瞒境外存款罪：A为某市烟草专卖局局长，A曾在香港开设账户并向美国转移资金，涉案金额达300万元，而在每年的领导干部财产申报过程中，A均未如实履行申报义务，故意隐瞒其在香港的存款事实。

私分国有资产罪：A县教育局人事科利用办理全县教师职称评审、教师年度考核、公务员年度考评、职称聘书、教师资格换证等业务代收费之便，采取抬高收费标准、搭车收费、截留应缴资金的手段，筹集资金，设立小金库，小金库资金除用于科里公务开支外，每年春节前后以科室补助、年终福利等名义私分给了人事科三位工作人员，私分款总额为12万余元。

单位受贿罪：A公司（全民所有制房地产开发经营企业）利用把本单位办公楼土建、水电安装工程发包给某建筑有限公司承建之便，由A公司法定代表人兼总经理B同意，以单位名义收受对方联系人所送贿赂款计23万元，并由B决定，将其中13万元作为奖金发放给公司职工，另10万元用于公司其他有关费用开支。

利用影响力受贿罪：A利用其兄B某县县委书记职务的影响力，在为他人承接工程、安排工作、提干提拔、调整工作岗位等过程中计收受50万元，并为他人谋取不正当利益。

行贿罪：A在向某医院销售药品的过程中，为了在药品招标中顺利中标，确定采购目录时获取更多的品种机会以及销售药品的回款顺利、及时，先后四次向该医院原药械科科长行贿共计8万元。

单位行贿罪：A公司在开展向某医院出售医疗设备的业务过程中，该公司主要负责人B和执行董事C，代表A公司向时任医院党总支书记给付医疗设备回扣款，共计 300 万元。

对单位行贿罪：A 公司在与货运信息中心经济往来中，为争取货运信息中心在该公司投保，在明知货运信息中心不能领取保险代理手续费的情况下，采取虚列手续费支出的方式，从公司财务透支现金 26 万元，分多次暗中向货运信息中心支付手续费。

对非国家工作人员行贿罪：A 在担任某公司业务员期间，为拓展、巩固公司印染原材料销售业务，向多家业务单位的相关人员支付账外回扣款共计 30 万元，以谋求相关人员对公司产品的推荐和好评，排挤竞争对手进而获取不正当利益。

为利用影响力行贿罪：A 的朋友 B 是国家工作人员 C 的情妇，A 在 C 负责城市建设工作期间送给 B 大量财物，包括现金、车、房等，并通过 C 获取了大量城建工程项目的机会。

介绍贿赂罪：A 请 B 帮其儿子找工作，B 为此找到某市社会保险事业局局长 C，并经手将 A 的 10 万元送给 C，C 将 A 的儿子安排到城管处工作，后又借调到社会保险事业局。